8° Ye
5539

VRANOLOGIE,
OV LE CIEL DE IAN
EDOVARD DV MONIN PP.

CONTENANT, OVTRE
l'ordinaire doctrine de la Sphære, plusieurs beaux discours dignes de tout gentil esprit.

A MONSEIGNEVR M. PHILIPPES DES-PORTES.

הַשָּׁמַיִם מְסַפְּרִים כְּבוֹד־אֵל

PSAL. 19.

A PARIS,

Chez Guilhaume Iulien, pres le College
des trois Euesques, à l'Amitié.

1583.

AVEC PRIVILEGE DV ROI.

Traités ici apropriés outre l'ordinaire des autres:

1 La raison du Vnide au Cercle de l'Etre.
2 L'vnité d'vn DIEV vniquement vn.
3 Secrets de l'vn ou Vnité.
4 Si le Monde est vn & eternel?
5 Si le Ciel a matiere, & quelle?
6 Si le Ciel est animé.
7 Du feu du Ciel contre Cardan.
8 Rares proprietes de la Boule ou Globe.
9 Que la Comete est vn astre contre l'Arist.
10 Des amours du Ciel enuers la Terre.
11 Des amours mutuelles des Astres.
12 Mythologie des Signes Celestes.
13 Influence des Planettes.
14 Mythologies des fables, non les vulgaires.
15 Mythologie des Eclipses.
16 Discours des Astrologues Iudiciaires.
17 Demonstration de la saison du decés du Monde. &c.

A MONSEIGNEVR
Monsieur Philippes Des-Portes
tuteur vnique des Muses, & de
leurs poursuiuans,

SALVT.

ONSEIGNEVR, côme ainsi soit, que tout l'edifice d'Amour (côme nous le lisons couché sur le papier Platonique) est fôdé sur deus colonnes, qui sont le defaut, & la cônoissance d'icelui: L'ecole d'Auicenne, assidu disciple de mô Prince Genie l'Aristote, m'aprend qu'icelai Amour plus naturellement s'apüie sur ce dernier poteau, que sur le premier. Dequoi nous fait foi le subtil de Halez (duquel les plumes ont enrichi le premier de la Somme de Thomas d'Aquin) en ce que iaçois que l'homme soit beaucoup plus diseteus des infines perfectiôs de l'vnique parfet, que l'Ange: cetui ci toutefois laiſſe loin derriere ſoi celui la, en ardeur d'amour enuers la mer de perfection, d'autant qu'il void beaucoup plus clairement, au pur miroir de ſes Idées infuſes, de combien de degrés il eſt eloigné du ſouuerain Beau, que ne fait l'homme emmantelé dans l'ombrageus voile de ſes ſens eſourdis. Et ſi (dit Augu. Eugub.) tout Amour eſt ou cotoié ou taloné de defaut, l'amour tient plutot du fief de celui qui connoit le defaut, que du defaillant : ce qui eſt arreſté par definitiue au Senat de nos Teol. ſcolaſt. qui d'vne bouche non empruntee prononcent que les Intelligences plus hautainement graduées par l'eternel Preſident de l'Etre Vniuerſel, s'éamourent beaucoup plus ardamment à remplir le vuide des natures manques, que celles ci à receuoir les nombres entiers de leur acompliſſement. La cõſideration de quoi a fourni à l'Ariſtote 9. Eth. c. 7. cette ſentence que l'amour du bienfaiteur deuãce l'amour du bienfaité: ce qu'eſt depuis ratifié par Thom. d'Aq. ſecunda ſecundæ, quæſt. 26. art. 12. Premierement pour ce que chacun aime à voir ſon etre, & ſon œuure, ce que le bien-faiteur relit ſur le caier du receuant, qui lui eſt comme ſi conde creature. 2. pour ce que il reconnoit en son obligé son bien, qui enfant non d'vne Vtilité, mais d'vne nue Hóneteté, se recolationne auec plus naif chatoilhement. 3. par ce que il iouë le personnage agissant, & l'autre du soufrant. 4. par ce que, comme l'epine nous recommande la rose, ou l'ecratignure la cannelle; ainsi se fait du bien-faire par la difficulté qui ordinairemét emplombe la main liberalle. Tous ces filets i'ai ainsi ourdis à l'vniforme trame d'vne toile: en ce que, comme vôtre plus eleué Destin de connoissance a'eprins en votre noble ame vn Celeste brandon d'amour enuers les officiers de l'etat lettré, tant en detail qu'en gros, votre surhumain Dæmon, branche du grand Dæmon d'Orphee, a fureté à plus industrieuse recerche leurs mesaises, que ils n'ont à diligête narine flairé votre digne odeur tutelaire: si que auec Alexãdre & Auguste, vôtre cœur n'a eté tãt epinçoné d'aucun regret q̃ du iour ecoulé sans atacher au nœud de vos graces quelque poursuiuãt des Muses. Et ie ne sai quelle auantureuse chance tournant votre dez, vous aiant fait depéser quelques heures (pour charmer quelque

ã iij

EPITRE.

plus grand deſſein) en la lite de mes menus brins bigarrement eparpilhés : vous aués longuement bricolé à vous fantazier de quel bois ie me chaufois : comme ſi euſſiés eté en jalouzé de dueil, que ma Muſe ſeule friſſonnat ſur votre ſueil ; les autres boüillonnantes ſur votre foier liberal. Moi doncques aiant leu en Nyphus, l'oracle d'Apollon, qui repondit à Venus que ſon fiz ne pouuoit croitre ſans frere, & me pachant (côme parle S. Aug.) là ou le pois de mõ amour m'entraine, i'ai touiour ſué à faire gemeau cet amour, entant que mon humbleſſe pourroit aconſuiure la proportion de votre diſproportionnee hauteſſe. Or au Sibyratique limier, bon gibier : Dõc apres auoir ſouuét veu enuolé de ma main les moiens de vous epuiſer de ce votre doute, i'ai entre maints faiſeaus de titres particuliers me qualifians, choiſi vn Diagrame comparatif, accommodé tant à ce preſent ouurage, que à vôtre rare & Simonidienne memoire des Siecles ecoulés : afin qu'en ce païſage de ma viote ie me cõporte moitoien de Polignot Ethicien, & de l'eloquent ſilence de Tymante ſur Iphigenie immolée. Il vous plaira donc ſauoir, que iaçois que l'egard tant de mon petit tonneau, que de mes apophthegmes (desquels l'humeur melancoliquemét gaie pourroit en notre Vniuersité se faire mere d'vn soupçõ de Metépsycose d'vn Panurge en moi) sembleroit former mon etat à la Diogeniane: Toutefois pour voꝰ faire cette missiue ambassade auec mõ cœur, de mõ œconomie, ie courrai plus egalemét en lice de conferéce auec l'vn & l'autre Anaxagore, si de leur tableau vous me permettés tirer les couleurs dont se depaind ma Vie, bornant (pour gauchir à l'arrogance) la carriere de la comparaison en quelque fondement sequestré des adioins etrangers. 1 Comme pour exemple, Anaxagore pour auoir esté spectateur de tout l'echaufaut humain & mondain, à son r'abord parloit ainsi à ses chams enfrichés,

Si votre reuenu mes chams, ne m'a fait riche,
Vous voiant enfrichés ie ne me void en friche.

Ainsi m'a semblé plus dous le ioug de mon Pedãt Pauureté en vn equarté climat, soùs vn bon duc Moyse, que de sauourer à pieds etendus, mes grasses marmites d'Ægypte. 2 Cõme Anaxagore trouuoit tout en tout: Ainsi aije, par la grace non du Dæmon Anaxagorien, ou Colchodee Auicennes-

ã iiij

que, mais du Saint Esprit, trouué soûs le serain de mon Ciel tout nuage, soûs le nuage la serenité, & tout à profit sans egard de profit, semblable à la Vigne bechée des enfans cerche-tresors en Aesope, & Saint Augustin 3 Comme ecrit Iodelle,

Qu'alors qu'vn Roi Pericle Athenes gouuerna
Il aima fort le docte & sage Anaxagore,
A qui (come vn grād cœur soi meme se deuore)
La liberalité l'indigence amena:

Ainsi mon Pericle Apollon m'aiant assés fecondement anobli de ses faueurs, en aiant fait ruisseler les tuiaus d'aucuns masqués amis, ils ont voulu tarir ma source: donc me voiant ici habilhé d'autre liuree enuers eus, ils aprendront auec moi de l'Espagnol,

Ten tu el tiempo che no se ande
Io terni mi forma che no mude.

4 Comme Anaxagore, pour n'auoir voulu ploier la graine au Soleil, comme à Dieu, s'auoisina de la derniere marche de la mort: ainsi pour n'auoir peu vouloir vendre mes holocaustes à quelques Tyrans lettraires qui auec Plate s'appelloient *Ioues humanos*, i'ai presque eté degradé, ou deporté en l'Isle. 5 Comme Anaxagore reputoit l'homme tressage animal, pour-

EPITRE.

ce qu'il est doüé de la main: Ainsi moi (me deuoiant vn peu de mon Aristote) le sens vn peu tourné, ie suis quasi en voie de croire que cet age n'admet passeport d'autres voiagers de Prudé∴, que ceus qui entendent le tour de la main. 6. Mais le chef de cette conference git en ce que me reglant à l'equierre du bapteme de l'homme, duquel le nom n'est que contemplateur, & fauorit de celle à qui parle Tasso.

O Musa, tu che di caduchi allori
Non circondi la fronte in Helicona:
Ma su nel Cielo infra i beati chori
Hai di stelle immortali aurea corona:

i'ay dez la premiere dispence de mon enfantin berceau, epousé l'opinion d'Anaxagore, qui ne pensoit tenir en fief de Dieu sa vie, que pour mirer le Ciel. Et de vrai ie ne sai quel clou d'enthousiasme m'a si fort collé sur le Ciel, que ie me vante auec Xenocrate auoir serui de filet d'Ariadne à guider les pas douteus de cent mes Thesees, dans le replissé Dedale des sorts futeurs. Et souuent m'at-on veu, d'vn œil Arcesilaique estoquer la Terre, que ie capriolois au bal des Astres (non que, fait Archimede, ie m'ettrangeasse de

EPITRE.

moi-méme pour ne fentir le fer de Marcellus ou en façon d'Ariftee ou Apoloine: Car trop de cordelles Platoniques ietranchoint mõ aileron: & fentoi bien auec Lactance & notre Poëte, que

Tous fommes compofés de ners, mufcles, & venes,
Nous fommes tous vetus d'afections humaines)

Que fi l'on m'a veu reiailhir à fleur de terre, ce a eté, qu'il m'ennuioit de trafiquer au haure Celette, fans venir iamais etaler au bord François mes denrées, bien que fouuent i'auoi demaré du riuage pour furgir en bas. Ce neanmoins mon Deftin du premier vol m'eut guindé en fi haute ramee, fi vne pœur ne s'i fut opofé. Car comme Denys le Tyran penfoit auoir fait preuue de fa derniere cruauté quand d'vne tenebreufe taniere il tiroit fes prifonniers en vne haute tour platrie de chaulx brilhonnante au Soleil : ainfi fi ie n'eufe rampé par les verdoians tapis de mes Amours & autres folatreries, qui portét le nez de dixhuit ou vint ans, la prinfe de mon excourfe dez ma fraiche Lucine, à ce radieus Soleil, eut mal traité mes yeus. Finalement quitant mon patin fur le Mongibel mortel, i'ai Atlaïzé mon epaule soumise au Ciel, pour boucher la bouche à vn tas de Tantales, qui m'essourdissent l'oreilhe auec ce motet de Pind. Κρήματα κρήματ' ἀνήρ, Et de notre Po. Ronf.

 Et à la verité tout esprit genereus
 Court aprés la grandeur, & en est desireus,
 Et veut, s'il est possible, ainsi que de sagesse,
 Le peuple surpasser de grandeur & richesse,

Auſquels me crians lautel elle danſante en Eté, friſſonnante en Hyuer, & ne leurs decouurant que ie raioi de mon airaire les ſcilhons non Terreſtres, ains Celeſtes, ie moutroi l'aneau de Druſus Germanicus: *Iis demùm grauis est fortuna, quibus est repentina.* Et ainſi ſans amaigrir de leur greſſe, ſans leurs enuier ces montaignes à garde de Grifons, peu à peu i'aprenois à prendre langue, à reconoitre mon naturel païs, craignant que preſcription d'ans me bannit de mon droit d'heritage ſelon les Iuriſc. Et qu'euſſay-ie fait pour rendre conte en la Preuoté d'Amaſis Aegyptien, ou au reſſort des Gymnoſophiſtes? prendroi-ie à tache vn gros fars de comments d'Orleans? ie dis de leur friperie auec Petrar. de R.

 La cieca Babilonia ha colmo'l ſacco
 D'ira di Dio, D'errori empi e rei,

Tanto che scoppia, & ha fatti suoi Dei
Non Gioue e Palla, ma Sileno o Bacco.

I'en dirai auec Tit Liue, des vilages d'vn Roi de Syrie: Ils sont tous Syriens: Gentilhy, Vaugirard, Monrouge &c. sont tous de la France. Brigueroi ie vne Principauté pour elargir m'a pance d'Agatarsyde accusé par Lysandre en Plut. afin que à trauers ma crasseuse lanterne ne raione plus ma ra. sonnable chandelle? Empieteroi ie vne chaize regentiere, pour de 3. Paronomasies peu familieres au maitre de bien dire, boufir vne Perroquelle harague? Quelqun de nos Pedans sur ce propos me dit à l'oreilhe ce mien quatrain.

 Pointelher tel bureau des Muses,
  A Du MONIN *est odieus:*
 Ainsi le renard enuieus
 Sur l'Ane bâtit ses excuses.

Mais ie lui repondis ce que i'ai leu en Espagnol d'vn Capitaine de Charles le quint à cil qui lui dit: Sennòr don Diego, cosa para dar espanto a todos que las rodilias tiemblam à V.M. il repòdit. Sennor no quiero que me lo diga al oido, sino que quiero que doto il mondo lo oiga: Mis carnes floxas tiemblam perque saben adonde mi coracon oi las a de lleuar Aussi ie mafie tant sur

EPITRE.

mon courage, & mon labeur non Iesuïtal, que si ie me pouuois sommer à trepigner en leur dance, ie leur feroi perdre leur cadance, & à moi leur grace: bien que mon Ascendant n'a bienheuré mon esprit en façon des Mans, id est, hômes du Nord, dont le front fait passer vn lopin Hebrieu pour Rabi Euran, vn Betha pour Isocrate, & vn petit Grammairien Ramus, pour vn Charpentier, ou l'Escale. De sorte donc que tout me puant, le seul Ciel m'a colé sur ses platines. Et aprés auoir longuement brigué la guide du coche Phebeen, i'ai enfin, mis les rennes en mes mains: & si i'en fais vn bucher pour m'y bruler auec mon Ciel, i'espere que mesurant le Conseil au conseil, & non à l'euenement, vous honnoreres mes obseques de votre Epitaphe d'Icare.

Icare cheut icy le ieune audacieux, &c: ou du Poëte Latin,
Hic situs est Phaeton, currus auriga paterni,
Quem si non tenuit, magnis tamen excidit ausis.

Or auant que cadnacer ce songe celeste, ie dresse l'Idée de ce Ciel à ombrage precursif d'vn plus solide. Et pour ce que l'Architecte est souuét chatoüilhé par son

EPITRE.

portail, à emploier plus que sa moisson, pour faire que l'étofe des etages ne le demente, i'ay (pour m'encourager à repondre en toute partie) choisi pour auan-front de mondit Ciel, votre Roiale Porte: laquelle aiant engondé à l'edifice (bien que ce me sera vn pourpre entre mes rauaudages) ie m'afie qu'il luitera aus orgueilheuses tours de Memphe, & aus sourcilheuses pointes de Pharie. Ie ne doute pas que z. miens aduersaires ne gemissent, & forment maints Sardoniens ianglôs sor votre fortune, d'auoir été prins (bien que iustement, celeste digne d'vn Ciel) pour frontispice d'vn si chetif batimét, côme parant mon Ane de votre peau Leonine. Mais qu'ils sachent que la regle Lesbienne ne dechet de son pris, ploiant aus durs cailhous: ni Helie s'apropriant à l'enfançon: ni le Christ, fait part de notre fraile genre: & les prie de penser que gaignans de votre part cette victoire sur moi, ce leur sera *Cadmæa victoria:* & dirôt auec Pyrrus des Romains: *Si nous batons encor victorieus, nous sommes desesperement vaincus.* .Item, Monsieur, veuilhés, ne veuilhés auec eus, ie ne sai à quel autre Saint offrir cette chandelle, si ie ne vouloi trahir mon fiz, que ie ferois Hibou

EPITRE.

de ses compagnons lettraires, orfelinant son front du coin, où sont batus les autres qui à l'vsage de notre age praignét le iour. Parquoi puis que vos pupilles les Muses, filhes du Ciel, m'escortét chez vous, & puis que ce 4. mien acouchement m'ameine en ieu enuers vous, la loi. 1. ff. *mandati* (que *officio non debetur merces*) ie vous requier, que la main de votre Grace tant elargie à ceus qui auec le temps, sonde du Vrai, se pourtoint trouuér legers d'vn grain, ne me soit abregée: laquelle il vous plaira tenir forte à ce mien Ciel, qui seroit tot echelé par la bande Geantine, si votre Porte, mon pompeus portail, ne leurs etoit tel que les yeus du 7. fois Consul Marius à ses poursuiuans aduersaires.

Par vôtre tres-deuot Ecolier
Ian Edoüard.

In cœlestes Iani Edoardi Monini
versus de Cœlo,

EPIGRAMMA.

Vltis multus honos Terram cecinisse Poëtis:
   Et quæ terra Deo, mira iubente parit.
Sed pedibus teritur tellus, caput exit in altum:
   Et capitis Cœlum est magna capaxq́; domus.
Sic quibus ad cœlum pertendere maximus ardor,
   Cœlo aspirantes deseruere solum.
Qualis & hic, qui dum spretis cœlestia terris
   Concinit, in Cœli parte Moninus erit.
        Io. Auratus Poe. & Interpres Regius.

Εἰς τὸν οὐρανόφρονα ποιητὴν Μονῖνον.

Θνητὰ φιλεῖ θνητὸς καὶ γήϊνα γήϊνος ἔγνω,
   Αἰθέριος δ' ἀνὴρ οἶδεν ἐπεράνια.
Φθαρτὰ λιπὼν φθαρτοῖς ἄφθαρτα Μονῖνε δι-
   δάσκεις
   Οὐρανίας ἡμῖν δειξάμενος κορυφάς.
Οὐδὲ χαμαίζηλος, μακάρεσσι συνέστιος, ἠδὲ
   Ἔμπλεος ἀμβροσίης φθέγματα θεῖα πνέεις.
Θάρσει γηγενέων πανυπέρτερος ἐσσὶ Μονῖνε
   Τῶνδε πολυκτεάνων κρέσσονες εἰσὶ σοφοί.

        ΝΙΚ. Γυλωνίυ, Αὐρ. Γαμβ.

SONETTO DI MV-
tio Senese, com per laudar in parte l'alto valor del dignissimo Signore Monin Poeta Latino é Francese.

CHiaro Monin, che gli elementi, e'l Cielo
   D'altissime virtù resero adorno,
Quando tra noi scendeste à far soggiorno
Dal cerchio, u regna 'l Dio che nacq in Delo
La pura mente tua non copre il velo
   Dei pensier foschi ond' hanno oltraggio e scorno
   I miseri mortai che son d'intorno,
   D'onorar, chi gli oprime, accesi in Zelo.
Se non ti niega il guiderdon condegno
   La nostra età, che pregia il Bisso, e l'oro,
   E non le Muse, e chi da lor si noma,
Cinto di lauro à te, gradito pegno
   Del gran Rettor de lo Stellante Coro,
Ben sia la degna ed onorata chioma.
                    Con quei di Roma.

Sic, eris æternis celeber, post funera lustris
   Dū Cœlum stellas, pōtus habebit aquas.

Au Seigneur Ian Edouard du Monin PP. Bourguignon Gyen.

Qvand i'admire, Monin, de tes fis immortels
  Les ècadrons armés, qui silhonnēt la Frãce
Et ecrasent les chefs du monstre d'Ignorance
Plantans leurs étandars aus Phebeans autels,

Ma poitrine saut d'aise oiant leurs effors tels
  Qui rauissent les trets du blõd Dieuguide-dãce,
Ma Muse foible aussi de vois & de puissance
Te chante astre nouueau entre les Eternels.

Car si l'Alcmenean en dé-monstrant la Terre
S'est fraié le chemin vers l'etoilé parterre,
  Guerdon de ses trophés enfans de ses labeurs,

Que sera-il de toy, qui soutiens & redresses
Les Palais ébranlés des trois langues maitresses
Que mille vipereaus entre-sappoīent d'erreurs?

Par Iean le Féure Douysien.

SONNETO A
Eduardo du Monin.
PP.

Diuino du Monin que siempre as sido,
 A cosas mas que humanas inclinado,
Despues que Apollo aquien te as consagrado,
 A de su Laurel mystico ceñido:
Tu frente y pulsos, hasta aqui tenido
 Por inuention y fabula estimado
Fue lo de Atlante Lybico cansado,
 Y peso incomparable cometido
Al grande hijo de Alcmena, ya lo veo
 Verdad en ti, que con la ardiente llama,
Que abiua, enciende, abrasa tu deseo,
El alto Cielo emprendis que te llama,
 A empresa no menor, mas tal que creo,
Que no consentira morir tu fama.

Pedro Hernandez de Vadillo.

é ij

AVX MVSES, POVR le Sieur Edouard.

Troupe, qui vas humant le flot Aganipide,
  Ne tords plus tes cheueus dequoi l'vnic Ronsard
Chargé de quelques ans ià semble offert au dard
Qui vers le pere Orphée en Elyse le guide.
La tombe à ce Phenix d'vn saint germe n'est vuide:
  Voi de sa cendre issir ce Phenix Edoüard,
  Ce ieune Pheniceau, qui seul, qui tout, qui part,
Au Cheual emplumé serre & lache la bride.
Ronsard dut à Petrarq, au seul Ronsard il doibt,
  L'enuie est morte en l'vn, l'autre plus ne la void:
  Car si loing il lui quite & la Mer & la Terre,
Que ne daignant çà bas ses pieds ailés planter,
  Il est, libre, contraint ce saint Ciel charpenter,
Pour loger son Laurier compagnon du Lierre.
        Cyprian Perrot Patric. Parisien,
          Ecolier de l'Auteur.

Au Seigneur Ian Edouard, Gyen.

Tu n'es vraiment Gyen, ains Geant tout à fait,
  Un Olympe, ou vn Rhec', dont l'échelle insolente
  De-sceptre Iupiter, pour en sa haute tente
Planter les étandars de ton Ciel tout parfait.
Ie fau, Iupin voiant cet artiste portrait
  De ton beau Ciel moulé sur l'Idée excellente
  De son trone étoilé, il y plante sa plante,
Y mirant de son Ciel toute couleur & trait.
            H. le Tuillier Parisien.

A L'AVTEVR DE CE CIEL.

SONNET.

IE m'étonne mon frere, ame vraiment Roiale,
  Que le Ciel si long temps vous tient entre ses
Pour arpanter son Clos, sans q̃ votre cõpas (bras
  Daigne remesurer vostre terre Natale.
I'auois aprins qu'Astrée à la balance egale
  Presidoit haut au Ciel, mais ie ne le croi pas:
Car elle ordonneroit de redresser vos pas
  Vers votre chere Ithaque, où votre los s'étale.
Si vous ne rebrossés, i'irai moimême aus Cieus,
  Afin qu'en arrachant vos Lauriers glorieus,
Ie vous remette aus yeus de nôtre douce mere,
Qui au chef ia chenu, chargé de cinquante ans,
  Plaide iournellement contre la noire biere,
R'auiuant ses os mors de vos Iours fleurissans.

      Elizabet du Monin, sœur
          de l'Auteur.

    Ad Iani Edoardi PP.C. lum

Ecquid obus doctis Cœlum mandare tabellis?
  Namque tuum est Cœli machina tota caput:
Constat enim denis Cœlum velut orbibus altum:
  Cum Musis decimus sic tibi Phœbus inest.
        I. Malartinus Aurelianus.

Ad Græcum autoris symbolum.

Σπάρτην ἔλαχον, τὴν ἐχατίαν, ταύτην
κοσμήσω,

Spartam nactus sum, extremitatem,
hanc ornabo.

EN tibi postremum, quod contegit omnia, Cælũ,
   Pro Sparta, quam ornes, nactus es: istud agis.
Ecquot enim per te Stellis flammascit Olympus?
   Queis tu Phœbeæ lampadis instar ines.
Sic quod postremum fuerat tibi, sit tibi summum,
   Cælum etenim est Cæli gloria summa tui.
Macte animo vates, Cæli qui sanguine cretus,
   Iure potes Cælum dicere filiolum.

        Benjamin de la Frelodiere
        Moninianæ Musæ Alumnus.

Anagramma.

IOANNES ÆDOARTVS
MONINIVS, SANE DIVINO
ornatus es animo.

Diuinum diuina decent, re dius es, ipso
Nomine diuinus, semideumq́; genus.

Heutain Bourgueingnon.

Vorro bin montâ aiuo toi ieuque au Ciaul,
 Men i n'a gin de pleume, & tai Muſe clar-
  geauſſe
M'enuarde de ſeüillai ſon aule que ſe hauſſe
Pu hau qu'in bé hairon deſſu lou pra moitaul.
Aidé don, dou Mounin, i veu recharre ai vaul,
 Dée ſauue tas gueutés qu'in Gigant ne las
  blauſſe:
T'é l'hounor dou paii, que veut que tè lou mauſſe
Dan ton Ciaul où te boi lou Naitar in gre caul.

Phelipot de Gyton veille clargenot.

Sequens Epigramma, quod Chalcographorum culpa omiſſum, fol. 184. pa. b. deſideratur, huc transferendum, decurtatum licèt, curauimus.

Ad DD. N. Perrot, & Tho. de Rochefort, Socerum illum, hunc Generum, Iuris-æqui vt ſcientiſſimos, ità obſeruantiſſimos.

Cælica ne nutet nobis pede regula varo,
 Neſcia, Ius-Æquum quam notat, ire viam:
Inſero veſtra meis aſtra Aſtris, orbibus orbes,
 Digne Socer Genero, Digne Gener Socero.
Gallica nam veſtris Aſtræa vt lancibus inſtat,
 Recta aderit veſtro ſic Themis auſpicio.
Sic & inoffenſo curſu mea moliar Aſtra,
 Callidus hanc Æqui-Iuris inire viam.

PROSOPOPÆE DE L'AVTEVR, A SON CIEL.

MON CIEL, oeil paternel, seulet seüil de ma vie,
Mon gage, mon Nectar, ma soüaiue Ambrosie:
Sur le pompeus feüilhet de ton port piafard,
Ie lis qu'il ne te chaut que ton ennuieus dard
Antidate l'arret de ma Parque prochaine,
Me sommant de fraïer la riue Stigienne.
Ie ne puis étre Singe à mon fiz bien que cher,
Pour d'amour dereglée en morceaus le hacker:
Mon oeil sec, ne peut voir, que Paon haut & braue,
Tu etales en rond de Calpes en Imaue
Tes brilhãs yeus d'Argus d'vn craquetãt cerceau,
Sans oeilhader tes pieds, contre-pois de ton beau.
D'où t'est cru ce sourcil qui balonne ta tête!
Qui peut coudre en ton front cête boufante crête?
Ha, Poupin Adonneau, muguetin Fierabras,
Penadeus à gros grain, rogue à double rebras:

Coulé

Coulé ie par le flus de ma pure semence
Telle humeur, mere aus mœurs, au sein de tō enfan-
Moi, qui de la mammelle où ie fus alaité,   (ce?
Sucé l'atrempé suc de simple Humilité:
Et ta quarre se pompe en ta demarche graue
N'aguignant qu'vn seul blanc d'vne piafe braue!
  Ie sai que ton habit gentiment etofé
T'orgueilhit d'vn leuain d'arrogance etouffé:
Mais que sais-tu, mignon, si ta robe superbe
Me fait banqueroutier, mãgeant mes blés en herbe?
  Tu dois, tu dois penser que tu n'es ce grand rond,
Chef d'œuure industrieus que du Rien tou-second
L'Artizan nompareil modela sur l'Idée
En sa trêpure Essence vniquement fondée,
Ce grand cercle etoilé, qui n'eut pour crediteur
Ni Vulcan en flambeaus, ni Neptun en moteur:
Bien es tu baptizé au nom de la grand boule,
Aiant parrein le Ciel qui toujour poste & roule,
De qui tous bas rouets tiennent à fief leurs cours,
Qui est dernier ressort de toutes autres Cours.
  Mais aus quatre Elemẽs ton beau Louure s'engage,
Argument euident que foible en est l'étage.
  Ce Ciel vraiment Celeste à qui ton nom tu dois,
Etoit bien manouuré de plus artistes dois,
De plus fors arboutans, de murailles plus fortes:
Et s'il vid neanmoins prés de ses riches portes
Planter l'escalat vain, dont l'improuiste horreur
Enfrissona les Dieus d'vne gelante pœur.

Ne vois tu, Ciel mon fiz, l'Escadre Terre-née
Grailer cent ploms, cent dars d'vne main forcenée?
Ses piques herisser en tofues forets,
Pleuuoir dessus ton chef mille nues de trés,
Debonder à boüilhons ailés de roide orage
L'ecluse à cent torrens de leur felonne rage?
   Ne vois tu Pelion sur Olympe entassé,
Mymé iouché sur Rhec, Encelad' surhaussé
Sur l'epaulé Carmel, demesuré Colosse?
Voi, comment de leur dos leur Aieule se bosse!
Voi, comment coniurés au goufre Stigien,
Ils voüent que bien tot ton marbre Parien
Sera raïé du soc de leur rude charrue,
De tes lambris dorés pauant la basse rue.
   Tu n'as, mon fiz, tu n'as contre l'ot Terre-né
Vn foudroiant Hercule, vn Lion cuisse-né,
Ni les diuins Heros, pour ta palme conquerre
Dans les poins renaissans des fermiers de la Terre.
Que de brèches deia faites des cailhous durs
Qui vont equartelant tes rempars & tes murs!
   Iamais vn fin courbeau, d'vn croaçant langage
Ses compagnons n'appelle aus lots de son pilhage.
Ha! que mieus t'eut valu auant que prendre plis
Te musser coisement és tortueus replis
De la robe du Ciel, mon emprunté compere,
Que faire debander les arcs de ton repaire,
Les trés etincelans de Phebus & sa sœur,
Contre cet escadron qui n'a qu'vn roc pour cœur,

Qui veilhant à tes raiz les yeus de son Enuie
M'orpheline de toi, mon Ciel, sel de ma vie.
  Voila que c'est! Lucine à peine t'eut enté
Au vital tige humain, à peine fut planté
Vn isnelle cerceau sur ton epaule tendre,
Que ton souple aileron, Phaëtontide cendre,
T'a brusquement perché sur le fête hautain
Du Ciel qui t'aiant fait son Cocher peu certain
Doit echanger les yeus de ta mere Clymeine
En surgeons ecumeus de larmoiable peine.
  Laisse ces rennes donc au flamboiant Phlegon
Qui t'aprete butin au Geantin Dragon,
Au canton Terrien, qui pêle-mele echelle,
S'auigourant aus cous ta nœuue Citadelle.
  Tu ne le vois, beau fiz, tant le ieune brandon
Te fait au bois d'Erreur chasser à l'abandon:
Si fais, tu le vois bien, car nulle sombre yuraie
N'emmantelle ton œil d'vne si lourde taie.
  Mais ie void l'espoir brusque où tu te veus fier
Dont les foudreus canons tu ose defier:
C'est que ton apuis git sur le fort de tes portes
Dont s'est fait chef de garde vn trois fois grand
    DES-PORTES,
Comme si tes rempars en etoint assurés
Contre les batailhons des Geans embourrés.
  Et ie iure de vrai, que tant fat n'es encore
Que tu sois alteré de la soif d'Helebore.

                       i. ij.

Comme sous l'étandar d'vn seul Duc des flabeaus
Marche assuré le cāp des Celestes chateaus: (mille,
Vn chef Des-Portes peut, non moins qu'vn guerrier
Soùs son pauois d'Aiax targuer toute ta ville,
Si que (si ton Parrein, & son fèure eternel
Contribuent l'écot auec ton Colonnel)
Cōme vn foudre éclatāt, ionchāt le chāp Phlegrée,
Abruua de leur sang leur Aieulle alterée:
Ainsi l'ot Geantin sur nous deus conspiré
Remachant sa menace au gosier pariuré,
Fournira de motets aus Muses nourrissonnes,
Pour d'vn pouce assoupli sur les cordes mignonnes
Nous flater mollement d'vn accent charme-ennuis
L'oreilhe qui l'Esprit laisse aller par ses huis.
   Puis, de vrai, tu n'es pas bati de fraile Argile,
Tu es étançonné sur la constante pile
De l'Idée du Beau, dont le diuin patron
Te fait faire la nique aus vagueus Acheron.
   Ton Centre balancé, est l'Aristote sage,
Ton rond-premier-rouant, mon poëtique heritage,
Ton discours d'Vranie est ton haut Firmament;
Ton Saturne est Manil. settieme etalement:
Ton benin Iupiter, est l'accord Ptolomée: (mée:
Tō Mars DES-PORTES guide vne Delphique ar-
Ton courrier donne-Iour, ton seul Titan, Ronsard
Fait tous tes arcs dancer au ton de son regard:
Ta doüilhette Vesper, est de Belleau l'eau belle:
Mercure est Buranan, ton truchement fidelle:

Ta feconde Phebé fourmilhe en Du-Bartas
Plus de diuins difcours, qu'en cent mille autres tas:
Ton orangé Bodrier, la douzaine etoilée,
Qui eſt de mes cachets aus derniers feaus fellée.
 Ton cercle mi-Iournal, c'eſt mon Printens fleuri,
Mõ blãc lis fur-croiſſant entre maint brin pourri:
Mon courage aceré te fert de Pole Artique,
Mõ cœur madré d'eſpoir eſt ton Pole Antartique:
Ton Tropic, eſt mon vœu de quiter ce rond bas,
L'autre d'y voiager, fans imprimer nul pas:
Tes Colures ont prins mon mépris pour leur theme,
L'un, mon mépris de tous, et l'autre de moi-même:
Tes Paralleles font quelques ars melangés
En tes bahus confus diſtinctement rangés:
Tu as pour Horizon, vrai terme de ma vie
Mes lauriers compagnons des palmes fur l'Enuie.
 Va donc à faufconduit, va mon Ciel equipé,
Ne decalme ton front pour ce camp refripé
Des tendons Oſséens, de ces menus tiers d'homme
Qu'en bulles d'eau ie creue, en fumée & en fomme.
 Boufis toi le courage, & poſtant touiour-mais
Ne loge en ton etable vn cheual de relais:
Sur le Pere & l'Enfant enfanté par ta courfe
Mille beaus Iours puifés de l'eternelle fource
Du Soleil Inuifible, où la poiſſarde Nuit
N'entombe en fon Chaos de mon iardin le fruit:
Et pour aus replis d'ans es doctes bouches viure,
La Lampe de ton Iour n'eclipfe fur ce Liure.
     ĩ iij

Puis pour néger sur moi la Manne du bonheur
Reçois d'vn poin tenant de la Mer de tout heur
Par cent larges canaus la benigne influence
De ce Maitre infini, dont la toute Puissance
Emploia mes outils, & mon art, & ma main
Pour me faire ton Pere, & le Ciel ton Parrein :
Il te peut, seul, boucler l'honorable barriere,
Il peut, seul, atreuer ta bruiante carriere.
   Lors, quand sa viue vois à clous de diament
Les routes bridera de ton fort branlement,
Ie croi que toi, mon fiz, chargé de ton Anchise,
Dans le lit du grand Ciel dormiras en franchise.

FIN.

LE PREMIER LIVRE
DE L'VRANOLOGIE, OV
DV CIEL, DE IAN EDOVARD
DV MONIN, PP. GYANIN.

A' Monseign. M. PHILIPPES
DES-PORTES.

V PLVS *ardant midi de mon ieune*
prin-tems
I'oi braquer maint canon contre mes
passe-tems,
Pour, depit, foudroier d'vne bale enuieuse
De mon Lut frais-éclos la voute harmonieuse:
Et tant ces Vipereaus ont vomi leur venin
Sur le front lierré du chantre Gyanin,
Qu'ilz croiët qu'empesté de leur soufreuse haleine,
I'ai fait l'Orc heritier de ma depoüilhe humaine.
Non (graces au bon Roï de l'étoilé Château)
Ie ne suis pas encor hôte d'vn froid tombeau:
Encor le craquedent de la rongearde Enuie
N'a sapé le fort Fort de ma peinible vie,
Me sommant d'acorder à l'auare Charon,
Afin de traieter le bourbeus Acheron.

Ie me resens encor citadin de la terre:
Encor Cerés la blonde en son giron m'enserre:
Ie soufle, ie bondis, & sens or que mes sens
Se font de ma Raison messagers diligens.
　Bien est vrai, qu'aterré sous la pesante masse
Qui derobe à mes yeus des beaus astres la face,
Ie secous de mon dos mon bourbier terrien,
Serrant ma main és mains du besson Delien,
Qui ente sur mon dos deus les plus souples ailes
Que Meandre nourrit à ses oiseaus isnelles.
　Ie quite, comme fit le docte Agrigentin,
Sur l'ardant Mongibel mon terrestre patin:
Ie fendrai l'ær venteus sans retreßir mon aile,
Auant qu'étre perché sur la voute immortelle.
　Außi bien n'ai ie beuf qui au col haraßé
Raie du soc trenchant mon gueret engreßé:
Le nu Sylarion sa miche m'a prêtée,
Où ma logette pend sur quatre pieus plantée:
Mon pedant Pauureté serre tant mon colier,
Que, contraint, ie le fai maitre sans écolier.
　Bref la Terre me put, i'entrepren un voiage,
Qui doit borner mon cours sur le plus haut étage
De l'astré firmament: Mais, comme mal fourni
D'argent enualisé, ou de sac bien garni,
Ie veu gaigner païs à petite depense:
,, Fol est qui ses dépens sur sa moisson auance.
　Vn courtiZan porté dans les yeus de son Roi,
Dorloté dans le sein d'un grand Duc ou Vis-roi,

A magnifique train parferoit ce voiage,
Pompardant, piafard, marchant à roial gage.
Mais mesurant ma force à mon petit compas,
Pieton, de Pacolet i'aconsuiurai les pas,
Quitant aus Molucins leur fine epicerie,
Au Candiot son vin, le sucre à Canarie.
  Et quoi? puisque empruntant vn voletãt cerceau,
Ie me guinde aus planchers du radieus coupeau,
Doi ie point asseurer mon aceré plumage,
Le detrempant au suc du Nectarin bruuage,
Qui lui soit en garant vers la noire Clothon
Tâchant de deuider mon fatal peloton?
Pendant qu'audacieus, à main Phaëtontée
Ie guide de Phebus la coche redoutée.   (mains,
  SEIGNEVR, q vois ce Tout, Chef-d'oeuure de tes
Qui ne mires nos fais en nos miroirs humains,
Ains au luisant Cristal de tes saintes Ideés,
Où nos Colonnes sont diuinement fondées:
Si te voiant, tu vois qu'Olympe ambitieus
Ie n'échelle le fort de tes murs glorieus,
Pour tes clairs feus voller d'vne segrette emblée,
Gaignant pour mon seiour la roche Caucasée:
,, Ains pour sur mõ Eymẽt tirer la terre aus Cieus
,, La masse des Mortels, qui ne collent leurs yeus
,, Qu'aus bors fleurdelizés de ce grand frontispice,
,, Où tes doits ont empraint l'admirable artifice
,, De ta sage Bonté: &, en vain étonnés,
,, Rendent tes saints outis de hazard soubçonnés,

A ij

L. I. DE L'VRAN. OV CIEL

,, N'entendans le compas ni la iuste balance
,, Dont tu reglas le bal de la celeste dance:
Ne me fais trebucher deʒ tes hautaines tours,
Ni le Milan crochu ne me iou' de ses tours.

Vn tas de Vipereaus à la soude d'Enuie,
De leur ær empesté empoisonnant ma vie,
Me fait banqueroutier au seiour terrien,
,, A peine me laissant vn pouce du champ mien,
,, De mon champ labeuré de ce soc Stagirite,
Qui ne tient autre soc à conte d'vne pite.

Ie ne te requier pas qu'vn foudroiant mechef
Vuide ta main de feu sur leur inique chef:
,, Car assés le dur fleau de l'enuieuse rage
,, A cous iours les bourrelle en leur segret menage.
I'aime mieus, ô mon DIEV, que leur croc Harpien
Me contraigne les voir deʒ le toit ancien,
Où dessus le patron d'vne Idee immortelle
Mon esprit fut moulé de ta main eternelle.

,, Tu veus, qu'étans bānis hors des murs citadins
,, Par vn tas d'ignorans peruersement badins,
,, Aions pour rendés-vous le faubourg de la vile,
,, Ou les chams, ou le port de ton diuin asile.
Ainsi de ta Colombe epousant doucement
Les traces qui font voie en l'astré firmament,
Depuis l'humble arbrisseau de ton simple Zachée,
Iusqu'à ton colombier ie prendrai ma volée:
Et humant de ce Tout les flairantes odeurs,
I'arreterai mon vol sur les celestes fleurs.

DE I. EDOVARD DV MONIN.

TOVT ce, que haut, & bas, autour, deuãt, derriere,
Va les siecles tournant d'eternelle carriere,
Serrant tout dàns ses reins, rien ne laissant dehors,
Sinon du même rien les inutiles bors,
Iadis fut baptizé sur le beau nom de MONDE:
D'autãt que du saint Beau la Baûté pure & mõde
Cacheta ce grand rond, ce tien-tout Vniuers
De ses precieus seaus artistement diuers.

  Sur la haute courtine aiant dressé tes ailes,
Voi l'azur painturé, & merqueté d'etoiles,
Auise vn rideau pers de iaune tauelé,
De flambans ecussons haut & bas piolé,
Houpé de flocons d'or, parsemé de chandelles,
Chamarré de brandons, de brilhantes roüelles.

  Voi Nature acoucher, comment à tous momens
Elle enrichit ce Tout de ses enfantemens,
Alors tu iugeras le parrein docte & sage,
Qui nomma de ce nom ce mondain païsage.

  Ceus qui ont de Leucip' à contrecœur le fiel,
Et de l'Attique abeille ont sauouré le miel,
Fondés sur l'vnité du charpentier du Monde,
Ferment tout dàns le clos de céte cloison ronde,
Demolissans, sutils, les mondains firmamens
Dont ce reueur iéta les foibles fondemens.
Le Segretaire acort de l'acorte Nature
Ne merque en ses archifs qu'vne vnique cãbrure
De ce Tout emmuré des cercles radieus
Qui vont semant le iour dont ioüissent nos yeus.

Car songer on ne peut qu'un milieu qu'un extre-
Si toutes pesanteurs sont d'une espece même, (me:
Et les legeretés, nul ne me peut nier
Que la terre d'enhaut ne vint à delier
Le noeud de son clos rond, pour courir à grand erre
Au logis equarté de sa germaine Terre:
Aussi le Feu leger, de son frere germain
Gaigneroit, violant, le repaire hautain,
Si que tel choc mortel retitroit pêle-mêle,
De l'antique Chaos la mutine querelle.
  Or iaçoit que le trac de cet ordre commun
Me rende partizan de ceus qui n'en font qu'un:
Point ie n'encheine aus fers de la puißance humaine
Le tout-puissant pouuoir de la main souueraine:
Qui comme au second Rien, matrice de ce Tout,
Ponnud au Verbe saint ce Monde, & rien au bout,
Ainsi croulant son chef, par sa bonne Sagesse
En peut mille enfanter sans Lucine ou detresse.
,, Qui voudroit limiter le bras de ce Seigneur
,, Par l'unique tableau d'une étroite rondeur?
,, Qui borne son Pouuoir des bornes d'un seul Mō-
,, Qui le croira manquer de semence feconde? (de?
  Lors que ses soliueaus eclos d'un Rien sans rien
Fondoint l'essieu celeste, & le pied Terrien,
Eut il prouision de matiere plus ample,
Qu'aprés auoir dressé ce Monde à bon exemple?
  Si l'architecte clôt de cent & cent maisons
Le dessein Ideal: les diuines Raisons

Ne baſtent ſeulement à ſoubaſter vn Monde
Modelé au niueau d'vne Idée feconde.
 Ioint que quand ſur ce Môde vn môde enté ſeroit,
Le lien les liant pourtant ne ſe romproit:
Châque monde tiendroit ſa propre Oeconomie,
Sans auare ſouci, ſans blemiſſante enuie,
Et s'arrangeant au ioug de la diuine Loi,
Porteroit ſur ſon front la grandeur de ſon Roi.
 Et pourquoi s'encourroit à la Terre la Terre,
Ecartelant le ciel qui de ſon tour l'enſerre?
Car elle s'armeroit contre la peſanteur,
Qu'en ſon giron cacha le doigt du Createur.
 Ainſi céte carriere en cent pars buiſſonnée
De nos haliers mondains, rend ma Muſe etonnée:
N'eſtoit qu'ici la Foi par ſon ſaint ſauf-conduit
Loin de moi donne fuite à céte obſcure nuit;
Aimant mieus dementir toute humaine ſageſſe,
Qu' ne voguer au vent de la bouche Maitreſſe.
,, I'aime Agar la ſeruante en ſa fecondité,
,, Auant que dàns Sarrha aucun fruit ſoit plāté:
,, I'embraſſe auſſi les fruis de ma Philoſophie,
,, Auant que fueilheter le ſaint Liure de Vie.
,, Mais comme auec Iſac ſe ioüant Iſmaël
,, Fut forclos (par le vueil du grand Dieu d'Iſraël)
,, Auec ſa mere Agar, du toutal heritage:
,, Ainſi l'humain diſcour n'a de Dieu nul partage,
,, Lors qu'à ſon chenon fraile il aſſeruit les doigts
,, De cil qui tout eloche au ſoupir de ſa Vois.

Coure donc Aristote, & coure à vau-de-route,
Le grand Duc D'Israël veut que la somme toute
Des mondes Abderois ne rendent qu'un seul iet,
Que l'uniquement Vn proieta sans proiet.
,, Le Caractere empraint par la mere Nature
,, Dans le sein plus segret de toute creature,
,, Dictant qu'Vn fit tout vn (disoit le Samien)
,, Et qu'à l'Vn tout retourne, & nō au vain d'vn
,, Anime tant ce Tout à l'Vnité premiere, (rien,
,, Que de l'Vnité seule on va traçant l'orniere.
Ainsi ce qu'est en bas diuersement epars,
Tendant au degré haut, rendit en Vn ses pars,
Comme font les cotés de toute Pyramide
Vniment empointés au sec, & au liquide.
Et de soixante sous tant de nombres menus,
Au seul rond d'un écu sont en Vn contenus.
Ainsi du feu leger gemelle est la puissance
Que Titan serre au clos d'vne vnique Influence.
,, Et ce que nôtre esprit armé de facultés
,, Peut gaigner, soit d'ici, soit des grans arcs voutés,
,, L'unique impression du grand feure du Monde
,, L'imprima dedans l'Ange, où plus de dot aboˊde:
,, Et ce Monarque vnic, en son Essence void
,, Beaucoup plus que ce Tout tout en tout ne reçoit.
Que si tout est bati de figure Nombreuse,
(Comme chante des vieus la page curieuse)
L'Vn deploie l'enseigne, Vn marche le premier,
Vn est commancement: Vn, milieu: Vn, dernier:

De tout Nombre, Vn se dit la premiere matiere,
Car le Nombre n'est rien que d'Vns la pepiniere.
La Forme est celle là de qui l'étre prouient:
Vn, d'vn nombre chacun l'essence en soi contient:
(Car adioutant au nombre vne Vnité seulette,
Tu changeras ce nombre en nom, espece, & téte:
Retranches, Vn, du nombre, vn nõbre sort nouueau,
Bref tout nombre prêt Forme en l'Vn, miroir du Be-
Et si tout nõbre en Vn s'assemble en vne sõme, (au)
Qui doute que tout nõbre, Vn pour sa fin ne nõme?
,, Veila comment de l'Vn ce Tout est amoureus,
,, Comme étant de son bers par sa fin desireus.
Laches à ton esprit sur Parnasse la bride
Et va voir de quel choc Nature bat le Vuide!
 He! qu'y seruiroit il? la Generation
Ne se peut faire au Vuide, où n'est nulle action.
Mais pourquoi l'element auquel Vulcan preside
Se rend il soùs Cerés, pour en bannir le Vuide,
Forlignant le barreau de son particulier
Qui loge prés des cieus ce Feu vite-leger?
,, C'est (dit Thomas d'Aquin) q̃ toute moindre forme
,, Au bië plus general son mouuement conforme:
,, Ainsi l'Ange sur soi cherit son Createur,
,, Comme general bien, des autres biens auteur.
 Or le Monde contient de deus formes l'Idée,
L'vne est Vniuerselle au bien de l'Vn bandée,
L'autre est particuliere engrauée en chacun,
Pour garder son espece en son étre commun.

,, Dieu ne peut faire riẽ du tout à soi semblable,
,, Aussi ne peut il rien qui fut tout dissemblable:
Semblable ne peut il. Car tout ce qui reçoit,
A son dispensateur touiour moindre se void:
Il ne peut dissemblable, entant que tout ouurage
De l'Ouurier infini doit porter le visage.
,, Car en Dieu ne differe à l'Agent l'Action.
    Ainsi se viod en Vn quelque diuision;
Comme Dieu donc est Vn, Vn est céte machine,
Mais non Vne du tout: si l'Essence diuine
Est Tout, cet Vniuers est Tout, non de tout point:
Dieu seul est eternel, le Monde ne meurt point,
Mais non tout eternel; sa durée eternelle
Git en succession d'vne race nouuelle.
,, Il doit son entretien à continuité,
,, Qui lui garde le droit de sa propre Vnité.
    Ie t'ai donc defriché des epines la voie,
Où Nature tu vois, qui le Vuide guerroie:
Car si le Vuide étoit, ce qu'est, seroit vn rien,
Vn seroit vn non Vn; & la part, sans lien:
Car ou le Vuide est part, ou non: s'il est partie
De ce Tout, ce qui n'est, à l'Etre a departie;
Si le Vuide n'est part, il est donc hors du Tout:
Donc le Monde n'est Tout parfait de bout en bout.
Ainsi du grand foier de la pleine Nature
Dieu le Vuide exila hors de céte cloture:
Donc ou, borgne, tu fais banqueroute à tes sens,
Ou que le Monde est Vn, rondement tu consens.

Or bië qu'il soit tout Vn, bië que son ample masse
Qui à nœud Gordien toutes ses pars enlasse,
Fait ses membres collés d'vn mastic eternel
Danser au train donné par ce grand Colonnel,
Qui dans l'Amas confus seringuant son haleine
Se fit pere d'vn Tout au bout d'vne semaine:
„ Neanmoins toutes pars de ce spacieus rond
„ De cadence vnanime au commun bal ne vont,
„ Ne dãsēt d'vn seul pied ne sousflēt de même ame,
„ Bien qu'Vn même ait filé leur diferente trame.
 Car ces grās Arcs voutés, ces murs de l'Vniuers
Houpés de flocons d'or, d'artifice diuers,
Desiant d'Atropos la sagette meurdriere,
Filent touiour d'vn train sans borner leur carriere,
„ Sãs point changer de poil, bië que leur mouuemēt
„ Est motif principal du mortel changement.
„ (C'est pourquoi d'Apollon la brigade sacrée
„ Faint que le dieu boiteus deż la tour azurée
„ Fut cõtraīt faire vn saut pl° bas qu'il n'eut vou-
„ Car ce feure mal droit, l'ordre droit eût tolu.) (lu,
Mais tout ce que tient clos la Croissandiere etoile
Met sa rame en toute eau, lâche à tout vēt sa voile,
Poulpe, Cameleon, cercle en changes fecond,
Empruntant chaque iour autre bouche, autre frōt,
Haineus de tout repos, impatient de treue,
Iuré contre la pais, si la pais n'est fort breue:
Son sang est son Nectar, & d'vn ciuil couteau
Ne cesse de cercher son bers dàns son tombeau.

„ C'eſt pourquoi Pan berger, grãd paſteur d'Arcadie
„ (Qui en ſon nom de Tout ces bas étages lie)
„ Chãcele à pieds de Cheure, entãt qu'au mõde bas
„ Nature ore biaiſe, or' va d'un iuſte pas.
 Tout ce mutin diſcord, cete guerre ciuile
Qui tant & tant d'eſtocs ſur nôtre enclume aſile,
S'allume au feu ialous de ces quatre germains,
Simplement fais iadis des eternelles mains.
Dieu logea chacun d'eus en legitime place
Selon leur leger corp, ou leur peſante maſſe.
 Car toutes epeſſeurs s'arrangeant en un rond
Foulées de leurs pois ſautent d'un ſouple bond
Au creu Plutonien, au giron de la Terre,
Que l'humide reſſort obliquement enſerre,
Et d'un moite maſtic colle & ioint, ondoiant,
Du globe terrien le ſec ſe cendroiant:
L'air plus alerte & gai, maiſon Iunonienne,
Rondement bondiſſant ſur la flotante plaine,
Donne la fuite au feu, qui d'un vol glorieus
S'auoiſine, allié, des lambris radieus.
 Ainſi ces quatre corps l'un ſur l'autre s'apuient,
Si que les ceinturons du haut cercle s'aſſient
A l'entour du deſſous, embraſſant tout au tour
Du globe deſſouſ-mis le ſpherique contour.
Ainſi du chaud Iupin Iunon moite eſt baiſée,
Comme ayant de ſon Beau ſa poitrine embraſée:
Ainſi le liquide ær s'acouple rondement
Aus baiſers amoureus du vagueus element.

„ Et la Perse Thetis cindreroit cet espace
„ Soùs son goufre ecumeus, du bleu Neptun la place,
„ N'eut été que le soin du non-soigneus Ouurier,
„ Raudant cet Vniuers d'vn en autre quartier,
„ Fit boursoufler la Terre en superbe montaigne,
„ Persant à maints valons cête basse campaigne,
Seruant comme d'éponge aus rauageus torrens
Qu'Amphitrite vomit par ses flôs murmurans:
Et s'il n'eût rembarré aus prisons d'vn riuage
Les tempêteus abois de l'ecumeuse rage.
  Mais quoi? me diras tu, si de tout coté l'Eau
N'enuironne Palés de son flotant cerceau,
Comme au commancement que la sainte Lucine
De la mere Chaos assista la gezine,
DIEV l'auteur contreuient à son naturel droit
Priuant l'Eau du dessus que la Terre lui doit.
Tout beau, faisons vn tour dans le docte Lycée,
Epousans de l'Arabe, & d'Aquin la passée.
„ Ces quatre corps premiers n'õt pas simple raison,
„ Ils reçoiuent en soi double comparaison:
„ Vn regard est à eus, & l'autre est à ce Monde,
„ Que Dieu fournit par eus de naissance feconde.
Si donc le front terrestre est decouuert aus cieus,
Sans que l'Onde du tout le derobe à nos yeus,
Ce n'est rien contredire à la mere Nature,
„ Qui pour sa fin se sert de toute creature.
Car si le flus marin est naturel à l'Eau,
Comme étant l'instrument de l'étoilé coupeau,

A plus forte raison la troupe Elementaire
A son pur naturel ne sent rien de contraire,
,, Ployant dessous le ioug du seigneur immortel,
,, L'ordonnance duquel fit leur Etre étre tel.
   D I E V donc brulant d'amour de nôtre race hu-
Emprisonna de bors la flot-flotante plaine, (maine,
Et sonnant la retraite à l'ondeus Element,
Fit voir le front terrestre au luisant firmament:
,, Afin que deZ ce lieu l'Empereur de la Terre,
,, Vrai celeste surgeon, en sa charnelle serre
,, Se derobant vn peu, & loin des communs ærs,
,, Franchissant les perrons de ce bas Vniuers,
,, Remire son païs, la cambrure etoilée,
,, Où saute son esprit à s grête volée.
   Voila comment la main d'vn diuin Marechal
Maintient châque Element au partage fatal,
Sans q̃ l'vn deus, mutin, ses pas sur l'autre auance,
Suiuant le rendés-vous du commun guide-dance.
   Mais tel Hymen nócier maria d'vn nœud beau
Neptun auec Cerés, ou la Terre auec l'Eau,
Que, couplés, ne font qu'vn, qu'vn globe, qu'vne
Pour étre des naissans vne cõmune mere. (sphere,
N'as tu iamais veu boule, ou vn globe caué
Où mainte goute d'eau son logis ait trouué?
Ce tableau t'a fait voir à proportion même
Que Neptun, comme épous, la Terre en epouse aime,
Si que de l'vn & l'autre au bord exterieur
La surface n'est qu'vne en parfaite rondeur.

Ce qui combat Albert, qui fait l'eau la ceinture,
Fermant cerclairement nôtre pile plus dure,
Passant d'un Pole en l'autre, à voie du Ponant,
Et par l'Aube à son port sa course allant bornant.
　Car fais tumber d'enhaut une piece de Terre,
Et de même une d'Eau: l'une et l'autre à grãd erre
Par une même ligne à niueau descendront,
Donc & la Terre & l'Eau même cẽtre obtiẽdront:
Autrement, de tout point de la place Aërée,
Par le centre des deus n'aurions ligne tirée.
　Cela nous doit seruir d'un pur luisant Cristal,
Où ce lit que ce tas d'un contrepois egal
Va cerclant uniment sa figure bossue:
Si tu admets des sens l'ambassade connue,
Il te conuient ta bouche en oreille tourner,
Et d'un iugement iuste en mes dis seiourner.
　Si la face terrestre étoit plainement plaine
Iusqu'au Calpe Herculan deZ la riue Indienne,
Quãd l'astre enfantẽ-iour deZ l'Aurorin berceau
Viẽt nos chams parsemer de maint raion nouueau:
Les dars etincelans de sa viue lumiere,
Ne fraperoint plutôt de Gange la barriere,
Que des Gades lointains, & la brune Vesper
Sous le flot Iberois laissant Phebus souper, 　(bres
A même heure etendroit de la Nuit mere aus om-
En quelconque climat les grandes ailes sombres.
　Mais quand la fraiche Aurore elancée hors des
Enferme en l'Ocean tous les menus flãbeaus, (eaus

Le Coc empennaché annonce la Iournée
Aus chaleureus bourgeois de l'Aube ensafranée,
Pendant qu'encor Morphé nous paissant de pauot
Nos ennuis va noiant dans le Lethean flot.
Mais au contraire, alors que l'arene dorée
Du Gange, est par la Nuit de son iaune veufuée,
Le tertre Hesperien garde encor la couleur
Que lui préte Titan, fontaine de lueur :
C'est d'autant que la Terre humblement abessée
Se dresse peu à peu d'un globeus dos bossée,
Si que le neuf Soleil plutot en cette part,
Plus tard en celle là ses beaus raions depart,
Selon qu'vn mont enflé lui refuse passage,
Ou qu'vn humble valon plutot lui fait hommage :
Et la Nuit sombre suit & fuit d'vn pas égal
Les raionnans talons du iournalier Fanal.

 Céte rondeur s'aprend au trauail de la Lune,
Lors que masquant son front de la grād bāde brune
De l'ombrageuse Terre, elle eclipse à nos yeus :
Car nous priuant premiers de son œil radieus,
Seulement à Mi-nuit la Perside contrée
Fait voler son Toxin en la voute azurée,
Pour obscurcir les sons du murmure sorcier,
Qui fait Phebé blemir par infernal mêtier.

 De plus, quand vne part de sa face argentée
Des fraternels raions languit desheritée,
L'autre gardant le taint de son frere, emprunté,
Est lunant à nos yeus son rougissant coté.

„ Car

,, Car tout opaque corp en son ombre volage,
,, Imprime au vrai raport son paternel visage:
,, L'ombre du corp quarré quarre aussi sõ portrait,
,, Le rond rondit son ombre, ainsi tout autre trait:
Donc la Terre étant globe, ou cerclaire figure,
Les raions du Soleil frapant la Terre dure
Aus flans, qui vont courbans, serrẽt de tout coté
Son ombre, & la serrant, montre son rond vouté.

Car si la Terre étoit en tous ses endrois plaine,
Iamais le blanc Croissand n'obscurciroit la plaine,
A visage cornu, & le pied vagabond
De son ombre iamais ne feroit le saut rond:
Et ce Tas va panchant dez l'Ourse Parraside
Iusques au moite Autan, où elle étend sa bride.
Car tant plus qu'vn chacũ decline aus noirs Au-
Tãt plus la Cynosure abesse ses pieds lens: (tans,
Mais tant plus que tu tens au glacereus Borée,
Tant plus l'Ourse s'éleue à la face asurée:
Et de même teneur, tant plus ce dur seiour
De son dos inegal va bossant le contour,
D'autant Olympe à nous deboucle sa barriere,
Où nous enseuelit sa iournalle lumiere.

Et bien qu'en cette part s'éleue quelque mont,
Et que de celle la vn val s'abesse au fond:
Ne crois que le sourcil des superbes montaignes,
Ou le visage egal des fruttieres campaignes
Bannissent la rondeur du globe Terrien,
Comme mal enfermé d'vn spherique lien.

B

L. I. DE L'VRAN. OV CIEL

De vrai si l'oeil fautif de la cause est arbitre,
Nôtre Terre perdra de sa rondeur le titre:
Mais appellant plus haut au souuerain ressort
Du rempart des brandons, de l'Vniuers le bord,
Le dos ainsi cambré de la bosse terrêtre
A peine nous pourra un atome paroitre.
Tout ainsi qu'une mouche errant par sus un rond
De Cristal bien poli du comble iusqu'au fond,
Elle sent en ce globe une petite bosse,
Et imprime son pas en quelque oculte fosse:
Ainsi, ou peu s'en faut, un mont un peu haussé
Nederondit la Terre, ou un val abessé.
 Ici ie sens bouilhir au centre de ton ame
Vn desir chatouilheus, dont la cuisante flame
Trãsporte un peu mes pas hors du commun sentier,
Pour me faire regent au douteus ecolier,
Sondant les fons profons de Thetis vagabonde,
Flairant les antres creus de nôtre boule ronde,
Et docte geometre arpenter la grandeur
Et du flotant manoir, & de ce manoir dur.
 Or si tout se balance au pois Critolaïque,
Sans s'asseoir sur l'arret du Peripatetique:
Ie tiens contre les vieus (qui ne purent ramer
Que sur l'humble sourcil de quelque étroite mer)
Que le Terrien fond possede d'auantage,
Que le rond asserui au douteus nauigage.
 „ *Nul n'est tant fauorit du Dieu Latonien,*
 „ *Que touiour (comme dit le sage Athenien)*

,, De son sauoir aquis il n'acroisse la somme
,, Autant q̃ son menton acroit sa merque d'hõme:
,, Iamais esprit ne fut tant acort ou fecond,
,, Qu'il n'eut son premier iour disciple du second.
　Les aïeus plus chenus se sont prins en leur piege,
En croiant que Neptun d'Ocean tint le siege
Aus confins recelés, où les neueus suiuans
A pied sec ont planté leurs étandars boufans:
D'un courage indonté dontans le rond liquide,
A maints Rois en sceptrés ils ont serré la bride,
Si que, pour ne manquer à la droite Raison,
Thetis a, prés Cerés, peu de comparaison.
　Mais auant qu'arrêter céte definitiue,
Qu'Aristote au procés ses defences ecriue.
　Des quatre simples corps la parfaite union   1
En leurs masses requiert quelque proportion:
Le Feu l'Air embrassant, par dis fois le surmonte,
Qui comparera donc la Terre à l'Eau sans honte?
　Ils alleguent encor qu'un terrestre morceau   2
En ses lambeaus haché nous rend dis pieces d'eau:
Donc la conclusion de tel grain se moissonne,
Que de plus grand tortis l'Eau la Terre enuironne.
　Outre, l'humide amas comme le Contenant   3
De la boule terrestre, est de beaucoup plus grand,
Plus gros, & plus massif, si que nous deuõs croire,
Qu'on peut plutot mãger la Terre, que l'Eau boire.
　Ioint q̃ la Mer fourmilhe en plº nõbreus poissõs, 4
Qu'en champetres viuans les terrestres maisons.

B ij

Voila l'ot d'argumens qui la Terre canonne,
Et qui au bruit de l'Eau notre demeure etonne:
Mais or' i'oposerai soudars contre soudars,
Pauois contre pauois, trait à trait, dars à dars,
Et en vrai habitant de la terraine masse,
Ie ferai qu'Amphitrite à Palés fera place.

 Tires quelques Midis, par les Poles mondains,
Puis tires d'Est en Oest, quelques cercles certains
(Paralele est leur nom) lors en quarrés l'equierre
La face coupera des Eaus, & de la Terre:
Et plus de ces quarrés repondront au rond dur,
Qu'à l'ondoiant pourpris de l'humide rondeur.
Ie conclu donc en brief, que la pile terrestre
Sur la moite grandeur sa grandeur fait paroitre.

 Que si sur mes raisons l'eau veut faire couler
Les souterrains etangs, les lacs emmonceler,
Ie les tarirai tot par cent & cent parcelles
Du globe terrien qui te paroitront telles.
Et puis, ioints à tes iets Olympe sourcilheus,
Tenerife superbe, & Caucase orgueilheus,
Et mille mons hautains, dont la mine assurée
Menace le haut front de la tour azurée.

 Les auares nochers sondent à tout propos
Le vagueus Element ennemi de repos,
Gela fait voir à l'oeil sa petite etendue:
Mais on ne sonde ainsi nôtre terre connue.
Ores m'est auocat le grand Stagirien,
Qui dit qu'aucunefois le brandon Delien

Boit le tonneau marin du haut iusqu'à la lie,
Montrant que sa grosseur est courtement iolie.
  Or rebouchons les cous des mariniers soudars,
Et de dars opposés contrepointons leurs dars:
Ie dis que tel estoc de sale Arithmetique   1
De la Proportion nôtre Terre ne pique:
Et s'ils veulent tenir le partir de la mer,
D'autres trenchans preuués ils se doiuent armer.
Ce braue Difenier qui ces 10. en eau plonge,
Sonde trop bas le fond pour pêcher ce vain songe.
  Leur second bataillon ne les flanque plus fort,   2
Car bien que d'vn morceau de ce terrestre fort
Soint faits dix morceaus d'eau, cela ne doit conclure
Que l'Eau ceigne ses reins de plus large ceinture:
Car l'amas de la Terre est plus espais d'vn tier
Que celui de Thetis comprins en son entier.
  Leur troisieme canton nos escadrons ne force,   3
Il auroit bien couleur de telle quelle force,
Si nôtre eteuf, voisin de la nef de Charon,
Auoit de tout coté la mer pour ceinturon:
Et quand ainsi seroit, l'Eau s'étendroit plus ample,
Mais la sutilité fait la Terre tres-ample.
  Leur quatrième argument marche d'vn pied boi-
,, Car l'Element campé prés des celestes feus (teus:
,, Ne se dit nourricier d'aucune viue essence,
,, Sinon que la Pyrauste y fasse residence:
Toutefois de Vulcan la brulante maison
L'hotel Iunonien passe à grande raison.

B iij

Mais encor i'oi gronder vn bourdonnāt murmu-
Qui dit qu'en fouiſſant deſſous la panſe dure (re,
Du cercle Terrien, les gazoilhans ruiſſeaus
Se font largue au milieu des terreſtres boiaus.
La conſequence en eſt mal ſainement ietée:
Car la Terre par droit de ſa charge preſſée
Ioüit du centre bas, par l'arret eternel
Arrêté dans la cour du Iuge ſans apel:
Ie voi donc combatu le Lycée en ma lice,
I'ai gaigné mon procés, ie doi paier l'epice.

 Mais craignāt q̃ Neptun honteus de nôtre arret
Ne muſſe ſon chef pers ſoùs ſon flot plus ſegret,
Ores arrondiſſons ſa flotante ſurface,
Entre les corps globeus donnons à ſon corps place:
Non ne lui prêtons riē, nous lui rendons ſon droit,
Son rōd ſe void à l'oeil, ſon rond ſe touche au doigt,
Lors que, foulé du pois, à courſe vagabonde
Es terreſtres tuïaus il aquiert forme rōde.

 Voi ceus qui vont fendant le reſſort ondoiant,
A eus, comme aus bourgeois du globe blondoiant
Le Pole ore s'eleue, or' chet ſoùs les Phorcides,
Comme ſi l'Ocean lachoit en bas ſes brides.

 Voi depuis le riuage, alors que le bateau
A plein voile s'en va razant le dos de l'Eau:
Il derobe à tes yeus peu à peu la carene,
Bien qu'encore le mas ſe fait voir à ta plaine.

 Depuis, en regardant la hune ou le timon,
La terre, qui refuit les cous de l'auiron,

DE I. EDOVARD DV MONIN. 12

Priue du bord caché des matelos la vuë,
(Lors qu'au milieu la Mer enfle son eau chenue)
Le riuage se void, bien que le mas n'est pas
Si voisin du gazon que la carene en bas.
   Outre, le corp aqueus se void homogenée,
(Soit céte vois Gregeoise, uniforme, nommée:)
Comme donc plus n'est feu ce violant brandon
Qui en bucher tourna les murs Laomedon,
Que la moindre etincelle és cendres acroupie
Qui dedans un cercueil semble étre enseuelie,
Et n'y a droit aucun en ce Troien brazier
Dont un feu de lanterne on ne disc heritier:
Aussi l'azur ondeus n'a plus de iouïssance
Du nom hereditaire, ou de l'aqueuse essence,
Que ces atomes pers, que ces celestes pleurs
Dont l'Aube aus dois rosins vient emperler nos
   Ainsi donc qu'en áté l'argentine rousée (fleurs.
Paignant d'un tendre email nòtre bisarre prée,
Se distille en boulés uniment arrondis:
Ainsi, si nous n'usons de sens trop elourdis,
Nous tiendrons que l'humeur de Thetis vagabōde
Cambrant son dos chenu, gaigne la forme ronde.
   Mais qu'est il de besoin de tant d'art epreuuer?
Donner iour au Soleil; & la prouue prouuer?
Veu que l'exhalaizon, qui sechement routie
Decolore l'Indois à couleur embrunie,
Ni l'ardante fureur du raion Delien
Brulant sur le Zenit de l'Æthiopien;

Ni l'eternel glaçon de la froide Scythie,
Rudement eventé par l'epous d'Orithie,
De l'auare desir n'ont peu brider le cour?
　Tous les cloitres celés de ce mondain contour
Aus vaisseaus Iberois donnent plaine ouuerture,
,, Les secrets emmurés dedans la grote obscure
,, De maints siecles chenuz, à longue main des ans
,, Sont faits guet de cristal, ore a nos yeux presens.
,, Car l'Orque tenebreus pour nous paindre de vi-
,, De l'effroiable Stix a vomi l'Auarice, (ce,
,, Insatiable monstre, aus Harpies la soeur,
,, Vn visage hagart, vne image d'horreur,
,, Vn front tout labeuré de rides seilhonnées
,, Les Fantaliques dens à la faim condamnées,
,, Son hote familier, vn chagrin eternel
,, Alambiquant son corp d'vn flus continuel,
,, Vn venin empesté bouffi d'horrible vsure
,, A son siege planté sur la langue pariure:
,, Monstre, ennemi iuré du paisible repos,
,, Ou qu'il viue, ou qu'il soit aus cercueil en depos.
　Ce monstre Cerberal, cette infame Auarice,
Fusil du noir Pluton, amorce de tout vice,
Contemplant vne fois le terroir Lysien
A peine être fertil en genet sec & vain,
Où le peuple recru d'eternelle misere
Tondoit des brins-herbeus l'infertile repaire,
Elle acere son cœur, elle forcene & boult,
D'aueugles eguilhons son corp se playe tout:

　　　　　　　　　　　　　　　　D'vn

D'vn inuisible pas elle glisse dàns l'ame
De ces chetifs heureus (que son auare flame
Doit tôt orpheliner de l'assuré repos)
Où des aguets trompeurs on n'entend nul propos.

   Leur luite assiduelle auec la seche arene,
Leur cailhou repoussé à main Siziphiene,
L'oeil enfoncé de soif, & d'vne viue faim,
Leur trauail qui les serre en cet exclaue frain,
Lui seruent de tillac, de rames, & de poupe,
Pour faire que ce peuple (ha miserable!) coupe
D'auirons recourbés le grand marbre ondoiant
Que leur auide nef va, promte, baloiant.

   Lors donc que le pauot du songe-creus Morphée
Va degoutant le somme en leur téte lassée,
Elle paint finement d'vn artiste pinceau
Plus que n'est l'Arc-en-ciel, leur debile cerueau.

   Ore elle leurs fait voir les bois d'Æthiopie
Richement tapissés d'vne laine adoucie:
Ores d'autre Soleil vn païs échaufé
Se montre de toisons iaunement etoffé:
Ore le mol Indois leurs montre ses barrieres
Les tirant à l'odeur des friandes poiurieres
Et du Zezembre sec: ore l'Arabien
De Canelleus appas leur faict aualler l'haim:
Ore elle fait suer à feconde poignée
Du terrestre teton la feconde rousée
De mirte & de l'encent: ore és chams ennemis
De l'airaire tranchant, le menager formis

C

L. I. DE L'VRAN. OV CIEL

En ses obscurs étuis adextrement amasse
Des auares lingos l'enchanteresse masse.
   Cette lourde peuplace auallant ces appas,
Espoir leurs promettant de faire choir en bas
Les fers, où la pauureté sous son fort ioug les geine,
Tôt tôt fait cession à la fidelle plaine
De ses coutaus aïeus quite le sur foier,
Quite les chers parens, quite le lit nôcier,
Quite son aimé sang qui dessus le riuage
Ne brêche de ses pleurs le paternel courage :
Bref éleu pour pilote vn auare desir
Et franc se bannissant de tout humain plaisir,
Braizilhonnant d'ardeur d'vne alterante flame,
Auec sa râme en l'eau il lâche sa lache ame.
   Or bien qu'vn même épron d'vne auide fureur
A ces lours animaus époinçonne le cœur,
La crainte toutefois de la flotante plaine
Les contraint d'empieter la riuagere arene,
Et de plus chiche main renuerser l'element
Qui connoit le trident pour son gouuernement.
   Mais le gain et le cœur prenãt même acroissance,
Ils abhorrent du port la pauure iouissance,
Ils defient des vens les gosiers orageus,
Et du Charibde creus les abois, outrageus.
   Deia put à leur nez la depoüilhe Moresque,
Et la blonde toison du peloton Maltesque,
Le tresor Guynean, & le Conge à gran pris
Ne tombe en conte aucun à leurs ardans espris :

Et tout ce que l'Afrique, (exemte de la peste
Qui ensoufre le creu de nôtre sote tête)
Auoit sans nul egard en tresor naturel
Ne donnant lieu dans soi au desir immortel,
Leurs est vilement vil: la seule Inde emperlée
Sur son brilhant sablon tient leur-ame collée:
L'Indois seul opulent semble pouuoir farcir
Leur Charibde glouton d'vn affamé desir:
Leur Attalique faim leur brosse ce passage,
Où le cercle biaiz, echarpe au haut étage,
Par egal changement fait partage de l'an,
Temperant par frécheur les ardeurs de l'Autan.
  Le Serois, l'Indien, ni tout ce peuple riche,
Où Titan s'eueillant son etable defriche,
Non celui qui premier fumant de la chaleur
De l'Eure frais-naissant, se vêt de la couleur
De son bois porte-laine, & la terre derniere
Qui de Bacchus lassé, sur sa belle barriere
Vit le char empampré, que les linx clair-voians
Tiroint aus chams herbeus, & aus chams ondoïans,
Ni celle qui borna la grand course Herculée
Ni celle, où s'arrêta la Sarisse Pelée,
N'assouuissent leur soif, ne fournissent assés
A leurs souhets, iamais d'esperance cassés.
Ains dez la barre Indique, au bord où la iournée
Trauersant le Midi, accomplit sa fusée,
Dez l'Ourse glacereu seaus maisons basanées
Que l'Autan abrunit de chaudes halenées,
                     C ij

D'aueugles auirons fendent, audacieus,
Cent climas ecumeus incougnus à nos yeus.
 Bref ce qu'étoit voilé sous la morne Ignorance,
Les lieus, où du Romain la guerriere arrogance
N'osa faire boufer ses vaincueurs etandars,
Où leur pied n'ont planté les Barbares soudars,
Voire où les pieds nombreus de la troupe sacrée
De nos Poëtes hardis ne firent onc passée,
L'apetit forcené des tresors precieus
S'est fait largue au recoi de mille ecartés lieus.
Des detrois deuoiés tachant gagner la voie;
Tout ainsi que la fau par le champ qui blondoie
Ne pardonne à nul chef des epis frisotés.
 Aians bouffi leurs cœurs au labeur indontés
Ils nous ont fait sauans par leur experience,
De ce qu'emmanteloit des plus vieus l'ignorance,
Laissant voir à nôtre ocil que le bain de Neptun,
Le palais de Vesta, l'Air respiral commun,
Et le temple tournant, muraille de ce monde
Vont leurs masses bossant d'vne vouture ronde,
Et que le point Terrain balancé de son pois
Pendant en serf arret d'vn iuste contrepois,
Au milieu du grand Tout a fiché sa scabelle:
Et que les rons d'entour de chacune parcelle
Au centre vniuersel d'vn non forçant efort
Se tournoians en soi dessus le mondain bord,
A maint tour & retour des glissantes années,
Des siecles eternels enfantent les trainées.

DE I. EDOVARD DV MONIN.

Or laissons les voguer de l'Ibere au Leuant
A la merci des flôs, à la merci du vent,
Laissons les epurer en leur sombre fornaise
Ce soufre, qui leur cœur change en ardante braise:
Et sans craindre d'offrir le naufrageus tableau,
Allons fendre à pied sec l'ecumacier chateau.
   Neptun donc & Cerés n'aians qu'un tas unique
Qui entasse ses pars en visage spherique,
Cela doit faire foi, que l'Air qui de ses bras
Les embrasse, se cerne au rond de leur compas:
Et du même Ær aussi la dossiere surface
Que le tortis du Feu obliquement enlace,
Lune son arc caué: mais le manoir brulant
Se va rendre voisin du haut temple brilhant,
Porté sur le cerceau de sa flame legere
Tant que le clos Lunaire arrête sa carriere,
Et le contraint serrer son corp volage en rond:
Puis du coté d'enbas ce feu leger & promt
Se coule en un entour, lors que chaque partie
De sa prochaine part est promtement suiuie,
Tachant d'un meme accord d'un vol audacieus
Toucher l'échantilhon de ses parens les cieus:
Ainsi le Feu craignant le bas centre terrêtre,
De la part de dessous son globe fait connoitre.
   Ces quatre simples corps biē qu'à même tour faits
Ne tracent même voie, ains les uns par leur feis
Sont en bas acroupis, les autres à grand erre
Tendent à l'arc vouté qui tout ce Tout enserre.

C. iij.

Mais les cercles de Feu, & l'Ær voisin d'iceus
D'vn pied piroüetant se voltent quant & eus.
   Le crin etincelant des brilhantes Cometes
Annonçans que Iupin pēd ses fleaus sur nos têtes,
Et mille autres portrais, qui d'vne horrible pœur
Glacent nôtre sang-froid autour de nôtre cœur,
Talonnant de Titan la coche radieuse,
Soit au bers de l'Aurore, ou sous la mer ondeuse,
Sont fidelles témoins de ce rond mouuement,
Non que l'Ær, & ses feus fassent tel roulement
Maitres de leur vouloir, mais la voute maitresse
De leur seigneur le Ciel à ces voltes les presse.
   Or vne bonne part de ce terrestre amas
Au mouuement des airs se meut à quelques pas:
Car quand Titan leué nos campagnes regarde,
Et ses trais enflammés sur nos demeures darde,
Il boit la freche humeur, & le nuage épais
De tant d'exhalaizons fuiant le pesant fais,
Distille son fardeau en pluie ruisselante,
Ou de boulés grailés tond la face riante
Du logis Terrien, ou d'vn flocon laineus
Blāchit les mons hautains de maints replis negeus,
Ou reuêt les buissons de moiteur matiniere,
Ou quand au nuau rare vne vapeur legere
S'enfonce au champ de l'ær, lors l'Autan nuageus,
Ou le soufle ampoulé de Borée outrageus
En cargant les nuaus balaie nôtre plaine,
Et va tourbilhonnant pêle-mêle l'arene.

Le trois-pointe-trident, de diuers mouuement
Ne peut pas garantir son vagueus element:
De l'astre Croissandier la constante inconstance
Le fait dancer au trac de sa muable dance.
 Mais depuis que de DIEV la redoutable vois
De fermes arboutans, d'assurés contrepois
Etançonna le tour de l'alme nourriciere
De la Terre, de tous la matrice premiere,
Les cours imperieus des étoilés flambeaus
N'ont pu decimenter ses fermes soliueaus:
Les tempêteus abois de la bande Æolide,
Les rochers ecumeus de la campagne humide
N'ont pu, fors, elocher ou crouler quant & eus
L'etage Terrien mornement paresseus:
,, Pour aprendre en ce cas à l'Empereur terrêtre
,, Qu'il ne doit en ses faits Cameleon paroitre,
,, Ains qu'à iambes de plob marchãt tout posemẽt,
,, Il poise les arrets de châque pensement.
 Ainsi donc que les Cieus courẽt à vau-de-route,
Vn sommeil eternel silha la Terre toute,
Et sans grimper en haut, ou se glisser en bas,
Elle fiche en vn point à clous d'Eyment ses pas.
 Car si de tout coté la vouture celeste
Est le haut lieu des corps à la legere tête,
Et si l'Element sec, comme il se void aus sens,
Est le droit rendés-vous de tous les corps pesans:
La Terre en nul endroit ne pourroit prendre allée,
Qu'elle ne monte en haut vers la voute etoilée,

C iiij

„ Rompant ainſi le nœud du mariage ſaint
„ Dont DIEV a dàns tous corps le caractere em-
„ Pouſſāt to' corps legers aus regiōs aſtrées, (praīt,
„ Comme tous corps peſans aus grotes retirées,
„ Leurs commandant chomer aus ordonnés cōfins
„ Lors que leur qualité tient de leur cours les fins.
   La Terre ne peut donc biaizer de ſa borne,
Qui au iuſte milieu de ce Monde la borne;
Et n'y a nul engin du Syracuſien,
Iaçois que fauorit du Dieu Latonien,
Qui la puiſſe ébranler, & vne maſſe telle
D'vn pouce debouter de ſa propre ſcabelle.
   De plus ce lourd amas, ce terreſtre monceau
Ne fait point vne ronde en vn mobil cerceau,
Comme crut fauſſement la Samienne école,
Et ceus qui ont iuré en ſa fauſſe parole:
Diſant, qu'à contempler les eſcaliers des cieus,
Vne ombre Cimmerique ebloüiſſoit nos yeus,
Qui donnent mouuemens à la voute celeſte,
Cependant que la Terre en pareſſe s'arrête.
Tout ainſi, diſoint ils, que quand la voile au vent
A nos gliſſans eſquifs fait gagner le deuant,
Nous penſons que la nef obeiſſe à la bride
Anchrée fixément dàns le goufre Heſperide,
Les coutaus s'enfuïans, les campagnes, les bois;
„ Tant des aueugles ſens peuuent les louches lois.
   Mais, ô Muſe mon cœur, Muſe ma vie vnique,
Laiſſant les rêueurs batre vn ſentièr ſi oblique,

Ouurons les huis des yeus d'vn angelique esprit,
Et aus borgnes faisons vn pont de mon ecrit,
Vn libre sauf-conduit qui leur donne passage
Au lambrissé palais du celeste ménage.
 Fains auec Copernic, que l'animal du ciel
Comme aiant aualé du somme le dous miel,
A deus pieds etendus mollement se repose,
Et que pour tout iamais sa paupiere soit close:
Fains que le rond Terrain en heures trois fois huit
Mesurées du iour & de la sombre nuit,
Acheue de son cours la peinible carriere,
Puis regaigne, lassé sa premiere barriere.
 Certes le tret qu'en haut l'archer decocheroit,
A plomb dessus nos chefs iamais ne recherroit,
Ainsi côme vn cailhou que quelque fort bras iéte
De la proüe vogante en haut sur nôtre téte,
Ne retombe en la nef, mais quitant nôtre dos
Où l'eau double son cours, se laisse choir aus flôs.
 Tant d'oiseaus painturés qui d'isnelle volée
Visitent le berceau de l'Aurore emperlée:
Les vens de l'Occident qui au Printems nouueau
Des Eures d'Orient visitent le château:
Les boulés foudroiés par la bouche soufreuse
D'vn Canon afusté deuers l'Aube perleuse,
seroint dits reculer, veu que le vite tour
Que le globe central tourneroit chaque iour,
Passeroit en vitesse & en sa course telle,
Des boulés, vens, oiseaus, l'éfort, l'haleine, l'aile.

He! si ce lourd balon pouſsé d'vn fort eſort
De l'Aube ſe rouloit à l'Heſperide bord,
Le murmure eclatant de cette courſe ronde
Feroit equarteler les bouleuards du Monde:
Ce tonnerre bruïant de torrens indontés
Elocheroit les murs des villes & cités:
L'improueu croulement de ce globe admirable
Au volant eſcadron ſeroit trop eſroiable,
Lequel fendant en vain de ſon paint auiron
Le champ du liquide ær, verroit à l'enuiron
Rauir auec le bois ſon nic, ſa race chere,
Et auec ſes chers fiz ſon cher épous le pere:
Et la piteuſe Tourtre au veufuage plaintif
Ne ſe commetroit ſeule au vent recreatif,
Craignant que pour iamais le branle de la Terre
Rompāt l'amoureus nœud où ſon Hymen l'enſerre,
La condamne à gemir d'vn pleur continuel
Son aimé lit nocier à dueil perpetuel.

Ne vois tu le petard que la main enfantine
Fait au vuide bondir! ou quand ſur la poitrine
L'arbalette afutée elance au nerf ſouflant
Vne fleche empanée, vn tret vite-volant?
Ne vois tu quand vn vĕt ſaillit hors de la bouche
D'vn ſouflet Lemnien paiſſant le feu qu'il touche:
N'ois tu le bruit plaintif que fait ce ſouflant ær,
Marri qu'vn tel eſort le vienne detramer?
Si doncques l'air frapé de legere ſecouſſe
Hors de ſes flans irés vn cri ſi roide pouſſe,

Quel foudreus mouuement fera l'horrible tour
De notre seiour rond rauageant tout autour
Des Faunes foretiers la demeure ombrageuse,
Des Oradins troupeaus la roche sourcilheuse,
Dont le choc eclatant coupe, brise, rauit
Par l'oreille indignée & le sens & l'esprit?
 Et quoi? quãd le canon de la main Bourguignõne
Les rebelles Flamans au premier choc etonne,
Si le Ciel, de pied quoi, se plante en son repos,
La terrestre rondeur courant d'vn pied dispos:
L'vn des cams s'offriroit à la bale poudreuse
L'autre batroit, tout franc de la plaie outrageuse:
Car le vite détour de l'amas terrien
Au pied de son seigneur feroit vomir en vain
Le foudroiant canon. Et quoi? lors que la Terre
Droit au gõd du Ponãt s'en va tẽdant grand-erre,
Si l'Ocean repose en son lit sommeilheus,
Il faudroit confesser que l'Element vagu:us
Sert de soubastement à la terrestre masse,
Ce qui du Tout reglé defaceroit la face:
,, Nature ne soufrant que la legere humeur
,, D'vn haut mont escarpé porte la pesanteur,
Comme à peine soufrant dessus sa molle echine
Le pois, bien que leger, d'vne perlette fine,
Ou confesser faudroit, que si le moite azur
Sain & entier pouuoit resister au rond dur,
Chaque iour vne part de la Pile terrée
Dans le goufre marin nous verrions enterrée,

Et la part que Titan voioit tantot dans l'eau,
Seroit touiour la nuit au bord comme un tombeau.
Que si le croc grifart de cette course afreuse
Agrafe auecque soi la plaine poissonneuse,
En vain des matelos à voiles deploiés
Les razans auirons sont en l'œuure emploiés
Pour surgir en un port, si la mer suit touiours
Le trac non rembarré de ce terrestre cours.

Quoi? Phebus & Phebé, deus Planettes regnātes
Sur le camp radieus des medailhes brilhantes,
Et vous autres brandons, qui d'un branle fatal
Vous saluès touiour en espace inegal,
Tantot plus eloignés, & tantot face à face,
Sans que l'ordre prescrit l'un de vous outrepasse,
Dormés vous engordis du pauot Letheen?
Glirons enseuelis d'un somme Lathmien.

Venés, astres dorés, pour plaider vôtre cause,
Vous étes condamnés à l'eternelle pause
De vos clairs ecussons, qui se faisant bouser,
Deuroint de ses réueurs les poumons etoufer.

Si du palais astré les luisantes chandelles
Etoint à clous d'Eyment, ou à fortes cordelles
Garrotées au clos du vite firmament,
Leur front n'emprunteroit si diuers changement.
Or' la blanche Phebé plus loin de la lumiere
Qui des raiz fraternels la doit faire rentiere,
D'un rondache rouilhé son taint ne souilheroit,
Ni ores s'aprochant des raions qu'elle boit,

Ne confondroit ce Monde au brouilhar improuiste
Qui d'vn ombreus manteau nos demeures atriste:
Ores le blond Phebus n'iroit prendre logis
Chez le Cancre æteal de l'etoilé lambris,
Et or' ne lacheroit sa raisonnante bride
Au climat où l'Autan tient son ressort humide,
N'y où par son Phlegon son beau char il conduit
Compassant vn clair iour du compas de la Nuit,
Par le gond tournoiant d'inconstance asseurée,
Le pere des flambeaus ne variroit l'année,
Quand il se logeroit chez les nageurs Bessons
Nous ne verrions paré l'hyuer d'epais glaçons
Bridant le cours des eaus, quand l'epous d'Orithie
D'vn roide halenement euante la Scithie,
Puis prenant son seiour en la cour du Mouton
Clairement atisé d'vn brilhonnant coton,
La croupe auparauant de blans flocons couuerte,
Ne changeroit ce blanc en vne cote verte:
Flore nourrice aus fleurs d'vn amoureus desir
Ne se pendroit au col de son mignard Zephir,
Quand il r'allumeroit au foier de la Vierge
Le radieus filet de son celeste cierge,
D'vn tortis annelé les épis barbotés
N'orneroint de Cerés les cheueus frisotés.
Puis, quand à Charité son bon zele s'aplique
Pour réchaufer le toit du Scorpion Artique,
Pomone n'auroit soin de garnir de fruis dous
Ses beaus paniers clissés pour son fatheus épous.

Ni la brune Veſper vne même iournée
Ne deuanceroit pas l'Aurore ſafranée,
Et ne defermeroit de la priſon des eaus
Les Coches vagabons de ſes menus flambeaus,
Si des brandons du ciel la flamboiante preſſe
Ronfloit d'eternel ſomme en oiſiue pareſſe.

   Ceus qui ont habité de Croton le haut mur,
Et ceus qui ont humé la Tarentine humeur,
Ont bien autant, ou plus, excité de querelles
Pour dument ſituer le tout & les parcelles
De la Terre & de l'Eau. Car à leur iugement
Rien n'eſt clos dàns le clos du courbe firmament,
Plus ſincere ou meilheur que la viuante Flame,
„ Qui de tous corps naiſſãs file, entre tous, la trame,
„ Qui donne acroiſſement, & dont le bal leger
„ Fait des langoureus ners le lent froid deloger,
„ Qui dàns l'hotel charnel d'vne maſſe mortelle
„ Charriant de l'Eſprit la ſubſtance immortelle,
„ Acouple dextrement les ſuiets de la mort
„ A celui qui du Monde outrepaſſe le bord.
Ils ont de là conclu en leur reſſort ſupreme
Que le rond chaud & ſec par la nature même
Doit ſon ſiege planter au ventre recelé
Du globe Terrien maſſiuement voilé:
Tout ainſi que le corp du Microcoſme porte
Au droit milieu de ſoi d'vne diuine ſorte
Le cœur, ſource de vie, & qui de toutes pars
Fournit l'entour d'eſpris par ſimmetrie epars:

Ou comme le Soleil aus celestes surfaces
Grauant au droit mitan de sis arches ses traces,
Qui planchent ce grand Tout, pour de chaque coté
Iuste leur departir force, ornement, clarté.
　　Campans donc au milieu céte Flame diuine,
De ce chaud Element font la Terre voisine.
Mais ils n'ont mis tout vn ce globe Terrien,
Car ils croient la part de l'Antictonien
Opposé droit à nous, d'vne eternelle course
Se volter à l'entour de la flambante source.
　　Or ces sots ecoliers de l'aueugle Pluton
N'ont iamais sauouré le dous miel de Platon:
Leurs yeus ils ont sillé d'vne menteuse yuraie
Detraquant leur raison en epineuse haie.
Car puisque aus corps pesãs fut empraint du Sei-
Vn caractere seul de leurs routes auteur, 　(gneur
Qui craignant que des cieus le clou ne les acroche,
Des feus plantés en haut leurs fait fuir l'aproche,
Pour d'vn iuste niueau à leur centre acourir;
Celui se montre bien en iugement dormir,
Qui pense que la terre en ses pois balancée
Hors du milieu du Tout puisse étre deplacée.
　　Si plus elle aprochoit les huis de l'Orient,
Que celui qui reçoit d'Hyperiön suant
L'eßieu las de tourner, au bord de Terteßie
Phebus tirant du bain son chef, source de vie,
Son cercle feroit voir plus grand & spacieus,
Et moindre sur le soir sembleroit à nos yeus.

Produirai ie les feus ou qui de marche egalle
Marchent touiour d'vn train ou d'alleure inegalle
D'vne constante erreur vont errans, radieus,
Par le comportement des haus planchers des cieus?
Plus prochains raionnans sur la lande mortelle
Il nous deuroint môtrer plus grande leur châdelle:
S'ils s'eleuent plus loin, mêmes comparaisons
Amoindriroint leur flame à nos basses maisons.
Or est-il que les clous de la sale celeste
Tousiour par tout font voir leur non châgeâte tête.
 Elance de tes yeus les Lyncëides dars
Sur les astres au Ciel distinctement epars,
Voi le roi des flambeaus, lors que sa droite pointe
Rend de l'Æthiopois la face de noir tainte,
Lors que le pampré fruit de nulle ombre targué
Ne rempare son corp de chaus raions cargué:
Si l'astre donne-iour qui le monde redore
S'auoisinoit plus prés du peuple de l'Aurore,
Le demi rond deia par ses detriers passé,
Ne seroit iustement au cirque compassé
Qui doit au soir borner la cariere iournalle
Quand son char harassé aus Phorcides deualle:
Titan à pas hatés passeroit ses cheuaus
Au coin de l'Orient, & tardifs, sous les eaus.
 Que si plus s'aprochoit nôtre Element solide
Du bord Hesperien, que de cil qu'Eure guide,
Le Soleil au matin repiquant ses detriers,
Plus vite gaigneroit de Vesper les sentiers,

Et

Et en tous les climas ne mettroit en balance.
Pour contrepois du iour la Nuit mere au silence.
  Outre, si le Soleil se leue à pas plus court,
Que quand en Hesperie il limite son court,
Il produiroit, naissant, ombres beaucoup plus grādes
En même point de tems, qu'alors qu'il tēd aus lādes
Du detroit Calpean, lachant son frein doré
Au roiaume salé de Neptun azuré.
,, Car qui sait marier la discipline Optique
,, A l'vsage requis de l'humaine pratique,
,, Il sait que plus vn corp d'vne opaque epesseur
,, Decline du confin de la claire lueur,
,, Tant plus il agrandit les ailes de son ombre,
,, Et plus voile nos corps dessous sa robe sombre.
  Or puisque le Soleil iête en espace egal
L'obscur-ombreus egal, son beau brandon fatal
Regarde egalement la campagne étoilée,
Mitan, & du Leuant & de l'Aube emperlée.
  La Terre ne se panche aus Autans chaleureus,
Ne grimpe en l'escalier de Boré froidureus:
Mais moienne, en l'essieu des deus piuôs du Mōde,
Elle clouë au milieu sa grosse panse ronde,
Sans que iamais son corp mornement ocieus
Baise plus mollement l'vn ou l'autre oeil des cieus.
  Voi lors qu'à son retour l'etrangere Arondelle
Du printanier email messagere fidelle,
Nous annonce le iour étre egal à la nuit,
Ou quand le Trebuchet qui iustement reluit

D

Nous liure au droit baßin de l'equitable Astrée
A même pois la nuit & la belle iournée:
Quand le gai postilhon, le courrier radieus
Bannissant, eueilhé, le somme de ses yeus
Darde ses trets ardans sur les plaines fumantes,
Quand les toits en-tourrés & les pierreuses pâtes,
Et l'arbre(qui seruant aus chams de borne & bord
Garde les laboureurs d'entrer en nul discord)
Vers le lit de Phebus sur la tarde serée
Adressent à fil droit des ombres la visée:
Et apres quand Vesper se lançant de la mer
Les brilhans ecussons du ciel vient defermer,
Titan tournant deia ses coursiers vers l'etable,
L'ombre tend droitement vers l'Aurore agreable.
 Mais quād le beau Soleil lache à Phlegō le frein,
La part où Capricorne atendoit son beau train;
Ou qu'il rode le tour de l'Ourse Menalide
Vers le Cancre étoilé dressant sa belle bride,
L'ombre ore cherche Autan, ore Aquilō le froid,
Et Taupe soit celui qui si clair iour ne void.
 Mais si quitant le point du milieu de ce Monde
Nôtre boule affectoit le pol de l'Ourse immonde,
Toute l'ombre tendroit au Parraside bord,
Ou si au chaud Midi elle panchoit plus fort,
Toute l'ombre au Midi tendroit sa droite pointe:
Et lors que de biai℥ elle donroit l'atainte
Sur la tarde Veprée à l'ombre qui des mons
Eleués, au Leuant font ses replis plus lons:

Bref nous ou l'Anticton verrions plus de sis Signes
Semer leurs feus luisans en leur logis insignes:
Phebé de son Phebus l'usu-fruit ne perdroit,
Et le Ciel debauché les saisons troubleroit.

Ie t'auise (lecteur, m'obiecter vn probleme,
Qui du Terrestre lot la grandeur a pour theme)
Ie te voi boüilhonner d'vn desir chatouilheus
D'entendre de ce tas les arpens plantureus.
Sus donc, secous en bas la fange terrienne
Des auares soucis, & d'vne aile hautaine
Guinde ton vol leger sur les luisans lambris,
Et te viens promener aus celestes pourpris.

L'on dit que le plus beau de nôtre Astrologie
Doit son inuention au cru d'Æthiopie:
Rhodigin est témoin que le Sidonien
Premier gaigna le nom de l'Astrologien,
D'autant que le premier il raza la marine
Qui descend du ressort d'vne telle doctrine,
Ainsi que nous tenons que l'art Geometric
Fut frechement eclos dans l'Ægyptien nic,
D'autāt qu'ils arpentoint les terres moissonneuses,
Pour les disterminer des plaines sablonneuses:
Ainsi que nous tenons que le Phenicien
Fut premier appellé Arithmeticien,
Comme emploiant son mieus à l'auare trafique,
Qui doit, vassale, hōmage à nôtre Arithmetique:
L'autre en donne l'honneur au porte-ciel Atlas
Qui de ce feis mondain n'a iamais le dos las:

D ij

Vn autre en son parquet sans nulle doute arrête
Que cet art print naissance en l'Adamite tête;
Qui du saint Helicon par son Dieu, herité
En transmit l'heritage à sa posterité.
De vrai, Mathussalé pouuoit cête science
Humer lors qu'il suça l'Adamite semence:
Ce tronc de Mathusal aus rameaus de Noé
Aprés directement pouuoit être enuoié:
Noé à son Abram en peut faire partage,
Et Abram le laisser en Ægipte pour gage:
Ioseph docteur Hebrieu des Chretiens ecoliers
De ce nous est garand en ses gemeaus piliers.

Or volãt en deus airs, & nageãt en double onde,
Ie n'abatrai le mur où vn chacun se fonde,
Ains lachant à chacun la bride sur le col,
I'elirai le perchoir où doit tendre mon vol.

Les aieus Caldeans aians comme en partage,
Du parterre des cieus le decouuert visage,
Et pouuans remirer leurs yeus de toutes pars
Es astrés diamens au firmament épars
Calculerent premiers en leur Arithmetique
Les feus qui vont dorant la cambrure Olympique,
Les baptisans de noms, & d'artiste pinceau
Tracerent de leurs frons l'ingenieus tableau:
A ce les chatouilhoit la douce temperie
De leur ær atrempé, le souflet de leur vie,
Et le ciel decouurant toujour vn front benin,
Où le sale Orion ne vomit son venin.

Donques des Caldeans l'indontable industrie
A la sale des cieus en certains lots partie,
Et le cercle passant la Liure, & le Mouton
Partagea le Ciel iuste en quadruple canton:
Et pour ne point manquer de petites parcelles
En neuf fois dix degrés coupoint ces citadelles,
De mêmes diuisant en autant de morceaus
Le tour qui va fendant en espaces egaus
Les deus pivôs du Ciel, l'Artique & l'Andartique.
 Or' aians des haus rons plus exacte pratique
Que des chams paternels, ils estoient vergougneus
D'arpenter l'arc astré d'vn niueau si soigneus,
Et de passer leurs ans en la terre du pere
Comme en climas lointains, ou en terre étrangere,
Incougnus au voisin, comme ne pouuans pas
Au terroir du voisin apliquer leur compas.
 Mais côme vne grand' part de la terrestre face
Herissoit ses cheueus d'vne eternelle glace,
L'autre braisilhonnoit d'vne immortelle ardeur,
L'autre close és prisons de monstrueuse horreur,
,, Et le Barbare humain plus q̃ mõstres faroche
,, Aus humains plus humains defẽdãt so aproche,
,, Lors que la soif de l'or prodigue de ses iours
,, N'auoit encor sondé d'Amphitrite les tours:
,, L'esprit hôte du ciel, sa premiere patrie
,, (La corporelle masse au somme enseuelie)
,, Se proumenant aus cieus, son païs naturel,
,, Y trouua de la terre (ô Demon non mortel)

D iij

L. I. DE L'VRAN. OV CIEL

Les arpens mesurés: eprins de bonne enuie,
Rodant le plan fecond de la riche Assyrie,
Aiant contre le Nord, nombreusement passé
Sis fois dis & deus mille, & aiant compassé
Son Quadran fait d'airain sur le quadran polaire
En nœuf fois dis degrés du Ciel, son exemplaire,
Soigneus il aguigna le temple radieus
Par l'artiste pertuis de l'engin curieus:
Il merqua que le Pol plus haut que l'ordinaire
S'eleuoit d'un degré sur le Terrain repaire:
Puis rebrossant chemin par son trac mesuré
Nombrant autant de pas, trouua que d'un degré
Caliston deualoit d'une honteuse vüe
Vers l'humide manoir de l'onde defendue.

Vn autre, vn autre encor piqué de ce proiet
Et ses nombres sommant d'un tout semblable iet
Même conte trouua, s'assurant que deus milles
Auec deus fois sis pars de nos terrestres villes
Egaloint vn degré de l'azuré contour,
Et en fin chifra tout par maint tour & retour.

Ainsi nôtre Raison vaincant l'ignorante ombre,
Ingenieusement multipliant ce nombre
Par les degrés egaus de cet ombrageus circ,
Qui tiré par le Pol Artic & Andartic
Diuise çà & là en parties egalles
De Iupin guide-ciel les voutures roialles,
Aus neueus a montré quelle est celle grandeur
Qui ceint le dos courbé de nôtre element dur.

Puis aiant ce circuit de nos terrestres sales
En trois pars partagé conformement egales,
Elle nous fait sauoir que cete ligne vaut
Qui dez le pied terrestre est menée au front haut.
,, Les rocs empointissans, la campagne ecumeuse,
,, Le Chaos tenebreus de la fosse poudreuse
,, Ne rembarra les cœurs de l'humaine Raison
,, Que son oeil ne perça d'Hecate la maison:
,, Tant eclaire aus humains la lampe radieuse
,, Du sage balanceur de la masse ocieuse.
   Ce n'est moindre labeur, d'vne iuste raison
Ioindre la Terre au Ciel en leur comparaison,
Affin qu'en les liurans d'equitable balance,
Du Terrien nombril puissions voir la puissance,
Et comme comparée aus murs de l'Vniuers
Qui voltent ce grād Tout par leurs branles diuers,
A peine tout le gros de son rondeau terrêtre
Peut au moindre detail des astres comparoitre,
,, Cet atome menu, qu'vn proiet Geantin
,, De nos mots ampoulés depart en maint butin,
,, Que nous coupons à fer, dont nous paions les lādes
,, Empourprāt d'humain sāg les riuieres plus grā-
,, Cerchans de triomfer d'vn gueret menuisé, (des,
,, Ou du trauers d'vn poil en cent pars diuisé.
Mais au pris du grand corp de clers brandons vêtu,
Elle n'est qu'vn atome, ou le point d'vn fétu,
Vn petit grain de mil, qu'vn paisan de Bourgougne
Bousi de vanité en cinq cens mondes rougne.

Quand tu multiplirois auec iets du sablon,
De Neptune & Cerés l'espace large & lon,
Et que pour egaller des cieus vn point vnique,
Le Chifreur Tarentin t'aprint l'Arithmetique,
Tu ne saurois non plus ton ame acertainer
Quelle grandeur pourroit vn point du Ciel borner,
Que de rendre certain quantieme est la partie
Du goufre poissonneus vne part r'acoursie
En vn étroit etuis, ou d'assurer combien
D'astres pourroient couurir le globe Etherien.
  Car si ce dur balon de la terre feconde
N'étoit côme vn point seul au pris des murs du Mô
Touiour le corp du Ciel miparti ne seroit   (de
Par le cercle Horizon, ni n'emmanteleroit
Sis signes en tout tems sous la fosse Thetide
Laissant sis autres feus courir à longue bride
Par le cirque du Ciel, pour obiet de nos yeus :
Ni ne se leueroit le Croissand glorieus
Alors que de clarté sa corne est arrondie,
Phebus lâchant son char sous la tarde Hesperie :
La charrette Lunaire en mer ne descendroit
Quand le Solaire essieu de l'Aube monteroit,
Si le monceau marin, & le monceau terrêtre
Au pris des arcs astrés pouuoiët vn point paroitre.
  Va le lire au caïer des raionnans coupeaus,
Prenant pour tes regens ces deus astres iumeaus
Tramés d'vn même fil, tains de même lumiere,
Et redorans le ciel d'vne meme maniere :

                                    L'vn

L'un mipart le Taureau, l'autre le Scorpion,
Le ſoldat qui guetant veilhe ſa legion,
Ou le nocher courant par la plaine liquide,
Lors que Titan ſe leue au baſſin de Phorcide,
Void que ſi tot que l'un d'un ſurſaut eueilhé
Laiſſe derriere à dos l'Orient emperlé,
L'autre boit auſſi tot dans le riuage More
(Pendant que ſon beſſon ne ſort que de l'Aurore)
Et de confins egaus tout le Ciel diuiſans,
D'une moitié du Ciel font nos yeus ioüiſſans,
Fonçant l'autre moitié deſſous l'infernal voile,
Si que par l'Horizon et l'une & l'autre etoile
Se tranche, en meme tems, de la part d'Orient
Et du coté nuital du ſeiour ondoiant.
  Si l'amas ſpatieus de la Terre inegale
Deroboit quelque part de la celeſte ſale,
Nous n'aurions le regard de la moitié des cieus:
Et la Terre croiſſant aus mons audacieus,
Si plus du Ciel etoit l'obiet de nôtre vüe,
La plus grand part ſeroit de nôtre vuë vüe,
La moindre ſe muſſant au giron de Neptun:
Ce qui n'a point d'acord à l'uſage commun.
    Car ſoit, que te plantant ſur le plan d'Aſſyrie,
Ou ſur le fête haut d'une roche groſſie,
Tu oeilhades les rons des cercles tournoians,
Tu ſeras moitoien de ſis Feus flamboians
Deſſus ton Horizon, & d'autant de chandelles
Des Signes éclairans aus baſſes citadelles

E

De l'Antartique Pole: & quand le cler Taureau
Descend pour s'abruuer en la Tertesse de eau,
L'étoillé Scorpion deuers l'Aube s'eueilhe:
Et ainsi tournoians d'vne course pareilhe,
L'vn taint sa belle corne au bain Neptunien,
L'autre montre sa queüe au lit Titonien:
Si qu'entassant Mymas sur le fier Encelade,
Et au dos de l'Olymp', Rhet' massif de maint stade,
Tu n'atains de plus prés au Ciel franc d'Acherõ,
Qu'au pin Cybelien vn petit liZeron:
Comme ces menus brins, dont l'insensible face
Fait par les rais iournaus vne inuisible trace,
Ne sont rien au sommet du sourcilheus Taureau
Menaçant de son front le celeste chateau;
Ou à l'enorme corp de ces croupes cornues
Paintes du blanc pinceau de ses laines chenues:
Ou à ce roc, voisin du grand temple vouté
Qui son nom orgueilhit des clous de Promethé:
Ou comme est parangon de la plaine salée
Vne goute des pleurs de l'Aurore emperlée
Qui d'vn doucereus coul, d'vn pas tout dous coulãt
Va de mille couleurs nos iardins emperlant.
  Voi ce beau postilhon, l'oeil general du Monde
Stablement atifé d'vne perruque blonde
(Lequel assouuira, à mon meilheur loisir,
D'entendre sa grandeur ton chatouilheus desir)
Quand ce tant grand flãbeau, ce brãdõ admirable
Céte mer de clarté doucement agreable

Decoche de son arc sur nous les trais ardans,
Nuls brouilhars empoissés son beau frôt ne bandàs,
A peine ce grand Feu, clair miroir de Nature
Semble auoir vn bon pied en sa grande mesure.

 Fains que ce saint fanal, des beaus astres le Dieu
De son char brilhonnant te commette l'essieu,
Deposant en ta main de ses coursiers la bride
(Comme quand Phaëton, iouuenceau de sens vuide
Fut fait cocher mal-caut) si du sommet des cieus
Tu humois nôtre Terre à lons trais de tes yeus,
(Si ce point si petit d'vn si haut mont s'oeilhade,
,, si ton sens n'etoit louche, & ta Raison malade)
,, Que court te sembleroit ce terrestre abregé
,, Où de grace de DIEV Adam fut hebergé!
 Titan n'est de son Ciel que la moindre parcelle,
Son Ciel n'est qu'vn lopin de cette tente belle
Que l'eternel brodeur d'vn point tout liberal
Parsema d'ecussons de maint & maint fanal.
Si donc la Terre n'est la miliême partie
Du courrier donne-iour, fontaine de la vie:
Si Titan de son Ciel n'est qu'vne portion,
Si son Ciel le portant n'a de proportion
Au grand cercle broché de medailhes brilhantes,
Et moins à l'arc cernant toutes les autres tentes:
Il ne se trouue iet chez le Syracusain
Qui mille fois doublant nôtre globe Terrain,
Puisse couper le Ciel de part, tant & tant moindre
Qui puisse en quelq egard la Terre au Ciel cōioīdre,

L. I. DE L'VRAN. OV. CIEL.

A ce Ciel, qui cindrant l'univers de ses bras,
Du petit point central ne peut faire nul cas:
Car le moindre Atomeau qui au haut azur erre,
Vaint par nœuf & nœuf fois l'ētour de cette Terre.
,, Voila, chetifs humains, le r'acoursi contour
,, Aus animaus & nous assigné pour seiour!
Or suppute combien l'azur salé derobe
Du resserré verger de ce terrestre globe,
Conte la roide humeur qui coulãt d'un pied fort
Par le détroit segret de l'Herculean bord
Entre-ietant sa corne à ravissante force,
D'Europe au Lybien va causant le divorce:
Les cloitres Arabois en ton iet soint sommés,
Et les chams Hyrcanois sous la mer assommés:
Tire sur tes ietons les oisives fondrieres
Qui ne paient tribut aus sales marinieres,
L'éfroiable debord des ravageurs torrens,
Soit que leur flot se change en ruisseans murmurãs,
Soit que bruiant en bas par la roche pierreuse
Ils endorment leur course en un lac paresseuse:
Cête eau deracinant les terrains soliveaus,
L'autre engoufrant le Terre aus Thetides boiaus,
Le plus beau de ce rond sous sa fosse ondoiante
Close, n'ose tourner vers Neptune sa plante.
,, Ce qui iouït du iour, bien appeller se peut
,, Vne Ile sur-nageante en l'azur qui se meut.
,,   Outre que ie me tais d'une bonne parcelle
,, Que DIEV fait ecrouler de la terre rebelle,

,, A ſa ſoude apellant les Borés forcenés
,, Qui dans le creus Terrain groumeletͅ enchainés,
Qui braquent leurs canons contre la lourde maſſe
Les gardant de reuoir des Cieus la claire face:
Si qu'en ſe debauchant tout Enfer irrité,
En ſa pance engloutit mainte groſſe Cité.
Combien d'echantilhons de cette ſeche pile
Sont metamorphoſés en arene infertile?
Combien en ont vollé ces mons audacieus,
Brehaignes de tout fruit, & d'arbres gracieus?

Chifres en maint canton qui au Pole friſſonne
Et les pars que le Ciel, brulant, echantilhonne:
Fais conte des lambeaus où l'airaire fendant
Sur les ſeilhons ingrâs va le grain dependant:
Calcules les vains coins de ces landes afreuſes
Où le regne eſt planté des bêtes venimeuſes:
Ce qui te reſtera de la ſouſtraction,
D'vn rien moindre qu'vn rien a la diuiſion.
,, O honte, ô yeus ſilhés d'vne nuit eternelle!
,, Combien grande ſe void la chetiue parcelle
,, De ce parterre humain, que voulés partager
,, En etages diuers? pour en l'vn heberger
,, Vôtre pompeus Orgueil, en l'autre vne Furie
,, Enionchātͅ mons & vaus des corps caſſés de vie!
,, Là la Pœur pantelante, ici le Dueil vous cuit,
,, Là le Moien etroit aus forneaus ſe recuit:
,, Ici Mars verſe-ſang fait vn ſanglant carnage,
,, Là l'horrible Enyon ioüe vn grand perſonnage:

E iij

,, Au mondain echarfaut : Bref ce petit pourpris
,, Au pris de son manoir n'a les Cieus à nul pris.
,, Que si DIEV ne marcheit d'vne plante laineuse
,, Lors qu'il vient, de sa main mollemēt rigoureuse,
,, Pocher le chef pariure aus humains batailhons
,, Guerroians fierement les astrés pauilhons,
,, Engloutir il feroit en la gueule flotante
,, Auec ce petit corp de nôtre dure tente,
,, Cet hōme, dont le tret vise au vain blāc d'vn riē,
,, Aiant à fief de lui l'empire terrien.
  Mais le segnal beni qui feconda la Terre
  A l'enfance du Tout qui les mortels enserre,
  Fut à tel Horoscope en la masse aposé,
  Qu'encor le caractere à peine est effacé :
,, Si que ce Tou-puissant, non tiran, ains roi-pere,
,, Benit encor la Terre à nous ses enfans mere.

Fin du premier Liure de
l'Vranologie.

Aduertissement au lecteur.

Nialouzé d'epuiser ton esprit de tous flos douteus en la mer spherale, & ne pouuant à souhet entier te faire (en frein retiré) sauant au diametre de la Terre, i'ai voulu me degarroter du cep nombreus, pour te faire courir à pied libre dans la lice de cette cognoissance. Tu peus dõc par proportion de moindre au grand, prenant pour sentier au diametre terrien, la raison du diametre d'vn petit cercle à l'entouremēt d'iceluy, venir à bord du grãd rond terrestre. La voie nous en est brossée par les passées d'Archimede, qui nous aprēd que tout cercle comprent enuirõ trois fois son diametre, si que l'atour du cercle etant trouué, la troisieme partie est le diametre, en aiant retranché la 22. partie: restent 21. diuisant par 3. restent 7. qui doublés produisent 14. triples, font 21.

| 21. | 14. | 7. |

.7.   .22.

Reste vne 22. partie. Soint donc par l'astrolabe notés les degrés, à la vüe du Pole, depuis le Septentrion au Midi, poursuiuant iusques à l'autre Hemisphere: l'on y conte 700 stades, qui multipliés par les 360. du Zodiac, nous produisent 252000. stades, diametre de de la terre, au raport de Ambroise, Macr.

E iiij

Theodof. & Eratos. Le diametre ainsi trouué, nous aurons la proportion de 22. de la faut souſtraire la 22.part, en diuiſant 252. $\frac{12}{12}$ par 22, le quotiét rédra la 22.part 11454 ſtades & $\frac{10}{22}$. En tirát cete 22. partie de tout l'étour de la Terre, reſtét $\frac{12}{12}$ 240544. $\frac{12}{22}$ Que ſi par doublement tu reſouls $\frac{1}{22}$ la derniere reſolutió du nóbreur & du denommeur, ſera 1. qui adiouté au dernier quatrenaire 21. le nombre de 240545. en reſulte, & la 22. partie tirée, tu auras ton nombre acompli, lequel partiſſant par 3. à raiſon du tier du diametre, tu en feras ſortir le diametre terreſtre, qui eſt 80181. $\frac{2}{3}$ ou la moitié & la 3. partie d'vn ſtade. Voila que $\frac{2}{3}$ auec moi tu dois à Archimede.

LIVRE SECOND DE L'VRANOLOGIE OV DV CIEL DE IAN EDOVARD DV MONIN. PP.

A Monseigneur M. Antoine Seguier, Lieutenant Ciuil à Paris.

CONSECRATIO.

ECquid (Aristides melioribus edite se-
           clis)
Dicis adhuc querulo iuráque fásq; foro!
Ciuiles quid adhuc rostris spumātibus vn
 Verris, amans Æqui, Iustitiæq; tenax?(das
Quę tibi Iurilegę fulget Cynosura carinæ?
 Dic agè, quis puppis remus & aura tuæ?
Immò tuæ puppi quis portus & ora voue-
 Quà patet ad Gāgis limē arena Tagi.(tur?
Hoc ideò, vt postliminii duce iure sepolti
 Astræa è superis fiat ad ima redux?
Frāge agè, veliuolū remis audacib° ęquor,
 Indocilis patrio sistere vela vado: (tis
Hinc Astrę̨a procul, Pacis soror, inscia Mar

Exulat ad superos crimine pulsa focos:
  Illa polum æternis legum molitur habenis,
    Nos læta exilio congemuisse suo.
Hinc agédū, Antoni, Dominæ sacra signa sequutus
  Da cita terga solo, da pia vela polo:
Astræam auratis hîc ambit gloria pennis,
  Ius fásque hîc fasces constituêre suos.
Huc te Astræa vocat, tibi iussa capessere fas est,
  Et sancto lateri nectere dulce latus:
Hūc orbé, hoc monstrū nulla virtute redē tum
  A vitiis, longum iure valere iube.
Hoc dato ius Coelo, terris qui iura dedisti,
  Es stella in Coelo Iuris habenda meo.

ANAGRAME DV MEME SEIGNEVR.

ANTOINE SEGVIER,
Vrai en ton Siege.

SONNET.

Tovs les plus fauorits de la troupe sacrée
Qui baigne son beau chef au Chevalin ruisse-
Taché, à qui mieus mieus, du Daphnië rameau (au
Cerner les saints bassins de ta diuine Astrée.

Mais empanant mes flancs d'aile plus acerée,
Ie me guinde plus haut que leur humain cerceau,
Ebranchant mon laurier du Celeste arbrisseau
Affin d'en orgueilhir ta balance assurée.

Mes trets, comme les leurs, pour bute ont Verité,
Qui t'a de son pur lait tendrement alaité:
Mais ilz suiuent le trac de tes mains Iusticieres,

Et pour te trouuer VRAI EN TON SIEGE DE DROIS,
Ie m'enleue de Terre aus etoillés endrois,
Où maint astre se fait de tes vertus entieres.

LE SECOND LIVRE
DE L'VRANOLOGIE OV
DV CIEL DE IAN EDOVARD
DV MONIN. PP.

„ BIEN q̃ l'humain esprit porte sur sõ visage
„ De l'Esprit infini l'inébauchable image,
„ Biẽ qu'il cede fort peu à l'ãgelique Esprit,
„ Comme le lut Hebrieu le chante en son ecrit:
„ Toutefois l'Hymen fort de celle sympathie
„ Qui de force sans force au cep du corp le lie,
„ Entombe sa lumiere és brouilhars epeßis
„ Couués dans le cercueil des membres obscurcis.
   Presque tel est l'esprit que l'araigne ventreuse
Laquelle ourdit ses rets dans vne targe creuse:
Quand la brüiante guêpe a tant soit peu frapé
Le bord qui va cernant son fraile drap crêpé,
Elle tremble aussi tôt, & s'en court efraiée
Au centre bien cognu de sa gaze raiée.
„ Ainsi quand le flambeau de nos espris acors
„ Las de luire à trauers la lanterne du corps,
„ Tâche à bruler les murs de sa ville charnue,
„ Et se sauuer du cep de sa prison congnue,
„ S'il trouue quelq̃ afrõt d'vn pl⁹ puissãt seigneur,
„ Le choc d'vn seul visage eface sa splendeur,

Son ardeur se ternit, & sa couleur blemie
Se rembusque au cachot de sa douce ennemie
La prison corporelle, & par les huis des yeus
Ose à peine enuoier un de ses rais aus cieus.

 Témoin moi, qui rompant le Lemnien cordage
Qui au cercle étoilé me refusoit passage,
Curieus, empanoi mes deus flans & mon dos
Des voletans cerceaus d'un plumage dispos,
Pour me bannir de Terre, & d'un diuin compas
Conter les clous astrés, & mesurer leurs pas.

 Mais voiant en ce cirque onder mille bannieres
De l'ot qui par le camp des drilhantes lumieres
Marche d'un pas superbe arrogant piafard,
Mõ oeil ne soufrãt point l'oeil du moindre soudard,
M'a fait glacé de pœur pancher ma vuë fraile
Vers le terrestre nic, & secoüant mon aile,
Tôt me suis reperché dessus le sec rameau
Du funebre Cyprés du corporel tombeau.

 Comme celui qui franc de craintiue pensée,
Foule d'un pied alairte une riante prée,
Si de hazard il presse un afreus couleuureau
Qui glissoit doucement sous le gazon nouueau,
Le sang lui bat le pous, & d'une course isnelle
(Crainte enpanant ses pieds d'une trê-legere aile)
Bondit à vau-de-route, & sans se sentir las,
Void touiour si la béte epouse point ses pas.

,, C'est grand cas que touiour cete boëte mortelle
,, R'apelle en son etuis l'ame, hotesse immortelle,

„ Qui se r'enseuelit en ce logis aus vers
„ Sans se guinder aus tours du plus haut Vniuers?
„ Ainsi le Chien retourne au premier vomitoire,
„ Et la rustique Renne en ville ne veut boire.
　Ce faut il toutefois (esprit peu courageus)
Secourre le limon de ce marais fangeus,
Il faut franchir la Terre, & au dos de Neptune
Il ne faut plus courir vne humaine fortune:
Il ne faut (mon Esprit) languir ainsi chetif
En ce chatelet sombre, en tes garrots captif:
Il faut que ton cerceau d'vne tirade vole
Des Calpes en Imaue, & des Calpes au Pole,
Pour au Palais des Dieus mirer le port & gestes
Et le graue maintien des Courtisans Celestes.
　Pour parfaire ce vol, tu ne dois attacher
A ton dos le lien temerairement cher
De la cire Dedale, & moins de main feruente
Atteler à ton char la troupe flamboiante
Des dragons ecailhés, ou d'esort Geantin
Entasser mont sur mont des goufres le butin.
„ Le même Charpentier de ce mondain Dedale
„ Me tend du Ciel l'echelle à grimper en sa sale,
„ Ou, plutôt, me fournit de son diuin Mercur
„ Qui celeste courrier, me fait large à son mur.
„ Il marche le premier, suiuons sa talonniere
„ Où le premier Atlas deboucla la barriere,
Où le vestige empraint du pied Herculean
Nous tire auec celui, qu'vn roc Caucasean

Tenoit ferme cloüé, & ore le relache
Pour auec moi parfaire vne celeste tâche.
Persée voltigeant, le heros Lathmien,
Cephée, & sa familhe, & cil qu'à son lien
Vne mute de chiens encor là haut promeine,
M'inuitent à voler d'vne plume hautaine
Par les dorés Lambris qui planchent ce grand Tout
Pour nous rendre du Ciel sauans de bout en bout.
  Ne vois tu que de Nuit les radieuses tentes
Etalent leurs falôs, mille torches ardantes?
Defrichãt nôtre voie, & (tãt qu'aus yeus humains
Loisible est d'oeilhader, des sur-humaines mains
Du feure tou-puissant le temple venerable)
Dieu se rendre à nos yeus aucunement palpable?
,, Mais tu ne dois, lecteur, ta foi par trop ficher
,, Sur le r'aport du sens, peu feal messager:
,, Les yeus sont trop mēteurs pour seruir de lunettes
,, A droitement viser sur les etoilés fêtes.
Tu vois même à tes pieds, qu'en la froide moiteur,
De l'auiron courbé l'oeil est faus r'aporteur:
Tu vois que le quarré lui ment la face ronde,
Tant est de l'oeil humain la course vagabonde.
Comment voudrois tu donc à son pois balancer
L'eloigné pois sans pois du celeste plancher?
,, Mais l'esprit garanti de l'humaine cordelle
,, Comme etant du haut Ciel la proche parentelle,
,, S'éleuant peu à peu du bourbier Terrien,
,, Et ses sens epurant dàns le diuin Iordain,

,, Les acoutume au iour: lors la Nature sage
,, Nous offre net & nu son demasqué visage.
  Que si, banqueroutier de l'acorte Raison,
Tu reçois l'oeil charnel huissier de ta maison,
Il te fera raport que cete ardante voute
Qui anime, voltant, nôtre machine toute,
Est contante d'un rond d'un seul cercle etoilé.
  Mais suiuant le parti de l'esprit non voilé
D'un bandeau corporel, si tu vois les demarches
Des ecussons dansans par les brilhantes arches:
Comment ore eloignés, & ore plus prochains
Par le Ciel painturé ils font rauder leurs trains:
Comment l'un de plus prés de la tente diuine
Son char houpé de feu priuément auoisine,
L'autre, comme amoureus de l'humaine beauté,
Fait deuers nous tirer son gentil arc vouté:
Lors tu seras suiet de reuoquer en doute,
Comment à si grand rond seruiroit vne voute?
Comme iadis a creu ce bon docteur sacré
Qui emprunta son nom du langage doré,
Qui crut que ces brandons errent à toute bride
Par la belle lueur d'un cercle non solide,
Comme du pûple ailé les escadrons diuers
D'un branlement leger noüent entre deus ærs:
Comme l'ôt ecailhé va fendant à trauerse
La flo-flotante echine à l'Amphitrite perse.
  Plusieurs tiennẽt ces Feus comme vrais animaus
Qui pour s'alimenter, hument à lons trauaus

En

En viande les mets du Terrien fruitage,
Et le bain de Thetis en salubre bruuage:
Mémes Anaxagore accusé rudement
En l'Attique Parquet fut fait serf du torment,
Pour auoir asseuré que le globe celeste
Etoit autre que DIEV voilant des cieus sa tête.
Platon peu moins en crut, tenant que ces flambeaus
Nous versent de leur vie & cent & cet ruisseaus.
Origene de même ensuit même carriere
Auiuant ces brandons de viuante lumiere:
Or ie ne les condamne ains qu'ouïr leur procés,
Duquel contre eus i'atend vn brief heureus succés.

D'autant qu'vn noble corp par loi de la Nature
Doit être reuetu de plus noble figure,
Ils plaident que le Ciel honneur des corps d'enbas
De l'esprit animal veuuer ne se doit pas.
„ Du plus insigne corp le plus insigne signe
„ Est d'agiter son tas d'vne ame, forme insigne:
Phebus donc & Phebé, du grand moteur les yeus
Doiuent être & nommés animaus glorieus.
„ Et si le ruisseau, fiz de sa fontaine clere,
„ Cede l'honneur premier à la source sa mere,
Puisque tant d'animaus formilhans en ces lieus
Sont la semence & sang des Astres radieus,
Il semble que celui qui aus cieus l'ame nie
Des-ame sa rude ame à vn rocher vnie.
„ Plus nul nier ne peut que tout ce qui se meut,
„ Pour ses peres premiers les luisans Astres eut:

F

,, Et si suiuant l'auis du Phœnix Aristote,
,, Ce mobile est premier, qui de course dispote
,, De soi même se meut (comme fait l'animal)
Qui n'anime le Ciel sa Raison va fort mal.
Voila les champions qui de pieds & de tête
Portent le vif harnois à la soude Celeste.
Mais prenāt pour mes chefs Damasc' et Augustin,
Ie croi bien que de nous ils n'auront grand butin.
,, Aprens donc, que la Forme vnie à la Matiere
,, N'est pour elle, ains Matiere à la Forme est chā-
,, Cōme nôtre edifice artistemēt charnel (briere:
,, Ne sert qu'aus actions de l'esprit immortel:
La nature & vertu de l'Ame, forme humaine,
Nous donne en ses efets sa connoissance pleine:
Du corp depend nôtre Ame en quelque function,
Qui sans tel instrument n'est de nulle action:
Cela se fait à l'oeil clairement aparoitre,
Comme à sentir, nourrir, à engendrer, & croitre:
Donc confesser il faut que pour vn tel effet
L'ame au corp se marie en vn Hymen parfet.
,, Nôtre esprit tient encor autre diuin office
Qui sans le bras charnel fait bien son exercice,
,, Bien que le corp encor lui fait quelque secours,
,, Cōme quand l'Ame vit en ses propres discours,
Ausquels le corp fournit vne insensible image,
Auant que l'Intellect parfasse son vsage:
Donc de necessité pour vn seruice tel
Le corp doit étre ioint à l'esprit immortel;

,, Bien que purement franc du lais elementaire
,, Il n'eſt point à Pluton vaſſal ou tributaire.
　　Mais du Celeſte corp nul eſprit ne peut pas
Exercer l'action du nourricier compas,
Du compas engendrant, bref de la Forme viue
Que ma licence nomme Ame Vegetatiue:
,, Car le corp permanent, où la Parque n'a droit,
,, A telles paſſions étre exclaue ne doit.
　　De mëme l'Action de la main ſenſuelle
Ne peut de rien ſeruir en la haute tournelle,
Puis que tous les Sens ont pour leur ſoubaſtement
La puiſſance qu'on dit tact ou attouchement,
(Pardonnés au defaut de la Françoiſe langue
Qui vient Barguamacher ma boiteuſe harangue.)
Or ie te conuaincrai ſi tu veus donner lieu
Aus elemës, es Cieus vrai tëple du grand DIEV.
Tu confeſſeras donc que l'Ame ſenſuelle
N'auiue point le corp de cettë Citadelle.
　　Si doncques des haus Cieus le corp eſt animé,
Pour entendre & mouuoir tel doit étre eſtimé:
Or l'eſprit n'a beſoin du corporel vſage,
Si ce n'eſt que le Sens lui preſente l'image
Du corporel obiet, quand entendre il le veut,
Mais nous auons prouué que faire il ne ſe peut.
Que le Ciel ſoit doüé de ſenſuelle force,
Donc ſi fort argument mon fort encor ne force.
,, Que ſi au mouuement tel eſprit eſt voüé,
,, A quel propos l'eſprit en ce clos eſt cloüé?

F ij

Si le tourneur meut bien assistant à sa rouë,
Que fait il de besoin que quelque ame s'encloüe
Dans le ventre du Ciel recreusement tortu?
L'esprit influe assés prés de lui sa vertu:
Et ce même argument le leur premier rebouche,
L'Ange tournãt le Ciel leurs doit boucher la bou-
  Quãt au secõd, ie dis que selõ quelque point (che.
,, Vn corp mois noble vãt celui qui mieus depaint
,, Du Naturel pinceau, passe l'autre en noblesse:
,, Ainsi le corp du Ciel postilhonnant sans cesse,
,, Cedant l'hõneur de forme à nos humains espris,
,, Par son Ange assesseur gaigne sur nous le pris.
,, Que si par l'art du Ciel céte vie respire,
,, Cela vient du Nocher qui tourne son nauire.
Leur cinquieme soldat saignera tôt du né
Comme par l'Aquinois iustement condamné:
Car qui dit que le Ciel se tourne de soi-même,
Mieus que cet auditeur, il a fondé ce théme.
Il entend que Matiere est en ce firmament,
Qui de l'Ange admétant le puissant soufflement,
Meut d'vn pur eternel sa ceinture spherique,
Touché de la vertu de la main Angelique.
  Mais craignant d'étre dit Lycophron ombrageus
Empaquetant mes vers en manteau nuageus
(Car ie voi qu'apres moi le non fardé Lycée
Est dextrement batu de trop rare passée)
Ie dresserai mon stile au niueau Lesbien
Qui sait s'accommoder au roc Caucasien

Quand ce roc ne peut pas obeir à la regle.
  Ie dis donc par Raison, dont le compas me regle,
Que les courriers du Ciel dorans le firmament,
Ne courent, animaus, d'vn libre mouuement.
Car tout corp agité d'ame vegetatiue,
Or' d'vn pied diligent, ore à plante hatiue,
Ore en ligne etendue, ores en rond compas
Mesure ore vn haut lieu, ores d'vn libre pas
S'abesse au lieu des pois, ores en auant marche
Ore d'vn saut retors vse d'vne demarche,
Et ne danse iamais d'vn pas se ressemblant,
Ains vn change eternel lui va sa force emblant:
Et quelquefois en fin son arc tendu se lâche
Craignant de l'alentir ou de le rompre, lache.
  Le Ciel touiour d'vn train tourne son feis sãs feis,
Poste asseuré, n'vsant de cheuaus de relais,
Sans biaizer d'vn trac, fait touiour vne ronde
A l'entour du nombril de la bossure ronde:
Il n'est donc regitré sur le papier iournal
Où est le nom ecrit de chacun Animal.
  Le Ciel ne marche aussi sous la fraile banniere
De quelque louche sort de Fortune courriere:
,, Car ce qui d'vn tel fort suit l'aueugle étandard,
,, Tantot poste à galop, tantot s'amuse tard,
,, Selon que plus ou moins la cause de l'allée
,, Sur le corp etranger est pres ou loin collée,
,, Et le cours d'auiourdui n'apert à l'oeil humain
,, Qui se mõtre vrai frere au cours du lendemain:

F iij

,, *Tel est le borgne Sort compagnon d'Inconstance,*
,, *Comme le sur Destin est ami de constance.*
Si le saint Marechal aus feus du firmament
Eût assigné quartier d'vn libre mouuement,
Ils ne chemineroint iamais en nul coté:
,, *Car Nature iamais n'a nul corp herité*
,, *Du moïe de marcher, qu'il n'ait eu pour partage*
,, *La figure & le port digne d'vn tel vsage.*
Mais les corps etoillés sont tout plainement rons,
Donques ils n'errent point courriers & vagabons,
Seigneurs de leurs momens, ains d'vne ronde forme
Vont roüant leur roüet d'vn cours à soi conforme.
Et que ces ecussons soint tournés en rondeur,
Le visage Lunaire est témoin non menteur:
Car soit que s'écoulant des baisers de son frere,
Nouuelle, elle s'eforce à ses cornes refaire;
Soit que, comme enuieuse au lustre Phebean,
Sur la prime Vesper hors du moite Ocean
Elle tire le char de ses Palefrois sombres:
Soit qu'elle marche au iour, soit és nuitalles ombres:
Elle emploie son mieus à cerner rondement
L'argentine clarté de son habilhement.
Puis que donc ces flambeaus, ces radieuses flames,
De leurs cours merueilheus n'ont pour meres, des
Puis que ce camp astré de brandons piolé (Ames:
Au vouloir d'vn sot sort n'a iamais chancelé:
Croions qu'ils sont fichés à des roüantes voutes
Dõt ils suiuent touiour, maugré bongré, les routes:

Ainſi des clous d'un char eſt ſerf le mouuement
Que le char roule en ſoi d'un forcé roulement.
Tels que le nœud retors du tige au chenu chêne
Tortilhément preſſé de mainte large vêne:
Ce nœud eſt part du tronc iaçois que ſa rondeur
Ramaſſe mieus ſon bois plus ſolidement dur:
,, (Car les Aſtres formés de la celeſte eſſence
,, Sont leur Ciel epaiſſi en plus dure ſubſtance.
,, Ainſi diſoit fort bien le ſage Agrigentin,
,, Que le Ciel étant Feu, par ſemblable deſtin
,, Le Feu formoit auſſi ſes medailhes luiſantes,
,, Pour n'admettre les pars de leur tout diferētes.)
   Mais d'autant qu'ils ne vont par ce tēple Roial
D'un ordre tout ſemblable, ou d'un pas tout egal,
Nos aïeus auiſans leur diuerſe cadence,
Du nombre de ces arcs ont fondé la ſcience:
Ne ſongeans au Palais de ces haus eſcaliers
Les Aſtres entre-errer comme ardans chandeliers,
Qui parmi l'Aer venteus allumant leurs lumieres
Tracent diuerſement leurs notables carrieres.
   Sus, lecteur, leue toi, releue en haut ton front,
Et pour outre-paſſer, mets tes pieds ſur mon pont:
Apren comment le Ciel ſe diuiſe en etages,
Dequoi s'en doit la grace aus deuanciers plus ſages.
   Ces ſages epians le grand Vague etoilé
D'un œil tout Lyncéan de nuls brouilhars voilé,
Virent les Feus errans des luiſantes Planettes
Or' plus prés, or' plus loin s'entre-baiſer les têtes.

Ils virent que tantôt un dous accouplement
Phebus avec Phebé serroit ensemblement:
Puis ils voioint tantôt que la Lunaire coche
Du coche Delien fuioit un peu l'aproche.
Ils marquerent le méme aus vagabons flambeaus
Qui reparent le front de leurs cambrés chateaus:
De là, bien leurs sembla que ces divers visages
En eus étoint causés de leurs divers menages.
Car si tous ces brandons ocupoint mêmes lieus,
Veu qu'ils n'ont mouuemẽt que celui de leurs cieus,
Iamais tel entre-deus de diverse distance
Ne feroit de leur taint si grande diferance.
Comme voians plus haut tant de menus flambeaus
Ni plus ni moins entre eus aprocher leurs cheuaus,
Ils les camperent tous en la huitieme tente
Car d'un pauilhon seul un tel ôt se contente.
L'Aigle plus genereus d'un esprit curieus
Emporta quelque esprit en plus haut lieu des cieus,
Qui outre ces huit arcs vid encor une bande
Qui des menus brandons bande la claire bande:
,, D'autant qu'ils auisoint és yeus du firmament
,, Vn branle dementant un simple mouuement.
Car tantot peu à peu il flechissoit vers l'Ourse,
Tantot deuers l'Austan rampoit à lente course.
(De vrai ce Ciel neufieme, en un siecle doublé
De neuf fois vint degrés d'une part a tremblé)
Car d'autant de degrés le gond de l'obscur Monde
Se recule de l'Ourse à lens pas vagabonde.

A Tymocare

A Tymocare on doit ce segret mouuement,
Qui trop tôt condamné au cendreus monument,
Laissa les heritiers de si rare science
En procés quereleus, tant qu'en fin par sentence
Du Iuge sans appel, Eparch fut appellé
Pour deuoiler ce cours à maintes clefs celé:
A cetui succeda ce grand Roi Ptoloméé,
Qui plus fort de Phebus que d'vne forte armée,
Foulant sa terre aus pieds, d'vn souci glorieus
Cercha ce mouuement par les armes des cieus:
Si qu'aiant establi de ce Ciel l'Ordonnance
Il fit croire à châcun céte tremblante dance.
Que si tu veus ta soif de ce cours allenter,
Viens sur leur echelon sous mon aile monter.
Ils prindrent pour fanal le cler Epi d'Astrée
Qui blondit les seilhons de la campaigne astrée:
Ils virent cet Epi étre deuant le front
Du Trebuchet du Ciel huit degrés tout en rond:
Puis, deus cens ans coulés, dauant céte Balance,
De sis degrés l'Epi leur donnoint aparence.
Puis au lon cours des ans l'Epi s'est rencontré
Tout droitement logé au Trebuchet astré:
Donc s'ensuit que les clous de la huitieme Sphere
Se meuuent par le trac du biaizant repaire
Des douze images beaus de l'Echarpe houpée
De flocons emperlés, de fil d'or chamarrée!
Alphonse, & Môt-real, espris vraimét moulés
Sur quelque saint patron des cercles etoillés,

G

Plantans ores plus haut leur Delienne echelle
Ont rencontre ce Monde où sans cesse ruisselle
Maint fleuve de Nectar: là le rongeard souci
,, Ne taint le front ridé de son pinceau transi:
,, Là la punaise faim ne furete l'entrailhe,
,, Le cœur n'est pinseté de l'avare tenailhe:
,, Le choc des Elemens d'un eclatant cleron
,, Ne pousse ces heureus aus rives d'Acheron:
,, Là le droit est nié à la Parque trop dure,
,, Pluton n'est heritier de si sainte Nature:
,, Là Mars n'a nul quartier, là habite la Foi
Qui d'un bel Olivier ombrage avecques soi
,, Sa compagne la Pais, & sa sœur Esperance,
Et Themis, qui, derniere, ici fit residence:
,, Car le bon heur regnãt fait q̃ leurs saints desirs
,, Sont vaincus de plaisirs entassés sur plaisirs,
,, Et là DIEV, le même heur, tiẽt ses iustes assises
,, Cerné de Cherubins, & des ames aquises
,, Par le sang innocent de l'eternel Agneau,
,, Bref ce dixieme Ciel est le logis du Beau.
    Ceus sonderont ceci de leur docte epreuvelle
A qui fut plus qu'à moi favorable l'etoile
De leur dous Ascendant, & qui praignent plaisir
A prendre la fraicheur d'un plus libre loisir,
Ceus qui par maints retours de l'Aube safranée
Sur plus d'experience ont l'ame etançonnée,
Chargeront sur leur dos ce fe is, doucement gros,
Et se guindans, gailhars, d'un plumage dispos

DE I. EDOVARD DV MONIN. 38

Au sacré Cabinet où les Vierges Delphiques
Reseruent cherement leurs plus saintes Reliques,
Anteront sur leur chef le touiour vert rameau
Qui des antiques mains s'est peu sauuer puceau.
 Mais moi trop ieune encor, qui, veuf d'experience
M'emprisonne ore au cep de mon humble ignorãce,
Ie me tiens satisfait si ces nœuf escaliers
Veulent montrer leur ordre à mes bons écoliers,
Certain que ces brandons arrangés en leur place
Aus lecteurs & à moi departiront leur grace.
 A mes frais i'ai loüé trois certains postilhons
Qui m'annoncent le rang de ces set pauilhons:
„ Le premier messager c'est la vite cadance
„ De ces feus Erratics. Car cil qui plus s'auance
En son cours naturel, il me rend asuré
Que plus loin du premier son cercle est retiré,
Comme l'alme Phebé qui en vint-huit iournées
Discourt du Zodiac les maisons tiquetées,
Fait foi que son cheual auoisine son frein
Des abeßés logis de ce globe Terrain.
„ I'ai le diuers aspect pour second ambassade,
„ Car cil qui change plus sa face & sa parade,
„ Ne recule si loin du milieu d'ici bas
„ De ses pieds radieus les remerquables pas.
„ Le postilhon troisieme est l'Eclipse ombrageus
„ Qui nous masque leur taint d'vn brouilhar nua-
Car l'Astre q̃ nous cache vne de ses Planetes (geus,
Montre qu'il ne va loin de nos mortelles têtes.

G ij

Fondé sur leur raport ie tiens contre Platon,
Et contre son disciple armé d'un tel baton,
Que Phebus & Phebé ne font leurs amourettes
Par voisinage entier de leurs brilhantes têtes:
Mais comme aiant Mercur & Venus messagers
Par l'entre-deus d'eus deus s'enuoiët leurs baisers:
Car Mercure & Venus plus souuët changent face
Que les rares aspects de la Solaire masse.
Puis Ptolomée a veu un Interualle grand
Entre ces deus Flambeaus qui le Ciel vöt dorant:
Quelle en est la Raison, si ce n'est que Mercure
Et Venus entre eus deus ont planté leur ceinture?
  Dõc comme un Roi cerné de Ducs, Comtes, Barõs,
Se campe entre les flans des Roiaus escadrons:
Ainsi Titan le Roi de la clere Lumiere
De sis Princes flanqué, trois auant, trois arriere,
Va, superbe, raudant les Prouinces des Cieus
,, Gueidonnant ses Vassaus de ses rais gratieus.
,, Car quäd en tel milieu ses cheuaus il promeine,
,, Il se fait que l'ardeur de sa trop chaude haleine
,, Ne routit point noz chams & tëpere en passant
,, Saturne froidureus, & l'humeur du Croissand.
Et si plus haut monté il batoit son orniere,
Ce monde geleroit, forclos de sa lumiere.
Sus donc graisiere Muse, écris en tes papiers,
L'ordre, le rang, les noms de ces set grands courriers.
  Phebé la mere au mois courant à plus lente erre
Par son arc retreßi voisine notre Terre.

Hermes guide-paſſant d'vn petit echelon 2
Fait monter ſur Phebé ſon raïonnant balon.
Puis la belle Veſper (dont la douce haleinee 3
Ore va deuançant la naiſſante iournée,
Ores auan-courriere au bain Neptunien,
Prepare les logis au coche Delien) 4
Va quelque pas dauant le poſtilhon Celeſte,
Qui a poſé ſon Louure & ſa brilhante tête
Au cœur du rõd des Cieus, pour verſer en tº lieus
La vitale clarté de ſes raïs gratieus,
Pour s'eleuer tantot deuers la croupe Artique,
Et tantot ſe courber vers le Pole Antartique,
Et de diuers aſpects partiſſant l'an diuers,
Donner bon-iour, bon-ſoir à ce large Vniuers.
   Mars ſuant des torrens d'vne ire enſanglantée 5
Repiquant ſes detriers par ſa chambre voutée,
Rougit ſon taint de feu, & fendroit de courrous
N'etoit que de Iupin le viſage plus dous 6
Cet Aſtre deſaſtré par ſa tiedeur detrampe,
Et le vieil porte-fau qui ſon plombé char campe 7
Au haut etaiement, chauue, ridé, griſon,
Des Planetes tenant la premiere maiſon.
   Ces ſet etages rons vne ceinture embraſſe 8
Qui, lors que le Iour las cede à la Nuit ſa place,
Alume ſur le front de ces haus eſcaliers
Mille luiſans falos, mille ardans chandeliers,
Qui tournent comme en Iour vne Nuit ombrageuſe
Pour montrer à nos yeus leur face radieuſe:

G iij

,, Afin qu'un pelerin des chemins incertain
,, N'ahurte à quelque roc, talonnant à la main:
,, Afin que le Nocher qui court la plaine humide
,, Ne fasse son tombeau dans le goufreus Charibde:
,, Afin que le guet guai guidé par ce fanal
,, Compasse bien le tems par un espace egal:
,, Afin que la chambriere au fil de sa quenoüilhe
,, Qu'elle tort, et retort, et ammöcele, & moüilhe
,, Charmāt son dous labeur d'une gaie chanson
,, Ne lasse par la Nuit ses mains outre raison.
   En ces fins se borna la recerche ancienne,
Ne remerquant plus haut que la sale hautaine
Du Monarque sans pair, qui reserue la clef
De son saint Cabinet que nul ne tient à fief:
Par ainsi r'abessant de mon orgueil la corne,
Ie veus qu'au neufieme arc mon haut sourcil se bor-
Qui courant d'un fil tors par ses rontes conduit (ne.
Les arcs à lui soumis tant de iour que de nuit.
   Et plusieurs toutefois qui de sens phrenetiques
Aiment mieus s'egarer par des sentiers obliques
Que soufler leur acord d'un droit poumon commun,
Plus amis aus détrois qu'au paisible Neptun,
Condamnent, esfrené, la celeste cambrure
Au repos eternel qui tout ce siecle dure,
Et contraignent la Terre à Siziphide main
Promener son dur roc du iour au lendemain.
   Chaussés, Taupes, chaussés vos plº claires lunettes
Pour du Ciel flamboiant mirer les torches nettes:

Le Iour de tous les iours vous fait vôtre leçon,
Car si tot que la Nuit rampe sous l'Horizon,
Vous veiés peu à peu les chaus rousins Solaires
Sauter sur les coupeaus de nos mondains repaires:
Vous voiés que Titan ainsi que frais-eclos
Du quartier eloigné de ce Terrestre clos,
De là monter hautain de courageuse route
Sur le gond eleué de la brilhante voute,
Tant que frapant le but de son braue dessein
Dez le Zenith plus haut il darde dans le sein
De châque coin mondain ses radieuses fleches,
Puis il court abruuer dans les Thetides creches
Ses coursiers pantelans, se guidant à tel pas
Qu'il faisoit au Midi des les ondes d'enbas,
Iusqu'à ce que, lassé, il va lauer sa bride
Dans l'abreuuoir tardif de la vague Atlantide.
  De même train Phebé tenant la clef du soir
S'elance en l'Horizon sur son palefroi noir,
En semblable façon sa charréte la traine
Où le clair Midi tient sa demeure hautaine,
Et de tout méme trac se musse son flambeau
Dans le sombre cercueil du Neptunin chateau.
  De méme loi les Feus de la clere courtine
Dont Nature étrena du Monde la gesine,
Font leurs tournoirs la Nuit: leur humble lāpe nait
Plus sortant de son bers, plus grande elle se fait:
En fin les humains yeus cerchēt en l'Onde & Terre
Ainsi qu'enseuelis ces yeus que l'Eau reserre:

De la resuscitans de leurs ondeus tombeaus
Ils donnēt même course à leurs naissans flambeaus,
Et postant sans repos le grand Vague liquide
Nous montrent que le Ciel se tourne à ronde-bride.

   Prens pour exemple encor les brandons assurés
Fixement tournoians par les arcs azurés:
Ils t'aprendront comment les planchers de ce Mōde
Vollent sur l'Vniuers d'vne tournure ronde.

   Voi donc la Cynosure au haut sommet des Cieus,
Voi l'Ourse à Lycaon, voi le plus tortueus
Du Serpent argenté, qui flambant enuironne
Et l'vn & l'autre bout de cete Ourse bessonne,
Voi l'Artique Bouuier, qui charriant reluit
Sans que son char de nous se derobe la nuit.

   Ne vois tu point qu'en haut la clere Cynosure
Cerne son globe court d'vne tardiue allure?
Et d'autant qu'Helycé s'eloigne d'Aquilon
D'autant d'vn leger cours elle fait vn plis lon,
Au centre de sa queuë arrondissant sa course,
Et le Bouuier aussi plus lent cotoie l'Ourse:
Et tant plus que tout'Astre à son char equarté
Des Trions ennemis du chaleureus ateé,
Tant plus à larges rons leur cerne se tournoie
Iusqu'à ce qu'Ocean ouure chez soi la voie
Aus Astres du Leuant, qui guidés de Vesper
Des mets Neptuniens au soir s'en vont souper.

   Certes ces Feus encor à grans arcs de lumiere
Nous montrēt le Ciel rond en leur longue carriere;

Et tant plus que du Pol s'aproche leur cerceau,
Tant plutôt ils s'en vont dormir au lit de l'Eau,
Et s'eveilhent plutôt: & tant plus qu'une etoile
Fuit le coté du Pol, on la void sans nul voile,
Voler d'un arc plus court par l'etoilé seiour,
Et, mussee, si tot ne reuient voir le iour:
   Puis que donques ces Feus, qui toute la nuitée
Eclairent à nos yeus, font leur route voutée:
Puis que les Feus qui vont l'Ocean visiter,
Au compas de leur cours tachent un arc vouter,
Il s'ensuit que le Ciel qui tourne tout ce Monde,
Tourne son grand roüet d'une spirale ronde.
   Mais quand ie mets en ieu que ces boules de Feus
Võt prẽdre qlque haleine au fond du bain moiteus,
N'entend ie pas rêuer ce rieur Democrite,
Leucipe phrenetic, qui mes leçons depite?
Et Epicure encor au clos Cecropien,
M'opposans que les clous du tertre Etherien
Tous les iours vont mourir dàns la fosse Thetide,
Et tous les iours reprendre une Lucine en guide
De leur renaissant être? & que les flôs chenus?
Noient le blond Titan, & autres Feus congnus!
   C'est mon! c'est bien fonder au puis inepuisable
De l'alme Verité la lampe venerable.
Chetifs, veufs de bon sens, orfelins de Raison,
,, De quel venin pesteus, & subite poison
,, Sont mors vos iugemens? ne saués vous encore
,, Que tout ce qui par sort sort au iour de l'Aurore,

L. II. DE L'VRAN. OV CIEL

,, Chancelle à pieds boiteus? & que les fiz du Cas
,, Ne cheminent iamais d'vn vniforme pas?
,, Tous les enfans qui ont pour mere l'Auanture
,, Changent incessamment de poil & de figure,
,, Ils voguent à merci de tous dez hazardeus,
,, Sãs tes, sans lieu, sans bers, bref tout y est hideus.
Mais qui de nous croira que la Mer ou la Terre
Si diuine vertu dàns sa matrice enserre,
Que de pouuoir couuer ses corps demesurés,
Puis tuer tot aprés si grans arcs azurés?
Et si la Terre étoit de tel pouuoir doüée,
Elle en feroit la preuue à plus d'vne contrée:
Nous ne verrions qu'en Inde elle enfantât ces Feus
Au decouuert matin tout fraichement conceus,
Ou qu'Atlas entombât dàns la fosse azurée
Ces ecussons luisans sur la tarde serée,
Et que le seul quartier qui separe l'Indois
Du Calpique quartier, condamné à la crois
De la sterilité, eût l'amari brehaigne
Sans fournir nullement d'Astres celle campaigne.
  Outre, pourquoi Phebé lune ore son Croissant,
Ore s'en va sa corne en balon rondissant?
Pourquoi tant au cler iour, qu'à la brune Veprée,
Stable, montre elle vn front d'inconstance asseurée?
Veu que les autres rons dorans le firmament
N'ont asserui leur taint au ioug du changement?
  Mais que dirai-ie plus? voi la part de Borée,
Là de maints Astres beaus vne bande sacrée

Fuiant l'atouchement de l'Eau, toute la nuit
De ses yeus räionnans te permet l'usufruit:
„ Si au foier des Eaus ils n'alument leur flame
„ Si la Terre iamais ne refile leur trame,
„ Comment peuuent ils donc entretenir le train
„ De leur viue clarté qui luit touiour d'un train?
Et quoi? qu' Arctophylax auec l'alme Coronne
Astre Ariadnien, toute nuit postilhonne
Le Ciel des blons Bretons franc du flot Marinier,
Et neanmoins se musse au Pharien quartier?
Et le Canope encor qui bien peu luit à Rhode,
Luisant toute la nuit le Ciel Pharien rode
Et le coin equarté de l'Æthiopien
(L'Astre n'etant bandé de nul obscur lien)
L'oeilhade, fournissant à la nuit ombrageuse
Les Feus qui choquēt, clers, toute ombre tenebreuse.
Comme aussi les brandons que le hurt Terrien
Semble auoir depoüillé de leur luisant maintien,
Etalent leur lueur à la blonde Bretaigne,
Et en méme heure aussi la Rhodoise campaigne
Void cet Astre Canope, & naissant, & mourant:
(Pour ne t'enfatrasser aus nœuds du demeurant)
Au Phare toutefois au champ d'Æthiopie
Sa flame n'est que tard, ou iamais acroupie.
 Et quand or' tu n'aurois plus vailhant argumēt
Que les isnelles cours du roide firmament,
Cela de prime afront doit encloitrer ta bouche
Si ton cerueau n'est plein pour esprit, d'une souche.

„ *Car iamais mouuement n'est si vitement promt,*
„ *Que celui que produit vn corp vniment rond,*
„ *Mêmes que la rondeur (qui à peine prend pause)*
„ *Est iugée d'aucuns des mouuemens la cause.*
„ *Nulle forme ne peut mieus gauchir à tous cous,*
„ *Que celle qui se cindre à chacun de ses bous:*
Voi le braue soldat dont l'ame genereuse
Bout de l'ardeur à vn choc sur la lice poudreuse,
Si tot qu'il void à front l'ennemi s'aprêter,
Pour de ce chaud cartel le laurier lui oter,
Il fait de tout son corp vne sphere arrondie,
Il se r'abrege en rond, & d'vne main hardie
Halete roidement retressissant son flanc
Tant qu'il soit enyuré d'vne mare de sang.
„ *Qui est ce bon Demon, ce conseilher Genie,*
„ *Qui de telle rondeur sa grand masse manie?*
„ *C'est que le plan iamais ne peut le rond toucher*
„ *Qu'en vn point, que le fer peut à peine brêcher.*
Puis que donc les lambris qui ce grãd Tout cindroiẽt,
Soùs les cous alterans de nul fleau ne se ploient,
Ne nions, obstinés, qu'ils soint tournés au tour
Et qu'ils tournent en rond leur azuré contour.
  Ioint que s'ils furẽt fais pour du Monde le marge,
Pour enclorre ce Tout dedans leur cuue large,
„ *Le rond leur étoit deu, comme celui qui tient*
„ *Plus que toute autre forme au clos qu'elle contiẽt:*
Iamais le manouurier ne fait rien de capable,
Rien propre à contenir, qu'vne rondeur notable.

Des vieus Aſſyriens l'eſprit induſtrieus
Voulant tirer en bas, des balons radieus
Les cours & les momens, & l'entiere machine
Partir par certains lots en leur ſainte poitrine
Ne peurent onc ſonger forme d'autre façon
Pour de ces mouemens enſeigner la leçon.
  Mais pour ne te lier au cep de ma parole,
Ie te lache le frein dedans ta propre ecole:
Tailhe à ton bon vouloir ſelon ton iugement,
Au clos de nôtre Tout vn tel quel vêtement.
D'vn Trianglaire habit acoutre ſa grand maſſe,
Quarre le, ſi tu veus, donne lui telle face
Que ton vague ciƶeau lui voudra decouper:
Ie ſais & ton Triangle & ton Quarré ſaper.
  Car de là s'enſuiuroit que quand la belle coche
Du Soleil tournoiant de nos terres s'aproche,
Et quand ſa ſoeur germaine aus détriers paliſſans
Plus s'auoiſineroit des terreſtres arpens,
Leurs corps etincelans, offers à nôtre face
Sembleroient augmentés en vne plus grand' maſſe:
Et lors que l'angle oblique eleueroit ces yeus
Au plus hautain ſommet de la chambre des cieus,
Tu verrois leur entour retreſſir leur figure,
Et luire en mauuais raiƶ ſur nôtre boule dure.
Et maintenant tu vois qu'egalement diſtans
Du globe Terrien (ſi les broüilhons Autans
N'emmantelent les yeus de la tour Etherée)
Ils montrent à nos yeus même face & liurée.

Car si lors que Titan retirant son flambeau
Du coin, d'où l'Aube prent son safrané berceau,
Ou quand à son Phlegon il donne lache bride
Pour s'aller essuier au giron de Phorcide,
Il semble d'vn grãd corp mentir plus grãd portrait
Et darder de plus prés sur la Terre son trait,
,, Il n'en faut accuser vne plus grand distance,
,, D'vn espace plus grand causant telle semblance.
,, Car le Soleil de nous ne s'eloigne plus loïn
Lors qu'il darde ses raiz sur nos chefs du haut poït
Du souuerain Midi, ni quand dez le bas marge,
Ses brilhonnans raions sur la Terre il decharge,
Ou plantant son enseigne au premier Horizon,
Ou du porte-trident visitant la maison,
Mais si tu es piqué d'vn desir de la cause,
Qui fait de ces deux Feux cette acroissance fausse:
,, Aprens que le Soleil & la Lune ont entre eux
,, Et nous, l'exalaizon du terroir vapoureux,
,, Qui epaississant l'Air (sur l'Aurore leuée
,, Et lors que Vesper fait la brune releuée)
,, Par vn broüilhis crasseux leurs faces nous mõtrãt
Fait paroistre à nos yeux leur rond globe plus grãd:
Tout ainsi que tu vois au fond d'vne vnde blue
Vn petit Karolus, ou piece plus menue
Persuader à l'œil ne penetrant dessous,
Que sa grandeur ataint la piece de vint sous:
Car tout corp auisé par plus epesse voie
Plus grosse quantité aus yeux trompés enuoie,

Si qu'vn Sardin chetif ou vn Goujon dans l'eau
Meut le tas du Dauphin Roi du nageant troupeau.
   Que si pour rembarrer ton argument contraire
Il m'est permis d'vn poin saintement solitaire
Buquer au Cabinet, où les secrets plus beaus
De DIEV sont cachetés à clefs de mille seaus:
I'ai dequoi te paier en enchre pure & monde,
Et te faire acorder aus Cieus leur forme ronde.
   Quand le feure infini du vite firmament
De ses riches Palais ieta le fondement,
Peuplant d'enfantemens sa fille la Nature,
Leurs semant les pepins de diuerse figure:
,, Tout benin, il voulut qu'vn charactere empraint
,, Sur le front de ses faits repondît du doigt saint
,, Qui les auoit moulé sur diuine modelle,
,, Entant que l'étre mort d'vne essence mortelle
,, Peut être parangon de l'Etre qui ne doit
,, Au Chaos terrien, ni aus Parques nul droit:
,, Afin que l'Vniuers sa mortelle semence
,, A son pere immortel eut quelque resemblance.
   Ainsi tous corps conceus de ces quatre germains
De ces quatre Elemens qui tiennent en leurs mains
De tout Etre mortel la viue pepiniere
(Bien que iournellement tant en auant qu'arriere
S'auançant, reculant, & changeant sa façon
Paient ore à la Vie ore à Mort leur rançon)
Par vn change eternel gaignent vie immortelle
Comme visans au blanc de l'essence eternelle:

L. II. DE L'VRAN. OV CIEL

(Comme l'arbre, heritant de son Etre, Pluton,
Etend sa vie au fil d'un nouueau reieton)
Si que Mars assidu guerroiant la Nature
Lui fait trouuer son bers dedans sa sepulture.
　Ainsi le fraile humain, bien que tendre roseau,
Recoud sa morte trame en son cher sang nouueau,
Et, à tant que l'humain peut assouplir son aile,
Aquiert de l'Infini l'alliance immortelle.
,,　Et cõme DIEV sur tous dàns les humains por-
,, Burina le patron de ses plus diuins trais, (trais
,, Nôtre esprit qui au corp par bon acord s'alie,
,, Ne fut petri du tas de la terrestre lie:
,, Ains des sacrés archifs de la sale des Cieus,
,, (Où touiour il deuoit dresser ses deuôs yeus)
,, Tira ce diuin vent, qui secoüant son aile
,, Tout par tout l'humain corp, tout en chaq parcel-
,, Auiue cet horloge au nombreus contrepois　(le
Dont il fut auiué par la maitresse Vois.
Si que l'Esprit humain (bien qu'à mainte serrure
Clos dedans le cachot de sa prison obscure)
Peut quand son vueil le veut s'elancer sur les airs,
,, Et, diuin, echeler les tours de l'Vniuers,
,, Peut sonder les reins creus, la profonde matrice
,, De l'antique Vesta, la commune nourrice.
　L'impenetrable fond du solide Element,
Des Manes blemissans l'horrible fondement,
Du Stix nœuf fois retors la course vagabonde,
Mille caneas grailans céte Machine ronde,

　　　　　　　　　　　　　　　　　　Mille

DE I. EDOVARD DV MONIN. 45

Mille eclairs petilhans au Iunonin seiour
Faisans blemir Pluton en sa plus basse tour,
Les rons etincelans du brandon Latonide
Outrant de part en part l'Element plus solide,
Les brilhans pauilhons, dont l'eternel retour
Enfante au vœu de DIEV & la nuit & le iour,
Ne lui purent boucler la mondaine barriere,
Ni retrancher le vol de sa plume courriere,
Qu'il ne rodât des pieds de sa viue Raison
Les détrois, que Nature en sa large maison
Buissonnoit en cent pars de poignantes epines.
Cet esprit empané de ses ailes diuines
D'vn courage aceré foüilha dàns le giron
Et du Palais astré, & du bas Acheron.
Ainsi se promenant, d'vne oeilhade assurée
Dàns le Ciel paternel, sa natale contrée,
Et, subtil, epiant d'vn oeil presumptueus
L'admirable beauté des étages des cieus;
Voiant tout marcher droit d'vne egalle carriere,
Suiuant du Roi sans pair la boufante banniere,
,, Il creut bien aisement que ces arcs azurés,
,, Contre l'arc d'Atropos fermement remparés,
,, Deuoint mieus temoigner par quelq plus beau ga-
,, Les admirables trais de l'eternelle Image, (ge
,, Que ces corps elourdis, qu'en la terrestre met
,, Par Nature petris la Mort à soi soumet.
,, Ainsi donç que de DIEV la redoutable Essence,
,, Frâche du point final, & du point de naissance,

H

,, Frâche du clos des Tems, frâche des bors du Lieu,
,, Innombrable, Inuisible, Infini, bref tout DIEV,
,, Seul en tout, tout en soi, tout seul sás tout, demeure
,, Bien que ce Tout du Tout sás lui n'est Tout, vne
,, Ainsi ce Tout fini, ce Monde en tout coté (heure:
,, Son visage arrondit de toute part vouté,
,, Tout à soi méme egal, à soi méme semblable,
,, De Principe, de Fin, de nul Bout non bornable,
,, Garanti de la dent du grand Faucheur grison,
,, Et du dan que produit la chenue saison,
,, Sauf des acroissemens des âges, sans mesure,
,, Se serpentant en soi dàns sa meme ceinture,
,, Sás bers, sentier cercueil de son grand mouuemēt
,, Tout balancé dàns soi, sur son etaiement,
,, Ne queimande dehors la garde de son Etre,
,, Nous sommant en son rond l'eternel reconnoitre.
    Ie te salue, ô Globe, vne, deus, & trois fois,
Globe bien reconu de l'eternelle Vois,
Puisque creant ce Tout tracé sur sa modelle,
Il print ton patron rond, dont la figure belle
Enclot vn point en soi (merque du DIEV puissant)
Car ainsi que ce point non profond, large, ou grād,
Commence toutefois & finit toutes lignes
Qu'on tire du milieu egalement insignes
,, Deuers l'entourement: De méme le Seigneur
,, Est la quëue & le chef de cette grand rondeur,
,, Bien que l'Eternité sur vn point apuiee

,, De profond, large, ou grand, n'est, grãde, mesurée:
,, Ce Tout nait de ce point, ce point limite tout,
,, Cõme DIEV de ce Tout le point & bout sãs bout.
Globe, si ie vouloi ton los mettre en pratique,
Aprẽdre il me faudroit nouuelle Arithmetique,
Quand méme ie n'auroi autre digne suiet,
Que de ma RONDELETTE un tout diuin portret,
Que le diuin craion de l'adorable Image
Façonna sur le vif de l'eternel visage:
Mais entre tant de fleurs qui tissent ton chapeau
I'en cueilhe quatre ou cinq de mon ongle puceau.
Ie dis donc que tu es par sur toute figure
Cil, qui vas defiant toute aduersaire iniure:
,, Ce ioyau se dit fiz de la simplicité:
,, De l'unique infini, dont tu es limité,
Car nul point ne s'y montre à celui qui s'eforce
Par sa diuision forcer ta forte force.
Le Triangle fait voir quelque faute en son corps,
Car où les lignes vont en leurs anglaires bors,
Le Triangle se borne & toute autre figure:
,, Et puisqu'il est porté par la loi de nature
,, Qu'un Tout cõglutiné se peut fendre en ses pars,
Le Cercle ne craint point le trespas des hasars:
,, Comme uniquement rond en son unique raie
,, Sans premier, sans dernier, duquel la ronde taie
,, Est l'abregé tableau, le recueil, & l'extrait
,, De cil, qui Infini finit ce grand portrait.

H ij

L. II. DE L'VRAN. OV CIEL

De la capacité la Raison est palpable,
,, C'est q̃ tout angle oblique à clorre est cõuenable.
Globe, bien que tu sois pere du mouuement
Faisant courir ton corp d'vn leger voltement,
Tu porte toutefois le segnal de constance:
,, Car en toute façon que ta figure dance,
,, Tu es semblable à toi: ton entour glorieus
,, Ne ment d'autre figure autre semblãce aus yeus:
,, Quand tu changes de lieu par l'aëré repaire,
,, Tu depains par ton rond la forme colomnaire:
Te meuuant en rondeur fondé sur vn seul point
Où s'apuie ton corp, ton lieu ne change point,
La Pyramide aussi, mais elle en est rentiere
A ton rond, qui se dit des formes la premiere.
,, Ton corp pyroüetant, où nulle ligne n'est,
,, En enfante vne en l'air qui de ta course nait:
Mais ce qui me rauit les espris par la vuë,
C'est que celui qui a ta nature cognuë,
,, Entẽd que tõ corp seul, qui son pair n'admet poĩt,
,, A pour base & apuis le fondement d'vn point,
Seigñr DIEV, quelle mer d'admirables merueilhes!
Cete vois traine à soi l'ame par les oreilhes,
,, De voir vn corp solide en vn point se fonder,
,, En vn point qui n'est point, s'on le veut biẽ sõder!
,, Outre, vn vnique corp en vne même course
,, De deus cours repugnãs nõ mõtre en soi la sour-
,, Car vne des moitiés deuers le centre tend, (ce
,, L'autre moitié s'eleue & le haut lieu pretend.

Sō corp est cōtinu, sa masse est vne-egale
Et ses pars neanmoins font leur course inegale:
Car les pars de l'entour passent en meme tems
Vn espace plus grand que celles du dedans
Voisines de l'essieu, ô merueilleus miracle!
Enrochant, en Meduse, vn homme en ce spectacle.
,, Bref, tout rōdemēt rōd, d'vn cœur rōd nō flateur,
,, Ie dis que rien n'est beau sans parfaite rondeur:
Et qui banniroit donc du Beau la belle source
Des Cieus qui font tout beau par leur fuiāte course?
 Voila donc, ô bon DIEV, ton charactere saint
Que, tout rōd sās rōdeur, tu as au Mōde empraint,
Lui dōnant mouuemēt touiour mouuant sans cesse,
Deʒ le lit où Titon son epouse caresse,
Iusques aus bas confins où vont mourir les iours:
Puis reuoltant en soi au trac des memes tours,
Touiour filant d'vn train, entourne sa grand pile
D'vn retour eternel, semblable à l'immobile.
 Mais les huit arcs astrés qui roüent dessous lui,
Enniüés d'epouser touiour le vueil d'autrui
Qui leurs defend le bal de leur propre cadance,
(Qui touiour leurs voudroit seruir de guide dāce)
Bien que tous d'vn acord sont veus s'euertuer
Pour d'vn même circuit la Terre saluer,
Bien que nul de leurs rons iamais ne se detraque
Du sentier que leurs bat le biaiʒ Zodiaque:
Toutefois ilʒ ne vont tous tous d'vn egal pas,
Touiour d'espace egal ils ne s'oeilhadent pas:

Mais cil court & recourt à plante plus tardiue
Qui gaigne de plus prés nôtre bale maßiue:
 Car le doigt tou-puissant, le feure nompareil
Charpentant ce grand clos huchat à son Conseil
La regle de Bonté, l'equierre de Prudence,
Le compas de l'Amour, & l'oeil de Prouidence,
Qui tous proms assemblés pour tenir leur état
Porterent sans appel cet arret au Senat,
Que cil qui faisoit tout en pois, nombre, & figure,
Plus roide tourneroit la plus haute cambrure,
Que les arches d'enbas, que la haute maison
Dù clos pere de tous enferme en sa cloison.
,, Car si des arcs soumis les plus prochaines voutes
,, Egalloint la roideur des sur-errantes routes,
,, L'oeil humain, qui touiour y doit estre planté,
,, Par l'eblouissement seroit desherité
,, De puissance de voir, & pour l'humaine vûe,
,, Le Ciel ne seroit rien qu'vne bisarre nue,
,, La lampe de Titan peu d'heures nous luiroit,
,, Et tôt de nos regars elle se calleroit:
,, Et la trop courte nuit ne borneroit nos peines
,, Par sa cheute commode en nos terrestres plaines:
Le Iour precipité par trop s'agrandiroit,
Et nos membres recrus par trop harasseroit:
Des iours auec les nuits tant & tant de voiages
Debaucheroint le trac de tous mondains ouurages:
L'Até source du chaut, ne cuiroit les moissons
Pour couronner son chef de ses blondes toisons:

La paleur à lens pas ne feroit son entrée
Pour adoucir l'amer, en la manne Pamprée:
Le gueret emié, peurri d'vn petit froid
Du rousoiant Ether l'humeur ne receuroit
En ses boiaus beans: De souaiues haleines
Flore nêmbameroit les printanieres plaines:
Mais l'Æté forlignant le seüil de sa maison
Ieteroit sa faucilhe en la verte moisson
Du gratieus Printems: & le maussade Autonne
Gaudissant, barboüilhé, dàns les bras de Pomonne,
Donroit fuite à l'Æté, lors qu'à peine le blé
Ploiant dessous le ioug du poutre dentelé
D'vn inuisible pas dresse son germe en herbe,
Son herbe en vert tuyau, loin de la blonde gerbe:
L'Hyuer desiguré herissant ses glaçons
Bridant le roide cours du logis aus Poissons,
Du fraile grain rompreit la germante naissance
Veufuant le laboureur de sa vaine esperance.
  Donques le tou-puissant, le pere menager,
Soucieus de l'humain, comme du sang plus cher,
Et sa cour arrêta que les supremes voutes
Parferoint à roideur leurs effroiables routes,
Routes, qui toutefois n'impriment de nos yeus
Leurs torrens ennemis du repos ocieus,
,, Affin que comme assis en sa paisible chaire
,, Il proiete les feus de l'Etoillé repaire,
,, Sans eblouir sa vüe, ou l'oreille essourdir
,, Au rouët bluetant qui ne peut s'engourdir.

Donc tant plus que chacū de ces plāchers voisine
L'inecroulable tour de la sale diuine,
Traçant plus lon sentier, il depend plus de iours
A regaigner le gond d'où son tour prent son cours.
 Ainsi mon art m'aprent que la tente roialle
Que l'eternel brodeur d'vne main liberalle
Parsema d'ecussons, emploie set mille ans
A faire son voiage en ses cernes luisans:
Ainsi le blond Titan a ses routes bornées
Du terme de trois cents soixante & cinq iournées,
Cependant que sa soeur, le Croissand guide-mois
Le Baudrier tiqueté va raudant douze fois.
 Afin de te guider par le fil de Dedale
En ce clos tortueus, en cette obscure sale
Des mouuemens diuers des cercles radieus,
Colle de ton esprit sur ma carte les yeus.
 Loge vnanimement le train des set Planettes
Sous le front du Taureau des regions celestes:
(Qui va couuant le dos du Monde renaissant
D'vn cotilhon fleuri, d'vn tapis verdissant)
Fains que ces clous errans d'inegalles demarches
S'en ailhent promenant par leurs luisantes arches:
Tāt plus qu'à pas tardif chemine vn chacun d'eus,
Tant plus loin du Taureau il retire ses feus,
En espace plus brief, & plus brief en sa dance
Derechef reuiendra s'offrir à leur cadance:
 Si que Phebé luisant deuāt trois fois nœuf iours
Sous le front du Taureau fera voir ses retours,

Où du grand oeil des cieus le char porte-lumiere
Seulement de son an va borner la carriere. 2
   Mars, bien que repiquant d'vn eprón furieus 3
Ses pantelans detriers par le Cirque des cieus,
Se trouue entre-fermé de maint facheus passage,
Qui retarde, tortu, son peinible voiage,
Si que le Cuisse-né trois fois a ia foulé
D'vn trepignant talon le raisin ampoulé,
Auant que de son cours il ait fait vne ronde
A l'entour des rempars du grãd-rõd-large Mõde.
Le char de Iupiter, d'etain à clous ardans 4
Trauerse du Baudrier les signes en douze ans.
Cerés tond trente fois sa cheuelure blonde
Auant que de Satune à la panse profonde 5
Le carroce emplombé par obliques sentiers.
Du biais Zodiac trasse les tours entiers.
   La doüilhette Venus, la ferme- & -ouure porte 6
Au Prince guide-iour, voisine fait escorte:
Et le neueu d'Atlas, Courtizan, Nautonnier 7
Demande presque vn an pour finir son quartier.
   Si tu veus en auoir vne figure plaine,
Le trauail n'en est grand sur la boiuarde arene.
Prens le cõpas en main, decris par ordre huit rõs,
Si que l'interieur serre en ses bras moins lens
L'arc cambré du dedãs: aus bors de ces huit voutes
Peins le nombre & le nom de ces Planettes toutes:
Fains que le cercle interne aille à pas plus tardifs,
Le cercle cernant l'autre aille à pas plus hatifs:

I

Le plus hautain contour plus longuement insigne
(Qui est l'image beau du Cercle porte-signe,)
soit rodé par les pieds du Courrier haletant
Qui va les arcs tardifs or' fuiant or' hurtant.

Ainsi ou peu s'ē faut quād un Preuot de guerre
Les vites prons coursiers de l'etable deserre,
Lors qu'en un Cirque grand bout un Mars furieus:
L'un au parti Prasin fauorise en son mieus,
Et l'autre est partisan du coté de Venise,
Et chacun de sa part les courages aguise
Des siens fauorisés, tant que le chaud essieu
Franchisse le but rond de la lice du lieu.
Pēdant qu'ainsi l'on court d'une à l'autre barriere,
Si le cheual lassé perd cœur en sa carriere,
Ou si le lourd Chartier n'a d'assés roides fleaus
A la course incité ses pantelans cheuaus:
Ou l'essieu fracassé, si la debile roüe
Faisant boëter son char, assés vite ne roüe,
Tandis que le vaincu sur son char retournant
R'aporte le laurier sa salade cernant,
Et sa tete de palme est dignement cernee:
Le dernier bat encor sa cinquieme tournee
Passé d'autant de tours, cil qui marche deuant
S'en va d'un vain courrous à grans cris emeuuant.

Cōme un soufle venteus meut les voiles boufātes,
D'un moulin equipé de toiles voletantes,
La toile enflée aprés anime un arbre ailé,
L'arbre donne son tour au roüet dentelé,

La lanterne le suit, & méme tour fait suiure
Au cailhou brise-blé, suiet de nôtre viure:
Ainsi du Ciel plus haut le roide tournement
Fait auec soi courir l'étoilé firmament,
Et les autres aussi sous méme course range
En vn iour d'Est en Oest, & puis du Tage au Gange.
 Mais les Astres cloués en l'huitieme rideau,
Et les feus Erratics soumis à son rondeau,
Rebellans, obstinés, tachent changer de dance
Et caroller au trac de leur propre cadance.
Donc ne voulans plus étre au premier ioug rangés
Praignent vne autre route, & fort encouragés,
Tirent à qui mieus mieus deuers l'Inde emperlée
Fuiant de l'Occan la campaigne salée.
 Donc les clos Erratics vont leurs feus opposant
Aus feus du Zodiac en plus haut Ciel luisant,
Tant qu'vn oblique pas peu à peu les retire
Du terroir Atlantique, & aus Indes les vire:
Si que toujour leur trace aus yeus ne se ioint pas
Qui marchent depuis Gange au porte-ciel Atlas,
Et plus se retroissit la rondeur de leur ventre
Selon qu'ils sont voisins du point de nôtre centre,
Et moins ploient au ioug du Ciel imperieus:
Et cil qui plus refuit l'Element ocieus,
Comme chargé d'impos, abesse plus sa tête
Sous le rauissement du grand tyran celeste.
Toutefois à l'emblée, & derobant ses pas
(Comme la Seche fait pour se sauuer des las)

I ij

D'un insensible pied retaillit vers l'Aurore,
Et petit à petit de l'Orient se dore.
 Ainsi ce qu'en trente ans le Pere à l'âge d'or
Acomplit de son cours obliquement retor,
Phebé mere des mois, Royne du songe & somme
Le court en vint huit iours ou peu loin de la somme,
Dautant moins asseruie au roide mouuement
Que du grand Emperier s'enfuit son batiment.
 Et pour ne t'étonner de si neuue nouuelle
De voir volter vn corp d'vne volte gemelle;
Ceus, qui ailans leurs flans d'vn plumage dispos
Volans iusques au Louure où tout vit en repos,
Ont r'aporté d'enhaut ces pancartes sacrées
Des seaus de leur esprit doctement cachetées,
Font flamber vn falot d'vn exemple à tes yeus
Pour te faire leçon du double cours des cieus.
 Come vn nocher qui va dessus la côte Angloise
Guider les bruns paquets de l'herbe Lauregeoise,
Tandis que vers Thetis le roide fil de l'eau
De l'ondante Garonne entraine son bateau,
Marche quand il lui plait de la proüe à la poupe,
Et depitant l'efort de l'auiron qui coupe,
Le fil des flos bossus, maugré les roides eaus,
Tire en vn méme temps vers Toloze & Bordeaus.
 Ainsi te soit Saturne vn nocher en nauire,
La nef soit ce grand arc, qui les autres arcs vire:
Bien qu'il suiue l'efort du grand etaiement,
Il merque encor de soi les trais de son moment.

Pour en faire la preuue encor plus claire & am-
,, Peins toi cōme en tableau ce familier exēple: (ple,
,, Ta iambe pēde en l'air, ſur ton pied ſoit vn pous,
,, Fains que cet animal tende vers ton genous
,, Deƶ le bout de ton pied; quand ta iambe s'abeſſe,
,, L'animal à ſet pieds de grimper haut ne laiſſe,
,, Ta iambe toutefois lui fait prendre ſon ſaut:
,, Si qu'en vn tēs le pous deſcend, & monte en haut.
 Voila le beau miroir & le gentil exemple
Où l'oeil Aſtronomic ce double cours contemple,
Croiant qu'en vn ſeul corp eſt vn gemeau môment,
L'vn à Nature deu, l'autre au rauiſſement.
En ſi facheus halier nôtre recent Oronce
Trop viuement piqué d'vne epineuſe ronce,
S'euertue à tirer ce poignant eguilhon
Par la ſalubre main du blond fiƶ d'Apollon.
 Il dit pour ſe targuer ſous la targue Aiacide
,, Que ce merueilheus cour qui tous les autres guide
,, Du Leuant au Ponant, à nul n'eſt peculier, (lier
,, Ains cōmun à tous cieus: mais l'autre eſt ſingu-
,, Et propre à chacū d'eus, qui retirās leurs brides
,, Les dreſſe à l'Orient deƶ le ſein des Phorcides.
 Mais c'eſt d'vn ſac mouilhé finement ſe couurir:
Nul ne ſe peut vanter qu'il puiſſe decouurir
D'ingenieus outil que la ſphere huitieme
D'vn double mouuement ſe meuue de ſoi même:
Partant l'vn lui etant comme ſur-naturel,
A quelque autre contour doit être naturel,

I iij

L. II. DE L'VRAN. OV CIEL

Qui tire maugré nous de là la conſequence
Qu'vn Ciel par deſſus lui lui ſonne telle dance.
  Mais dis moi ie te prie, & de grace, lecteur,
Crois tu qu'en Phare ſoit ſi vif obſeruateur
Des ſecrets recelés au Cabinet celeſte,
Où de l'Aſſyrien l'induſtrieuſe enquête,
Ou celuy que Carthage aus ſourcilheuſes tours
Entoure de Lauriers pour tel fait à maints tours,
Ou l'aigu reuolteur de l'Attique clepſydre,
Qui te tranche d'vn coup céte renaiſſante Hydre?
,, Car de tout ſimple corp ſimple eſt le mouuement,
,, Heretique ie ſuis en ce point quelquement:
Croirai ie que d'vn Ciel la toute franche barre
Des Cieus ſes cōpaignons les poſte & cours rēbarre?
,, Car d'vn ban oppoſé entre-rompre ſon cours,
,, Ou contre ſon eſprit décrire d'autres tours,
,, Cela ne tombe point qu'aus natures forſaires,
,, Aus corps s'être choquās des qualités cōtraires:
,, Comme quand la Froideur emploie ſon efort
,, Pour ſon ennemi Feu deſtiner à la mort:
,, Mais tout ce qu'vn tel Mars canonne de ſa bale,
,, Doit tribut à Pluton & à la ſœur fatále:
Tels corps inceſſamment iouent aus dez mouuans
Empruntās iour & nuit mille maſques changeās,
Or iamais les beaus Cieus ne changent de viſage,
Ains plus fermes qu'vn roc (ſeur repar d'vn riua-
Qui prent pour ſon iouet le vent & flot ſalé (ge
Sans que iamais par eus ſon pied ſoit ebranlé)

Sont comme le Cleron qui arme nôtre Terre
Aus furieus torrens du chamailhis de guerre,
Lui frāc du Mars sāglāt qu'il allume en nos cœurs:
Ainsi cede la Terre aus Cieus touiour vaincueurs.

 Mais c'est tourner par trop les astrés soliueaus
Sās voir sur quelle assiete & dessur quels scabeaus
Leurs beaus pieds sont assis, de quelle source est née
Leur constante matiere, & comment calcinée:
Quelle chaus, quel ciment, quel bois, dōt la Raison
De l'Idée de DIEV charpenta leur maison,
Qui sans tréue, sans fin, d'vne course certáine
A vau-de-route court sās iamais prēdre halaine:
Qui deZ le premier iour de son bers frais-naissant
N'a rien senti des flus du tems vite glissant,
Et embrassant en soi des choses passageres
Les pepins eternels, les semences premieres,
N'est qu'vne Salamandre au feu des changemens
Que son fusil allume au feu des Elemens.

 Le fatrassé platras du tané Iesuite
De ce poignant chardon mon esprit ne rend quite:
Mais bien en l'Ær flotant ie péche mon poisson
De vouloir des haus Cieus me faire le masson,
Si le commentateur du regent Aristote,
De ce celeste toit toute la matiere ote,
Pour n'abroger la loi de si grand precepteur
Qui defend que du Ciel la parfaite rondeur,
Pour naitre n'a point hu de Lucine en vsage,
Et que iamais la mort n'en aura l'heritage:

I. iiij

L. II. DE L'VRAN. OV CIEL

Toutefois la Matiere, où elle entre en quartier,
Comme par testament fait Pluton heritier
De tout corp entassé: donc la cambrure astrée
Du feis materiel ne doit étre chargée.
    Puis, il est arreté par le Stagirien,
Que iamais l'Action au corp n'imprime rien
Si dedans son giron Matiere ne se range,
Comme seule racine & fontaine du Change.
Or les brilhans lambris ne furent veus iamais
Asseruis à nuls cous de ces terrestres trais,
,, (C'est pourquoi Iupiter, ainsi qu'ecrit Homere,
,, Entraine tout à soi, rien ne meuuant sa chaire)
Auerroës ainsi choque la Verité,
Craignant de son docteur la graue magesté
Qui toutesfois se dueilt que si diuine ecole
Couue pour son garant si volage parole.
    Puisque le Ciel n'est pas, ni peut étre accident,
Quel aueugle manteau va nos espris bandant?
,, Tout ce qui est substance (or le Ciel est substance)
,, Est ou Matiere, ou Forme, ou des deus l'aliance:
Le Ciel n'est le premier, car l'informe Chaos
De la veufue Matiere au monde n'est enclos:
Il n'est pas le second: Car forme sans melange
Vers le Stagirien ne peut étre qu'un Ange:
Puis la Forme s'etend par la seule Matiere,
De plus, la Quantité touiour lui est chambriere:
Puisque doncques le Ciel en espace s'etend,
Puisque la Quantité son cler droit y pretend,

DE I. EDOVARD DV MONIN.

Des radieus flambeaus la cortine luisante
Du Tas Materiel ne se peut dire examte,
„ Outre, qui me nira que le Rare & l'Epais,
„ De la Matiere soint necessaires laquais?
Puisque donc nous sauons que la luisante Etoile
N'est qu'vn epais chanteau de la celeste toile:
La Matiere peut bien aus rusés se vanter,
Qu'ils ne pourroint du Ciel son tige des-anter.

La pointe de l'Arabe en vn petit moment
Verra tot de ses poins vn brief epointement:
Mais auant qu'apointer cête querelle entiere
Ietons nos auirons aus flôs de la Matiere.

Platon tient l'autre bout de l'Arabe subtil,
Et massonne le Ciel d'vn tout semblable outil
Aus outils dont Nature a de lourde matiere
Petri de fort leuain cete machine entiere:
Mais le Stagirien, Dæmon, ou demi-Dieu,
A libre contrepois nage par le milieu.

Il se rit de ceus là, lesquels semans leur graine
Sur les failhis guerets de la sterile arene,
De ces tout diuins corps vont cercher l'origine
Dàns le melange obscur, dàns la creuse poitrine
Des quatre simples corps, qui de repos haineus
S'etre-mãget l'vn l'autre, & renaissent d'être-eus
Des cédres d'vn & d'autre; ainsi que l'eau se treu-
Dedans le sein négeus, la nege se retreuue   (ue
Dàns le flotant cristal qui bruiant à cours lons
Par le pendant des rocs abreuue les valons.

„ Iamais ce corp n'eſt franc d'vne inteſtine guerre
„ Où ſe parquent le Feu auec l'Air, l'Eau, la Terre,
„ Ces corps ſont les motifs qui pouſſent à grãds pas
„ Les membres de ce Tout au ſeiour du trepas:
„ Nature qui les fit ſeruilement contraires
„ Neceſſita leur choc, ils ne ſont volontaires.
Donc ſi le chaud Soleil doit au Feu ſa chaleur
Et le ridé Saturne à Thetis ſa froideur,
Si tôt que par leurs tours ils feront leur aproche,
Il faut que le Soleil ſi fort Saturne acroche,
Qu'vn furieus debat leurs entr-ouure le flanc,
Qu'ils tombent tout plaiés & yvrés de leur ſang,
Donnant à Lucian les guerres atiʒées
Au feu de Phaëton matiere de riſées.
Or nous ne voions pas de ce choc inteſtin
Les lambeaus embraʒés, ni le riche butin:
„ Vulcan féure mutin, comme batarde race,
„ Fut par les Dieus banni de ſi paiſible place.
Mais quoi? tu me diras que la ſource du chaud
A le Soleil pour pere, Empereur de la haut,
Donc ne pouuant donner ce qu'à lui méme mãque
A l'ardant Element il ne peut rompre banque.
De plus, le blond Phebus ſes chaus raions dardant
Par la Lune, rend l'Ær etrangement ardant,
Sa chaleur donc s'imprime au Lunaire viſage,
Qui pour ateindre l'Ær lui préte ſon paſſage.
Tu te rouetis Cardan, pour echaufer les Cieus,
Ce feu, croi-ie, a ſilhé tes yeus faits chaſſieus:

DE I. EDOVARD DV MONIN.

Au ruisseau Stagirite il te faloit donc boire,
Où tu verrois le Ciel comme pierre aguisoire
,, Pretant l'art de couper à l'afilé trenchant
,, Qui ne lui peut seruir pour se rendre trenchant.
,, Aprens que la vertu du corp actif naissante
,, En tout corp receuant ne se void besongnante:
Ie croi que ton esprit subtilement gailhard
T'a montré que le Feu qui tout autre corp ard,
,, N'a iamais attiedé, par sa flambante attaque
,, Ce qu'Olympiodore appelle Pyromaque.
Ie crois, ardant Cardan, que ton ardant cerueau
Est par la Salamandre etint en ton forneau.
,, Du pêcheur est la main par le ionc engourdie,
,, Et la vertu du ionc ne s'en trouue endormie:
,, Ainsi l'alme Phebé nous echaufe des rais,
,, Que son frere par elle ici darde en ses trais,
,, Sans que ce feu passant qui la rend alumée
,, Excite en son foïer quelque chaud ou fumee.
He! de grace, dis moy, subtil au grand renom,
,, Si le Cours (qui vers toi d'echaufer a le nom)
,, Est apellé chaud Cours? ie croi biē q nul hōme, (me.
,, S'il n'èt Taupe ou Gliron, chaud mouuemēt ne nō
DIEV, source de chaleur, de sec, d'humide, et froid,
Charpentier de ce Tout que couure son haut toit,
Est il serf de chaleur? sent il de la gelée
Les frissons eternels, & de l'onde salée?   (mais
N'as tu iamais prins garde aus mouuās, qui ia-
Du mouuement leur fiz, n'ont suporté le feis?

J'en appelle en temoin pour derniere sentence,
Celle qui meut les Cieus, qu'on nomme Intelligēce:
„ J'en apelle en temoin nôtre Esprit Empereur
„ Qui comme Roi posé sur le trone du cœur,
„ Envoie ses Heraus par toute sa Prouince,
„ Sans que tel tournemēt tourne l'oeil de sō Prince.
Quoi? la Pierre Herculée, honneur Magnesien
Cela fait elle pas, dont méme elle n'est rien?
Tirant vn dous baiser, qui du facheus diuorce
N'epreuue auec son fer la depiteuse force
Du fer, qui suit contraint le mousse acrochement
D'vn atrait sans atrait de la pierre d'Eyment.
„ Ainsi se fait du Ciel, car ses brilhantes voutes
„ Sās chaud pousset le chaud dās ce bas par leurs rou-
Ne banniras tu donc des Cieus tout Element, (tes.
Veu qu'ils s'en sont banni de leur propre moment?
Si le temple celeste etoit humeur ou terre,
Comme massif à plomb il courroit à grand-erre
Au dernier rēdés-vous des corps pesans & lours,
„ Car toute pesanteur fuit au cētre à grāds cours.
Et si le Ciel eut hu le Feu pour sa matrice,
Si la Iunon de l'Air eut eté sa nourrice,
Son leger corp venteus suiuant du Feu les moeurs,
Et de l'Air nourricier les volages humeurs,
D'vn voletant cerceau iroit fendant le Vuide,
Ne bornant point son cours, impatient de bride,
Et franc de bors bornans par le vague ondoiant
S'en iroit hors de soi, soi méme se fuiant:

„ Car tout corp entaßé du tas Elementaire
„ Est serf de tels momens, non libre ou volontaire,
Si donc les Elemens poußent directement
Deus en haut, deus en bas, leur diuers mouuement:
Si la course du Ciel, sans qu'elle se detourne
A coté haut ou bas, touiour en rond se tourne:
Que nul des Elemens n'ose tant s'enhardir
Que pour les Cieus troubler, dessus les Cieus bõdir:
„ Et tenons que d'autant cette cinquieme Essence
„ Eleue sur tout corp sa diuine excellence,
„ Que sur toute autre forme excelle la rondeur
„ Dont voulut l'etréner son tou-puissant auteur.
Nul ne me peut nier que la main de Nature
En vn rond eternel n'agite leur vouture,
Nul ne peut donc nier que le moindre morceau
Que trancher on pourroit du Celique coupeau
Par tel rond mouuement n'alât voltant sa course
Comme suiuant le trac de sa natale source.
Ainsi quand le giron des-engrossés nuaus
Enfante vn moite camp de distillantes eaus,
En vn cerne vouté mille goutes ruißelent
Et au train de leur pois en globe s'ammoncelent:
Et soit qu'vn vert feuilhar sur soi parque leur eau,
Soit qu'elles praignẽt place en vn gazon nouueau,
Elles serrent leur corp en leur ronde figure,
Tant que par le pendant de quelque roche dure,
Serpentant par les chams à replis tortueus,
Elles glissent au fort du manoir fluctueus:

L. II. DE L'VRAN. OV CIEL

Où dans le mol giron de leur mere Amphitrite
Elles ont le repos que Nature leurs dicte.

Or le Ciel, comme l'Eau, côme la Terre, & l'Ær,
Est vn corp vniforme, on ne peut donc nier
A chaque part du Ciel celle méme cadance
A laquelle le Ciel, le Tout de ses pars, dance.
Partant veu que Nature au Ciel graua la loi
De se tourner en rond, tout autour, tout en soi,
Le moindre echantilhon de sa belle vouture
Ronderoit, ensuiuant sa Totale figure.
,, Si cette part ne court ni du haut, ni du bas
,, (Comme les corps marchans d'Elementaire pas)
,, Confessons librement que maison si diuine
,, N'a ni legereté, ni pois en sa poitrine :
,, Car du mouuement droit les principes sont tels,
,, Donques les Elemens n'ont au Ciel leurs autels.
Celui n'est sans raison (ou malade est la mienne)
Qui tient que des brandons la bande Etherienne,
De Nature ne tient son enfantin berceau,
Et que la charge d'ans ne peut rider sa peau :
Qu'ils n'ōt point décadēce, aīs leur verte vieillesse
Touiour resemble aus fleurs de leur prime ieunesse.
,, Car contraire pouuoir, contraire qualité
,, Fait qu'vn visage en autre aporte nouueauté :
,, Ainsi quand la chaleur suplante la froidure,
,, Ou quād l'Hyuer d'vn corp a par sa cargue dure
,, Donné la fuite au Chaud, le chariot vital,
,, Clothon vient deuider le peloton fatal :

Ainſi les Ieunes lions le corp ſeché tariſſent,
Et les os d'humeur veufs dàns le cercueil croupiſ.
„ Car le naitre n'eſt rien ſinon l'auenement (ſent:
„ D'vne forme nouuelle en vn vieil fondement:
„ La Mort n'eſt rien, ſinon quād l'antique repaire
„ Sa forme hoteſſe pert par qualité contraire.
   Or rien n'eſt ennemi au mouuement des Cieus,
Leurs effets n'ont effet qui leurs ſoit odieus,
Pour tacher, ou changer leur tout diuin viſage,
Ou pour grîcer leurs dēs ſoùs la dēt d'vn vieil âge:
Ils n'ont à leur beau corp nul corp aparenté
Dont leur corp immortel étre puiſſe augmenté.
Ou dont l'echantilhon arraché de ſa place
Puiſſe amoindrir le tout de leur celeſte face.
   Encore à nôtre ſolde vn autre ſoldat bat,
Soldat, que nul efort de Nature n'abat:
„ C'eſt le ferme rempar de longuë Experience,
„ Qui germe dàns ſes reins de toᵘˢ les Ars l'enfance.
   Tout ce qui ploie au ioug du Deſtin naturel,
Qui void le iour de Vie, & le Somme mortel:
En tout cela le Sens remerque trois poins d'age.
C'eſt quand nos corps croiſſans, eleuent leur etage, 1
Ou quand nourris & crus, au ſouuerain ſommet 2
Suiuāt l'ordre commun ils ſemblent faire arret:
Ou quand le porte-fau ſon plomb lentemēt guide, 3
Et que le front ſeché eſt labeuré de ride,
Quand le pré deuetu de ſon gaʒon nouueau
Se change en flocons blās, portiers du froid tōbeau.

L. II. DE L'VRAN. OV CIEL

Tel eſt l'arret donné dàns la cour etoilée
Sur tout corp voiageant la Mondaine valée.
Soit que de Terre nés, en Terre ils ſoint plantés,
Soit que leur propre veuil les tourne à tous cotés,
Agitant librement leurs corps non refractaires,
Soit le camp ecailhé des Naiadins repaires,
Soit l'eſcadron volant des peinturés oiſeaus,
Ou des Dieus foretiers les plus fiers animaus,
Soit méme de l'humain la Nature immortelle
Qui aus Cieus immortels a plus grand' parentelle.
 Mais ceus qui de tout tems ſecoüans le fardeau
D'vn bourbier terrien, d'vn iſnelle cerceau
Ont guindé leur eſprit dàns les brilhantes voutes
Qui peuplent l'Vniuers des enfans de leurs routes,
Et piqués d'vn deſir d'étre francs de Charon
Et du port qu'on lui doit pour paſſer Acheron,
Ont merqué que iamais la celeſte harmonie
N'a flechi ſous le fer de l'apre Tyrannie
Du Tems acablé d'ans, ils ont merqué comment
Les yeus etincelans du vite firmament
N'ont auancé leurs pas, ni trêbuchant arriere
N'ont d'vn autre détroit r'aproché leur viſsere:
Leur taint n'eſt point terni, n'eſt point decoloré,
Ni n'eſt de plus fin or le Soleil redoré,
Que deż le premier iour que le feure du Monde
Ieta les fondemens de la machine ronde.
 Ces globes radieus ſe leuent au matin
De méme art, atifés de l'Indique butin,

Leurs

DE I. EDOVARD DV MONIN.

Leurs mêmes Feus au soir nôtre Nuit encortinent,
Contre le premier Ciel dé mêmes ils s'obstinent:
Que deZ leur bers natal, que la sainte Beauté
Embellit ses palais de leur viue clarté:
Si que leur trac constant sòus qui ce Tout se range,
N'est iamais veu iouer à l'Echiquier d'échange.
,, Le Ciel est donc vn rond ennemi de seiour,
,, La Vie à l'Vniuers, immortel pere au Iour,
,, Moule de son patron, patron de sa modelle,
,, Immobile en son lieu, iaçois que sa souple aile
,, Va si vite volant, qu'à peine de ses trais
,, Il laisse les raïons en nôtre esprit portrais,
,, Infiniment fini, tout grand, sans acroissance
,, Du mal, marche de mort, des vifs vif guide-dăce,
,, Touiour semblable à soi, tout à soi, tout en soi,
,, Fontaine de clarté grauant à tout sa loi:
,, Dont la cloison non close, en sa ronde ceinture
,, Dàns soi clot ou sous soi les tresors de Nature:
,, Qui seul pere des ans, & des iours, & des mois,
,, Fait tête aus mois, aus ans, aus iournalieres lois.
Or biē qu'il m'est certain que les causes cōtraires
N'ont q̄ voir ou cercher dàns ces hautaines spheres,
Ie ne suis neanmoins si damnable Chretien,
De croire que des Cieus le corp ne doiue rien
Au Seigneur eternel, dont Nature la mere
Ne pourroit n'étre pas vassale & hommagere.
Ie n'ai tant epousé le parti de ces vieus
Qui exemtent de bers la cambrure des Cieus,

K

Qu'atachant mon grand DIEV sur la fatale rouë,
Ie fasse que ce Tout, comme eternel, se iouë
Auecques DIEV son pair en méme egalité
Egalement planté au point d'Eternité.
Et quand le saint filet d'vne Ariadne sainte
De la Vierge la Foi dàns nos espris empreinte,
Dans ce retors Dedal ne guideroit mes pas,
Ie ne voi pas comment quelque antique compas
Dàns vn cercle contraint pourroit serrer mon ame
Pour nier à ce Tout vne naissante trame.
,, Car ie ne voi comment tout ce qui est fini
,, Ne doiue tout son être à quelque être infini:
,, Comme toute chaleur qui n'est pas la premiere,
,, Se doit au premier chaud, duquel elle est rentiere.
,, Ie ne voi point coment DIEV veuilhe prendre en
,, Le fraile gouuernal du nauire mondain, (main
,, Si celle méme main sous qui ce Tout se vire
,, N'a d'vn art tout diuin charpenté ce nauire:
Et si DIEV, de ce tout est féure general,
Ie ne voi que ce Tout au maitre soit egal,
Cōme vn docte engourdi l'a songé dàns son cloitre
Sans faire la raison de son songe paroitre.
  Car si d'Eternité Tout eu peu être fait
Par celui qui tout seul est tout bon & parfait,
D'vne emanation (ainsi soit appellée)
Ou de creation cette masse fût née:
,, La premiere repugne, entant que ce qu'est tel,
,, N'est mesuré de tems, ains de l'être eternel.

DE I. EDOVARD DV MONIN.

Côme le fiz de DIEV (qu'engêdré, DIEV enge-
Engendrera toujour sans interualle prendre. (dre)
„ Tout ce qui est produit par Emanation,
„ Ne nait de liberté, ains de serue action:
(Comme par tel moien la lumiere plaisante
Tient du Solaire chef son enfance naissante)
Si donc DIEV par tel sort a produit ce grand rond,
Voulant, il ne pourroit n'en étre auteur fecond.

De plus, tout ce qui nait d'vne telle maniere,
A l'étre de sa cause, & suit méme carriere
(Ainsi la méme essence & méme egalité)
Est l'apuis de la Foi sur la triple Vnité)
„ Et qui seroit celui, fût il sang de Megere,
„ Qui ce bas tortueus peût egaller au Pere,
„ Qui d'vn clin de son chef hoche de bout en bout
„ Les plus fermes piliers du batiment du Tout.

Que si creation a commencé son étre,
Il faut qu'en vn Instant nous côceuions son naitre,
Si que l'Instant premier, & du present Instant
Tous les tems entre-mis s'en iroint limitant:
S'il est par ces deus bous des Instans limité,
Il ne fut pas, fini, creé d'eternité.

Et si les libres pieds du tout libre Seigneur
Ne sont cloüés au cep du Destin ruineur,
Ie preuue qu'à raison il ne pourroit paroitre
Que de l'Eternité ce Tout puisse auoir étre.
„ Car posons, qu'eternel il soit de DIEV l'éfant,
„ Qui pourroit maintenant songer vn seul Instāt,

K ij

„ *Que* DIEV *soit sans le Mõde, et si, libre, il le crée,*
„ *Soit, qu'il veuilhe créer en l'Instant, qu'il le fée,*
Ou en l'autre en auant, ou en l'Instant qui suit
L'Instant qui void le iour dez l'eternelle nuit:
„ *Le premier contredit: car il est tout notoire*
„ *Que ce qu'est (tant qu'il est) a l'etre necessaire:*
„ *Ce n'est l'Instant qui suit: car par necessité*
„ *Ce qui est ia produit, ne peut n'être enfanté.*
Si donc vn libre Instant de faire ce grand Monde
Est mis dedans la main diuinement feconde,
C'est auant que ce Tout vît son iour solennel,
Doncques ce Tout de DIEV *ne peut etre eternel.*

Aussi cil qui fit tout en pois, nombre, & mesure,
Plus sagement borna des bous du Tems Nature:
„ *Car si l'Eternité étoit mere à ce Tout,*
„ *Franc de commencement, libre du dernier bout,*
„ *Il n'eût pas recongnu, ingrat, le fief du maitre*
„ *Se tenant pour son Roi, sans vn etranger naitre:*
„ *Ou s'il croiroit auoir de son* DIEV *quelque part,*
„ *Il croiroit le Destin auoir fait ce mi-part.*
Mais voiant que DIEV *n'est serré dàns la cadene*
Du Destin enferré, dont le gré nous promene:
Qu'il nous fait heritiers de tant de beaus tresors
Qu'enferme ce grand clos dàns les celestes bors,
Il le void liberal, il se void à son gage,
Il reconnoit son fief, & lui fait humble hommage.

Conuaincre ore ie puis le grand Stagirien
A croire que ce Tout print naissance d'vn rien:

,, Car si de châque part il dresse vn pont au change
,, Tout ce Tout de ses pars n'ensuit il pas l'echâge?
,, Donc du haut Charpentier l'inimitable main,
,, Ne parfit ce grand Mode auant qu'il fut vn rië.
Les Atomes volans du réueur Democrite
Ne font vn argument de valeur d'vne pite:
Ni l'aueugle Chaos de l'Ascrean vanteus,
Ni le Tas de Matiere en son Mars quereleus.
Car si ce Monde print de l'vn des trois naissance,
Touiour vn mouuement en a guidé la dance:
Touiour le mouuement s'acompagne du Tems,
Donc le Tems precedoit les tems & mouuemens.
Les Atomes de plus, le Chaos, la Matiere
Sont ou tout eternels, ou ont veu la lumiere
Par leur enfantement: que s'ils sont engendrés,
De tels commencemens ils n'ont eté tirés;
Et tant on doublera céte vaine carriere
Que l'Infini fera reculer en arriere.
S'ils n'ont commencemët, c'est vn merueilheus cas
Que le Monde soit fait, & qu'ils ne le soint pas!
Veu que ces menus brins sont vne lie immonde
Au pris de la beauté qui donne nom au Monde.
Quoi donc? chetif humain, ta trop louche raison
Serre le tou-puissant en ta courte maison?
Pour ce que rien de rien ne prent ici naissance
Pour ce tu ote à Rien de ce Monde l'enfance,
Et au D I E V tou-puissant le patron paternel,
Qui nous moula ce Tout sur le Rien eternel?

L. II. DE L'VRAN. OV CIEL

,, Aprens, que plus la Cause à sa force puissante,
,, D'autant moins il requiert la force receuante:
,, (Côme l'artiste Agent moindre qu'vn Naturel
,, A besoin d'vn suiet en effet actuel:
,, Nature ne requiert que la vuide Poitrine
,, Du tas Materiel, qui d'vn rien s'auoisine)
,, Si donc DIEV simplement est du tout infini,
,, (Et qui auroit son bras de quelques bors fini?)
,, Il ne queimande pas l'aide de la Matiere,
,, Il est Maitre & Vassal, il est & Pere & Mere.
Mais de vains auirons ie raze céte Mer,
,, Qui ne goute le dous, ailhe boire l'amer.
Celui n'a oeil, ni né, ni pouce, ni oreilhe,
Qui n'oit, touche, sent, void la dextre nompareilhe
D'vn admirable ouurier auoir d'vn art diuers
Etofé la grandeur du globeus Vniuers:
Celui n'est qu'vn Chaos, qui tient masse si lourde
Pour de soi soi mouuoir dàns son abime gourde,
Sans apeller vn maitre à son enfantement,
Pour en si dur balon seringuer mouuement:
,, Or de tous mouuemens nulle espece on ne treuue,
,, Qui de son cours motif pl° fort motif n'epreuue,
,, Et si des mouuemens le bord n'est infini,
,, Il faut qu'en vn dernier tout moment soit vni,
,, Vn dernier Infini sur lequel toute chose
,, Plante son preinier siege & en fin se repose.
,, Et si les batailhons en vn camp disposés,
,, Distinctement confus, en ordre composés,

„ Sont asſurés témoins de la tête bien ſaine
„ De leur Maiſtre de Camp, du ſage Capitaine:
„ Voians vn ordre tel de tous Mondains ſoudars
„ Marchās d'vn braue rang ſous certains etādars,
„ Et merquans en ce camp vn plus general ordre
„ Qu'en vn cāp des humains (q̄ ſon droit trac peut
„ Nº ſōmes aſſurés qu'vn chef tout éternel (tordre)
„ Preſide à tous quartiers du camp vniuerſel.
 Et puis que tout enfant de la mere Nature
Iamais vn de ſes trais ne lache à l'auanture,
Ains les adreſſe au blanc propre à ſon propre bien,
Sans que de leur eſprit ſoit manié leur frain,
Il faut bien confeſſer qu'vne Ame generale
Les fait tout droit viſer à la bute fatale.
„ Quand en reglé menage vn ordre vniq̄ on void,
„ Vn pere de familhe en vn ordre on connoit:
„ Or au rond ſpacieus de ce Mondain ménage
„ Tous eſcadrons armés d'vn diuers equipage
„ Tendent tous à vn but, à ſi iuſte niueau,
„ Que tout eſprit ſe noie en ſpectacle ſi beau.
 L'on ſait les tourbilhons d'vne Democratie,
 Tout ordre & bonne regle aime la Monarchie,
„ Ce Tout donc en ſon rond par tel ordre logé,
„ Par vn Monarque ſeul ſe montre ainſi rangé.
„ Outreplus vne fin vn Dieu ſeul nous demontre,
„ Dieu eſt la fin derniere où ce Tout ſe rencontre.
 Si tu en forge deus, ou l'vn à l'autre tend,
 Ou non: s'il n'y tend pas, i'ai ce que ie pretend:

„ Car celui n'est pas DIEV, où ne tẽd toute Essence,
„ Veu q̃ nous métons DIEV fin de toute puissance:
Si l'vn à l'autre tend, il perd de DIEV le droit,
„ Car la derniere fin à nul tendre ne doit; (cause
„ Ains tout doit tendre à DIEV, cõme à la haute
„ Des fins, motif, milieu, & de ce Tout la pause.
Et si l'vn de ses Dieus tient vn pouuoir en main
Où l'autre apellé DIEV ne puisse faire rien,
Celui n'est rien de DIEV: si leur force est égale,
L'vn comme oisif fai-neant, selon la Loi fatale,
Doit dechoir de sõ sceptre: Et si ces DIEVS gemeaus
Ont à part leur pecule en leurs propres chateaus,
Tous deus sont Roitelets, leur front n'a diademe,
„ Car le veuil du seul DIEV marche à puissãce ex-
Les Ethniques aïeus au goufre tenebreus (treme.
Du Chaos Naturel, en ce Charibde afreus
Virent etinceler cête diuine Flame
Repandant les raïons du centre de cête Ame:
„ Puissante sans pouuoir, principe, fin, milieu,
„ Sans p̃mier, milieu, fin: toute en tout sãs nul lieu,
„ Eternelle sans tems, sans discours discourante,
„ Voiant tout sans preuoir, sans conseil cõseilhãte:
„ Bref Ame de toute ame, immobil' mouuement,
„ Auiuant de son vent au moment d'vn momẽt
„ Tout ce qui halené de son aure feconde,
„ Par son ær musical tient sa partie au Monde.
Epicure chetif, Cyprés infructueus,
Léue ore ton louche oeil aus planchers radieus,

Et

Et delaçant un nœud de ton lacs Plutonique,
Ne des-aprens aus tiens céte Mathematique,
Qui te faisant mirer en l'étoilé palais,
Le Nectar abruuant ton afamé palais,
Arrachera de toi un plein Iourdain de larmes,
Et aus pieds d'un seul DIEV deposera tes armes.

Ie ne trouue du Nord à l'Autan broilhaßier
Vn si sanglant Lion, un Ours si carnacier,
Qui d'un oeil passager oeilhadant la courtine
Où étale son or mainte ardante platine,
Qui d'éclairs foudroians voiant ce Tout crouler,
Et les murs de là haut en pars s'écarteler;
Qui voiant comme naitre en premiere Ieuneße
Ce Globe garanti de la fau de Vieilheße,
N'étaigne les ardeurs de ses pensers mondains
En la mer de ses pleurs, leuant au Ciel les mains,
Trouuant à ses sanglôs du fond du cœur paßage,
O DIEV, vrai manouurier du haut & bas étage,
Qui de mon lais charnel debande le bandeau,
Pour t'admirer mon Roi en ton trone tout beau,
Non de l'oeil des aïeus, que l'infernal Dedale
Fit hocher par Minos dans sa cruche fatale,
Non des yeus du berger, qui au pris de ses yeus
L'oiseau Iunonien rendit plus glorieus:
Mais des yeus raïennés par le flamboiant cierge
D'une chaste Diane en tout tems pure vierge,
Et de la vierge Foi guidant mes pas douteus
Dans l'erreur Gnosien. Fais, ô l'heur des he   ur

L

L. II. DE L'VR. DE I. EDOVARD.

Que le divin Cristal de ta sale azurée
Me soit un ferme pont, où mon ame assurée
,, Passe pour arriuer au haure gratieus
,, D'où ton Elu se rit des marais Stigieus,
,, Où coace sans fin la troupe à gueule verte
,, Des crapaus infernaus hideusement ouuerte,
,, Pour en ce sale étang auoir vilainement
,, Veautré leurs sens boüeus, sans que ton firmamēt
,, Leurs ait peu faire voir en sa brillante glace
,, Leur portrait ébauché au craion de ta face.

Fin du second Liure de l'Vranologie ou
Ciel de I. Edouard du Monin.

LE TROISIEME LIVRE DE L'VRANOLOGIE OV DV CIEL
DE IAN EDOVARD DV MONIN PP.

A M. Antoine de la Baume, Protenotaire du Perez, Abbé de Baume.

CONSECRATIO.

V quoque noster amor, patrij nouus hospes Olympi,
Dulce meum decus, Aonij sacer incola montis,
ANTONI, dum templa oculis imperuia nostris
Mens cognata Polo, non ulli obnoxia Letho,
Herculeæ irrumpens præter diuortia metæ,
Et modò degeneres circa mortalia curas
Excutiens, latè in seros per secla nepotes
Vulgat, & immensas immensos orbibus orbes
Explicat implicitos, & dum flammantia Mundi
Mœnia limitibus transuersis digerit, & mox
In sese æternis redeuntia secula seclis

L ij

Eruit, adde gradum comes: his iam dexter Apollo
Annuit, & faciles indulgent carmina Musæ.
　Nempe hominũ quanuis rara hîc vestigia signet
Orbita: si torques vibratæ spicula flammæ
In sparsa astriferis fusè miracula campis,
Conspirat nitidi facies innubila Cœli,
Iámque meis fusca pedibus caliginis vmbræ
Succedunt, blādis volucrum strepit aura querelis.
　Nec mihi Dedaleæ temeraria vincula ceræ
Nectere opus, grauidas auro moliris habenas
Auspice si Phœbo, si nos accumbere Diuûm
Das epulis, volucresq́ iugo frænare drachones,
Tam tuta æthereæ pandis compendia metæ.
　Da querulo dextrã, nimiùm sibi credulus Error,
Verrere veliuolos immensa per æquora fluctûs
Non adigit, non fors, non cæca prodiga vita
Gloria: propositi at victrix industria vatem
Sollicitat, magni magnum spondente laboris
Spe precium (cœlo cœlestem assuescere mentem.)
Laxa Voluptati sic te duce fræna remitto,
Sic vigil exhaustum Lethæo è fonte Veternum
Expuo, dum ingenij nixus pernicibus alis
Altior Inuidia, picti ludibria trunci
Rideo, & in varias quæ saxa excisa figuras:
Sicq́ tui summè tutus munimine scuti
Tollor humo, & Cœli penetrans immane coruscum
Scando Dei puro fulgentia lumine templa.
　Hîc abacos, Baumæ, tuos, longo ordine pictos

Lustro oculis vultûs, florensq́ propagine multa
Cerno genus, vestram serie firmante Nepotum
Ritè domum: hîc spectare datur patriosq́ penates,
Baumigenumq́ patres fama super æthera notos:
Per visos Heroas es ipse videndus in illis:
Hæc mea sydera sunt, nostri hæc sacraria Cœli.

   Tun' potes à patrio profugus lare, linquere Vatem
Extorrem, eiectum ad viduas cultoris arenas,
Omnibus exhaustum propè casibus, omniū egenū?
Sic tibi te inuideas, meritam non carpere Laurum
Vatibus intactam priscis? tentare repostas
Et Gyeum terras vatem dum cogis, auiti
Sede carere poli quîs sudo, haud æquus, ocello?

   Quin gressum anteferens, audacibus annue cœptis
Antoni gemina te cœlum amplectitur ulna,
Quodq́ sua arcani centenis clauibus abdit
Regia, dat tetigisse tibi, penetralia regni
Humanis seclusa oculis, reclusa tonanti.

   Exigit hanc superæ mercedem cura cateruæ
Qua tibi casta micant tremulis præcordia fibris.
Hinc ego, venturi stupeant quæ mira nepotes,
Auspice te, promam, Cælo & Cœlestia celans
Sydera Phœbeo, paulatim agnoscere sedes
Assuescam Cœli patrias iamq́ æmulus Astris
Discutiam ipse tuo piceas fulgore tenebras,
Mi Titan, veriq́ tenax tibi fama resurget,
Præpetibusq́ vehet per postera secula pennis,
Si mihi fis carmen, Cælo & Sol solus in isto.

LIVRE TROISIEME
DV L'VRANOLOGIE OV
CIEL DE IAN EDOVARD
DV MONIN. PP.

R SVS, PVIS QV'VN Zephire
assés dous nous empoupe,
Puis qu'un Mercure accort semble
nous suiure en croupe,
Puis qu'un ventelet dous par les ombreus feuilhars
Inuite, petilhant, les oiselets mignars
A commetre à son dos leurs nôtes amourcuses:
Puis que Flore nous rit sur les riues herbeuses,
Et que non maugré soi des nœuf Sœurs le troupeau
Nous laisse promener sur son tertre gemeau:
Puis qu'assés dextrement le Ciel porte-lumiere
Est par nous assuré sur sa ferme Matiere:
Puis que de sa Matiere & sa Forme l'Hymen
Sous le fief du Seigneur leurs fait tenir un train,
Qui produit, en marchant, une douce harmonie,
Pour maitresse du chœur, ecoutant Vranie.
Courage, mon Esprit, ba ton aileron beau
Hors des bors limonneus de la Terre & de l'Eau,

Pour auoir le plaisir des hauts Amphitheatres,
Des Arsenacs, des Arcs, des Teples, des Theatres,
Des Colosses, des Ports, des Cirques, des Rempars
Dans la sainte Cité pompeusement épars.
,, Et foüilhant tous les coins de si superbe sale,
,, Reconnois à part toi ta region natale,
,, Ton ancien païs, où le paintre eternel
,, La modele traça de ton étre immortel:
,, Et te baignant neuf fois chez la docte Memoire
,, Qui sur le Lethe ingrat regaigne la victoire,
Graue toi si bien tout d'ingenieus burin,
Qu'à ta memoire à peine echapant vn seul brin
Des Modes surmodains, l'Eymet de ces merueilhes
Tire ces Mondes bas au Ciel par les oreilhes:
Et qu'étant leur pilote en la grand Mer des Cieus,
Tu les opose au camp des mâtins furieus,
Qui dardans les abois d'vne enuie importune
Sur les rais frai-naissans de ma paisible Lune,
Mordilhent, bien qu'en vain, mõ Laurier biẽ gaigné
Par les lentes sueurs qui neuf fois m'ont baigné,
Tant que nu, pur, & net, leciué dans cête Onde,
Cigne nouueau, ie vole aus planchers de cẽ Monde.
Muse, qui dois ton nom au but de mon dessein
Verse dessus mon stil ton mielleus essein,
Dont le decoul fileus vn sentier me balaïe
Qui menãt sur ma carte & ma main & ma craie,
Bien aprins, me fera Cosmographe nouueau
Du haut Monde etoilé, où luit des beaus le Beau.

L iiij

L. III. DE L'VRAN. OV CIEL.

Le cour precipité de la voute azurée
Par les vites torrens de sa course acerée
Entraine nuit & iour les Astrés escadrons,
Et sans lasser ses pieds de tant & tant de bons
Par son trac ordonné au méme point retourne
Dont dez l'Aube au Ponant son premier vueil le
  Ce rõd se volte autour d'vn imobilé sieu, (tourne.
Qui du Terrain Eteuf penetrant le milieu,
Et bornant les deus bous de la tour etherée
Des deus gons permanens de sa ligne tirée
Diuise ce grand Tout: le Grec industrieus
Nomma Poles ces gons du globe radieus :
L'vn droitement leué sur le frilheus Borée
Redoutant de Thetis la campaigne azurée,
Sert de luisant fanal à nos yeus toute nuit,
Il doit son nom d'Artique à l'Ourse qui là luit :
L'autre droit oposé, sous la nuit eternelle
De l'Ocean d'enfer pour nos yeus s'emmantele
Pretant son vsufruit au sommet Anticton
Qui nous semble Bourgeois du recelé Pluton.
  Et d'autant que de là la nuageuse source
Des pluuieus Autans prent sa bruiante course
A crin debagoulé nous degorgeant ses eaus
Chaque poil de sa barbe ouurant mille tuïaus,
Il est dit Pol Austral, on le nomme Antartique,
D'autant qu'il contrecarre au contre fil Artique,
Guidant sur la soirée au marbre flo-flotant
Du Nocher Anticton le nauire flotant,

Dez ce Piuot Artic vn petit rond se tire
A trois fois huit degrés qui peu loin se retire
De cet Artique Essieu, dont il fut appellé
Des Grecs le Cicle Artic vers le climat gelé.
　Vne autre ligne encor à plus lon tour diuise
Le globe radieus, où Titan prés auise
L'Ecreuisse enastrée, & se leuant plus haut
Etend les iours d'Eté braisilhonnant de chaud,
Et à plus lens replis cerchant d'Atlas la borne
La courte nuit d'Æté, en bras plus etrois borne.
　Si tôt que de Titan l'essieu porte-flambeau
A de ce point Cancral fraié le haut coupeau,
Peu à peu vers l'Autan se panchant il decline :
Et d'autant que iamais plus prés il n'auoisine
Son coche flamboiant du gelant Aquilon
(Lors qu'il nous gratifie en ce iour la plus lon)
Arret d'Æté se nomme, & l'Æteale pause
Du Solstice d'Æté nous fait toucher la cause.
　Ce cercle est reculé loin du piuot Mondain
De septante degrés prins à compas certain.
Puis au iuste milieu de la voute brilhante
Vn grand Cerne s'ensuit, dont la ligne distante
Des Poles par egal, coupe en deus iustes pars
Et ceint de sa rondeur les raïonnans rempars :
L'vn de ses poins ataint le seuil de la Balance,
Et l'autre du Belier frape la residence,
Et logeant celle part les Phebeans cheuaus
Aus ombrageres Nuits il rend les Iours egaus,

D'un droit temperament d'une chaleur moienne
Atrempant des Hyuers la frissonnante haleine,
Et par le contrepois d'Autonne & du Printems
Il bride ici Boré, là les ardans Autans :
Il eloigne du chef du piuot de ce Monde
Par nonante degrés sa grand ceinture ronde,
Et d'autant que par tout, tout en tout se resent
Du iuste contrepois de ce cercle plus grand,
Æquateur est son nom pêché du puis de Rome,
Notre François veut bien qu'Egaleur on le nomme.

De trois fois huit degrés de ce milieu Mondain
(Baptisé l'Egaleur) suit le cercle prochain
Du Solstice Hyuernal, nous le nommons la Brume
(Permets bâtre ce nom sur la Françoise enclume,
Craignant qu'en reuetant d'un etranger habit
Vne chose couchée en mon François ecrit,
Ie derobe en tel masque vne chose connue,
Ofrant pour vn Percin vne verte Cigue
Yuraie pour le blé, & l'Ane Arcadien
Pour le Lion qui prête à l'Ane son maintien).

Quand Phebus là rendu prend sa chambre garnie
En la maison du Daim des Autons abrunie,
Lors Cerés s'acroupit en ces veufués seilhons
Egratignant sa face & ses blons crepilhons :
Palés triste gemit de glaçons herissée,
Et honteuse, nous pert sa face defacée :
Le mari porte-horreur du lit Orithien
Des roidissantes eaus bride le vite frain,

Tond l'honneur des forets, depoüilhé de verdure
Les palais diaprés de la mere Nature:
Mainte vague empoulée orgueilhit les torrens,
Nôtre riue s'eclate à grans bons murmurans:
Et à peine leuer s'ose l'Aube vermeilhe
Craignant que son Titon piqué de froid s'eueilhe.
 Mais ceus qui sont logés sous le gond oposé
Qui voient toute Nuit le Canop droit posé
Dessus leur Hemisphere, epreuuent le contraire:
A peine chassent ils sous le moiteus repaire
Le grãd Iour, q hautaĩ, d'vn pl° grãd train cõduit,
Ne veut ceder son sceptre à sa germaine Nuit.
Et quand le Soleil haut à niueau les regarde,
Et de l'Essieu milieu ses chaus raions leurs darde,
Lors mal commodement par leur feuilhar pampré
Est garanti du chaud le bers du grain pourpré:
Mai le menu troupeau sous les ombres se targue
Contre les trets ardans dont le Soleil le cargue.
 Au bout de tous ces rons est comme à son recoi
Vn cercle solitaire, & non veu que par foi:
Il embrasse l'Essieu de cet eloigné Pole
Fuiant loin de nos yeus: lequel autant s'enuole
Du point de son piuot, que fait l'Artique rond
De la froidureuse Ourse, où la glace ne fond,
Et dechet aussi loin de la Borne Hyuernale,
Que de l'Artique rond l'Ecreuisse deuale.
 Le tournoiant pourpris du luisant firmament
A ces cinq demi-cieus pour son entourement

Egalement distans toujour, dont on apelle
Ces cinq globes du nom de Ligne Paraléle.
　Deus Colures gemeaus ceignent encor les Cieus
S'entre-coupans aus poins des Poles radieus:
Ces deus Cercles communs, en quatre pars egales
Diuisent tous les rons des brilhonnantes sales,
L'vn depuis les Poissons entre-fend le Mouton,
Puis leué du coupeau de l'infernal Pluton
Se vient rendre, passant par la iuste Balance,
A l'Ourse où il auoit encommancé sa dance.
　L'autre prenant son cours deZ l'Artique coupeau,
Va separant le Cancre, & l'etoilé Gemeau:
DeZ là vers l'Essieu bas lentement il se courbe,
Et tant & tant ses pieds obliquement recourbe,
Que regaignant le Dain, il sequestre l'Hyuer
Du blemissant Autonne, en son tems, menager,
Et recourant en soi, de sa ronde vouture
Ceint d'un cerne acompli la queuë à Cynosure:
Ces deus Cercles ainsi furent dis par les vieus
D'autant qu'vn morceau d'eus se derobe à nos
Pour l'elargir là bas au Monde qui voisine, (yeus,
Comme il semble ci haut, la cour de Proserpine.
L'vn compassant le Iour sur le compas Nuital
De Colure Æquinoxe aquit son nom fatal:
L'autre qui du Soleil merque la double pause,
Colure Solstitier est dit à méme cause.
,, (Ne te fache dequoi ie GothiZe ce mot,
,, Mon nom ne fait naufrage en si paisible flot.)

Vn Bandeau bouclé d'or, frangé d'argent raïone,
Et qui biaizement tous ces rons enuironne,
Et ainsi qu'vn Boudrier en echarpe acroché,
Non sur les rains du Ciel rondement ataché.
 Ce Cercle en large coupe en deus fois sis parcelles
L'entourement fecond des hautes Citadelles.
,, Là est l'hotel des Dieus d'ecus ardans frangé,
,, De signes moucheté, de brandons orangé:
,, C'est le guidon de l'an, c'est des tems la mesure,
,, C'est le niueau des mois, des ans la regle sure:
,, Phebus, Phebe, Mercur, Saturne, Iupiter,
,, Bien que cinq Dieus puissans, n'oseroint se vāter
,, Que l'vn de leurs flābeaus en nul tēs se detraque
,, Des tiquetés logis de ce tors Zodiaque.
 Il est vrai que Venus cōme dame aus Amours,
S'elance au Nord & Su de douze degrés cours:
Et Mars, fait prisonnier de si belle geoliere,
Epousant ses talons brosse la meme orniere.
Bref c'est cet escalier que Titan va rondant,
Et où sa sœur Phebé ses cheuaus va guidant,
Et les feus Erratics ne praignent autre lice
Pour faire à leur Seigneur preuue de leur ofice.
,, Tous les autres bandeaus marquans le toit des
,, Sont seulement du cru des Peres curieus, (Cieus,
,, S'accommodans à ceus dont la charnelle vüe
,, Ne s'etend qu'au dernier qui brilhe dans la ruë.
 Mais ce Boudrier retors (qui sa remerque doit
Au grand Anaximene, ou, comme Pline croit,

(Au docte Cleostrat) de lueur emperlée,
Broché de lingôs dor, à bosse piolée,
Lors que de l'Ocean l'ombreuse Nuit s'éclot
,, Semble inuiter les yeus, que le sommeil ne clot,
,, A louër en ses feus le pere de Nature,
,, Qui riche l'étrena de si rare ceinture,
,, Qui semble raieunir en vn nouueau Prin-tems
,, Ce grãd rond ia chenu & presque acablé d'ans:
,, Et pour ne s'écouler fuiant à lâche bride,
,, De l'oeil, qui pour le voir, iusques au Ciel se guide
,, Ou pour ne le lasser d'vn non cessant regard,
,, Il offre de son tour or' cette or' celle part,
,, Pendant que pour en l'an métre vicissitude,
,, Il semble, prouoiant, emploier son étude.
Et soit que le coupeau de farine couuert
Chãge, au-prin-tẽs, sõ blãc en vn pourpoint de vert,
Ou soit que le Soleil r'alumant son beau Cierge
Au fusil bluetant de la celeste Vierge,
Somme le laboureur qu'à la blonde Cerés
Il couronne le chef de maints epis dorés:
Soit que les beaus paniers de la mere Pomonne
Se grossissent des fruis de son maussade Autonne:
Soit que le froid Hyuer des eaus bridant les cours
Donne le sceptre aus Nuits sur les retrãchés Iours:
Touiour touiour le Iour enseuelit sis Signes,
Et la Nuit nous en fait paroitre sis insignes:
Si que deZ douZe pars nos yeus en voient sis
En la iuste moitié de l'Echarpe compris:

De plus nos deuanciers, où sa longueur s'auance,
L'ont en douze quartiers coupé par la science:
Chacun a son logis de propre nom marqué,
Le Visage de tous d'vn propre air remarqué,
Chacun a son climat, chacun a sa painture,
Qui ment par les menteurs vne viue figure.
 Car de vrai ie ne voi es yeus du Firmament
Nul craion embragé d'vn viuant Animant:
Ne me crois à credit, deboucle ta paupiere,
Remire le tableau du Ciel en sa lumiere.
,, Tu y verras le Chien (comme animal portrait)
,, Qui de deus clous seulets neanmoins est parfait:
,, Or deus lignes iamais ne bornent la figure,
,, Dont ces mors animaus se iouent de Nature:
Mais si tu me permets selon mon apetit
Le coutumier chemin forligner vn petit,
I'assouuirai le sec de ta soif Tantalique
Du nom des animaus de ce Boudrier oblique.
 Le Belier de sa corne à replis d'or ondant
Choque les huis de l'an, & de ce cercle ardant,
Houpé de laine d'or, comme portier d'Aurore,
Et de dishuit brandons nôtre nuit recolore,
Que la Lune enuieuse aus raions fraternels,
Leuée, va cachant, ainsi que nos mortels
Soùs vn Roi plus puissant ploient la graiue basse:
Nous les perdons de vûe, & n'étoit que la place
Des raions voisinans se decouure à nos yeus,
De ces Astres du tout se cacheroint les lieus.

Iupiter enaſtra, ainſi que l'on recite,
Ce Belier en ſa cour au pris de ſon merite,
La part, où l'Egaleur coupe cet arc biais,
Où le Colure auſſi s'eſt aſſis tout exprés
Afin que ſeparant du Prin-tems la froidure,
Il coupe en deus moitiés céte belle Ceinture.
Soit pour auoir porté deſſus ſon dos laineus
Et Phrixus, & ſa ſœur, qui gauchiſſoint peureus,
Aus forcenés aguets de l'iniuſte maratre
Qui victime à Pluton tachoit à les abatre:
Soit que du bon Bacchus le camp tout haraſſé
Par le ſable Lybic, d'ardante ſoif preſſé
Trouua par ſon moien vne ſource argentine
Qui gardá que leur cœur ne quitât leur poitrine.
,, Ie ſai qu'auant Moyſe étoit l'an ebauché
,, Au chef du Trebuchet pour Septembre fiché:
,, Mais puiſque nous voiõs que l'enfance du Mõde
,, Confeſſe ſe deuoir à cete toiſon blonde
,, Du clair Nephelien, ie croi que tout ce rond
,, Fut creé par le doigt diuinement fecond,
,, Alors que le Mouton tenoit en ſa demeure
L'oeil de cet Vniuers, pere de l'an, iour, heure.
,, Et c'eſt pourquoi Pallas au Belier tient la main,
,, D'autant que du grãd DIEV le conſeil ſouuerain
,, (Que Pallas porte en ſoi) charpenta nôtre Monde
Au ſeüil, auquel ce Signe a mis ſa laine blonde.
Et ſi ne dementons l'Aſtrologue compas,
Ces Aſtres ſans bon droit cé nom n'obtindrent pas.

,, Car

„ Car qui nait soùs ses feus, deuot ses genous ploie
„ Au sacrifice franc, fraiant des Cieus la voie:
„ Ces Astres lui font prêt d'un regard amoureus
„ D'un miëlleus parler, d'un marcher doucereus,
„ Et qui suit un tel trac, l'Ecriture fidelle
„ Du dous nom de Mouton à iuste droit l'appelle.
„ Et comme le Belier d'un fort hurt va hurtant
„ (Dont le Belier guerrier print son nom tipetant)
„ Ainsi qui a ce Signe au leuer de son étre,
Fait de tête robuste un clair segnal paroitre:
Le Toreau sautelant suit les pas du Mouton,
Folatrant du museau sur ce blanc peloton:
Aus cornes & au front brilhonnent cinq Hyades
Qui font la funerailhe auec leurs lustres fades
A leur frere chetif, & le flus de leurs yeus
Baignent nos chams routis des brandons radieus:
Sa part porte-pailher n'est de flames forclose
Ni son dos ne ses pieds sa panse ne repose
Veufue de tous flambeaus ; mais la derniere part
Orpheline d'eclair, par dépit à l'equart,
S'euanoüit en l'Ær si ce n'est la parcelle
Qui dauant le troupeau d'Athamant se décéle
Par quelques menus feus. Ie croi que le Toreau
Au derriere est fermé par le moite flambeau
Des Atlantides sœurs set Etoiles on conte,
Mais la setieme sœur se voile, soit de honte
Qui contraint Merope d'emmanteler son chef
Prenant le lit nocier de Sisiphe à mechef,

M

Veu que toutes ses sœurs, sang d'une meme place,
S'acouploient d'un Hymen d'une diuine race:
Ou soit qu'Electre encor consite des douleurs
Filles du sac Troien, n'a point tari ses pleurs:
Ou soit que d'Orion la stature admirable
L'embusque en ces haliers, d'une fuite esroiable.
„ *Bien qu'un nuage ombreus ces Astres obscurcit,*
„ *Leur renom toutefois leurs voiles eclarcit,*
„ *Non pour ce que leurs pleurs noient nôtre cãpagne*
„ *Donnant droit à Thetis sur la haute mõtaigne:*
„ *Mais pource que leur tems meine les bœufs suans*
„ *Pour de leur soc briser les guerets s'émians.*
En cet espace donc la bête Agenoride
Au gerret recourbé par le Prin-tems se guide,
Oeilhadant l'Orient, où Boré pere aus frois
Void un iour compassé au nuital contrepois.
Iupiter lui donna au Ciel céte figure
Comme pour certain pris de sa chere voiture,
D'autant qu'elle porta deZ l'Zide terroir
Europe saine & sauue au Cretean manoir.
„ *On tient que ce Toreau, ce passager d'Europe,*
„ *Quãd l'enfãt frais-naissant s'écroupe sur sa crope,*
„ *Le doüe d'un gros œil & d'un corp bien massif,*
„ *D'un frõt largemẽt grãd, & d'un marcher tar-*
„ *D'un col crassemẽt gros, & d'une epaule large (dif*
„ *Patient de labeur, adextre à toute charge.*
„ *Maron donne à ce feu l'argentine blancheur,*
„ *Car en blanches lumens, aus tresors de l'humeur*

„ Perles, & Diamens, & cheres Marguerites
„   Ce Signe nous enferme au nœud de ses merites.
„ De la l'on à bien faint qu'il seruit de bateau
„ A la pucelle Aside au roide fil de l'eau.
„ Or le Sulmonien dit, que le bout se cache,
„ On ne sait s'il est bœuf, ou si c'est vne vache:
„ C'est, croi-ie, que ce Signe ambigument douteus
„ Vn homme mâle-femme obscurcit de ses feus.
    Venés Bessons astrés, venés, race Ledée,
De ma sincere amour la tressincere Idée.
Vôtre corp marqueté d'ecussons radieus
Surpasse du sommet ce rond sommeil des Cieus,
Où le Soleil flechit ses raionneuses rennes,
De l'Ægypte brulant les creuasseuses plaines,
Quand nul ombre mollet Sylene ne defend
De l'arc elance-raiz que Phebus sur eus tend.
    Charité reciproque, en amour mutuelle,
Le r'achat fraternel par la mort fraternelle,
Leur cours alternatif aus riues d'Acheron,
L'alternatif retour de la nef de Charon,
Leurs a gaigné ce siege en la sale azurée,
Qui de ces deus Bessons sur tout est redorée:
„ On croit que ces Bessons des souuerains chateaus
„ Ornēt pieds, têtes, bras, & tous mēbres gemeaus:
„ Et d'autāt qu'à peupler du tige humain la Terre,
„ Il faut qu'vn égal nœud d'vn nœud egal nous ser
„ On tiēt que ces deus Feus atizēt en nos cœurs, (re,
„ Des mols Cupidonneaus les cuisantes ardeurs:

M ij

„ La Lune se campant (à l'heure de naissance)
„ En ces Astres, produit l'amiable aliance.
„ Si le neueu d'Atlas se parque sur le bord
„ Des confins de Venus, qui la tiennent leur fort,
„ L'enfant à qui ce feu trame le fil de Vie,
„ Se repait aus accens d'vne douce harmonie:
„ Vne flôte d'amis iointe à bessons cordeaus
„ Marche sous l'etandart de ces Astres gemeaus.
 Que si tu veus sauoir la Verité celée
Au Poëtique cachet en la tour eteilée:
C'est qu'vn Astre des deus monte sur l'Orient,
Auant que l'autre encor nous paroisse riant:
Si que Pollux montant sur l'Aube safraneé,
Castor semble fermer sa fatale iournee,
Et quand Vesper conuie à la mer les flambeaus,
Pollux descend premier dessous le bain des eaus:
Doncques Castor qui montre encore sa medailhe
Semble faire à Pollux sa triste funerailhe.
 Puis le Cancre Æteal raze apres mornement
De ses huit auirons la mer du firmament.
Au Ciel trouua son lieu sa coquilhe emperlée
Aiant osé ramper sur la plante Herculée.
De sa force crochue entamant cet Heros,
Lors que visant au Ciel, & haineus de repos
Il finissoit par feu le feu de l'Hydre ardante,
Contre ses cous mortels plus fraiche renaissante,
Lors Alcide ecrazant cet animal tortu
Le rauit sur les airs: du Heros la vertu

Le cœur Iunonien enfelonna de rage,
Enaſtrant l'Ecreuiſſe en ce brilhant étage;
Qui fait que le Soleil au cour du iour plus lon-
Semble ainſi que le Cancre, aller à reculon:
D'autant que deȜ ce point la Iournale chandelle
Nous retranche les plis de ſa flamboiante aile.
,, On croit que ce flambeau ſe fait maitre Tyran
,, Par ſon raion actif du vagueus Ocean,
,, Et que s'atribuant de l'enfant la naiſſance,
,, D'amont il le boufit de groſſe corpulence:
,, Grailes ſont ſes genous debiles ſont ſes yeus,
,, Son regard eſt hagard, l'eſprit ingenieus:
,, Car (Phebus & Phebé par raiſon ſynodique
,, Vniment acouplés en ce Signe aquatique,
,, Si que la Lune porte au viſage le dueil)
,, Mercure s'y trouuant ennuage nôtre oeil.
,, Mais comme à Tyreſie & Thamire, & Homere,
,, Qui tiennent aueuglés, ce Signe pour leur pere,
,, Il polit à l'eſprit vn miroir radieus
,, Dont le rais nous fait lire en la carte des Dieus.
,, Ore ie t'auerti que trop tu ne te fie
A cil qui à ce feu doit ſa trame de Vie.
Le Nemean Lion Lunaire nourriſſon
Heriſſé de flambeaus, d'vn ardant ecuſſon
Prés de lui fait trembler la madrée Ecreuiſſe,
Qui de peur ſe recule en obſcur precipice.
La maratre Iunon d'vn courage enuieus
Le fier Lion auſſi bourgeoiſa dans les Cieus,

M iij

Ialouſe, que d'Hercul la puiſſante maſſue
Terraſſât brauement en la publique vüe
Ce degate-troupeau des voiſins affameur,
De poiſonneus venin empeſtant nôtre humeur:
Iunon lui plante au dos mainte ardante platine
Pour chagrigner Hercul en ſa palme diuine.
,, On croit que tout enfant vaſſal à ce Lion,
,, Des plus madrés ſoldats vaint vne legion,
,, D'vn courage aceré, d'vne ardante prunelle,
,, Arrogant, piafard, bref fait à la modelle
,, De ce braue Lion, priuant ma vois de vois,
,, Qui de corps terraſſés enionche mons & bois,
,, Sans iamais rencontrer vne corne qui faſſe
,, Vn ſemblãt de guigner ſa merueilleuſe audace.
Deuant ce fier Lion les efroians regars
Du Chien au ſoufle chaud, lancent de toutes pars
Ces inuiſibles Feus, qui doublant le courage
Au genereus Lion, poinçonnent d'vne rage,
Qui le cœur, les côtés, & le foie naiſſant
Aſſeruit aus ardeurs de ce fier rugiſſant.
,, Ores l'on m'aduertit, quand la Lune s'y treuue,
,, Que tu te garde bien de vêtir robbe neuue:
,, Car tel habilhement (ainſi fablent les vieus)
,, Cauſe en nous les enfans d'vn accés furieus.
,, La Vierge n'eſt pas loin ſous le Bouuier Artique
,, Qui baloiant le Ciel d'vn manteau magnifique,
Vn blondoiant epic porte en la gauche main,
Des ailes en la dextre, & marche d'vn beau train.

Mais biẽ que son epic lui sert d'vn ardãt Cierge,
Ie n'ai pas encor leu le vrai nom de la Vierge:
Soit que, comme l'on dit, ce soit l'alme Cerés
Fondatrice des lois, royne des blés dorés,
Qui se baignant là haut es flôs de grande ioïe
Pour auoir rencontré de sa filhe la voie,
Oeilhade d'vn bon clin les vœus du laboureur,
Et begnigne, le comble en nombre de bon-heur.
Soit que ce soit Isis, qui par longues carrieres,
Aiant raudé le rond des mondaines barrieres,
S'est au Temple Pharois vn autel erigé,
Et son corp de genice en vn Astre changé.
Soit que le Cuiße-né pleurant la destinée
Qui traita mal sa mere en flamme foudroiée,
Ait parqué dãs le Ciel la belle Erigoné
Qui nous fait voir son teint d'Astres enluminé:
Soit que ce soit Æstrée en son pois Iustitier
Qui celle part du Ciel ait prins pour son quartier,
Lors qu'irée de voir & le boeuf & la poutre
Compaignons aßidus du brise-mote poutre
Ensanglanter l'autel, l'enfant de l'airain dur
Sur son sang affiler l'estoc de sa fureur,
(Changeant l'âge d'airain en lame Martiale)
Print sa courſe depite en la celeste sale.
,, On croit que ce flãbeau au corp qui sòus lui nait
,, D'vn visage puceau graue le chaste trait,
,, Gentil, mignard, acort, de cheuelure plaine,
" Et resentant le lait de la chaste Neuuaine.

,, *De pouſſer plus auant, ie ne ſeroi douteus,*
,, *N'etoit que preſidant à nos membres honteus*
,, *Il me ſomme couuer ſous ma cendre muéte*
Les recelés archifs de la chambre ſegréte.
,, *Ores l'on m'aduertit qu'a lors que ce flambeau*
,, *Donne gite à Phebé dedans ſon lit puceau,*
,, *Ie n'enrolle le ioug du neud de mariage,*
Craignant ſterilité, ou quelque brief veufuage;
D'autant que Cytherée exaltée aus Poiſſons,
Languiſſante dechet aus Pucelles maiſons.

Le Scorpion madré n'eſt loin de la Balance, 7
Couurant de deus grans feus le venin de ſa pance,
Monſtre vraimẽt hideus, qui par le chãp des Cieus
Etend ſa courbe queuë, & ſes bras tortueus:
N'etoit qu'Erigoné tend les arcs de ſa cuiſſe
Plus prochaine à la Vierge, & d'vn bãdeau qui pli
Façonne deus Baſſins d'vn iuſte contrepois, 8
Pour balancer le Iour & la Nuit en vn pois.
Mais ſon ſpacieus corp panchãt à l'Auſtre humide,
Fait ce Colure là, qui d'vn même pas guide
Et la Nuit & le Iour: peu d'Aſtres luiſent là,
Pour Orion tué Iupiter l'étoila.

,, *On croit que la Balance a deſſous ſoi la longe*
,, *Et la Vertebre auſſi que ſon pouuoir s'alonge*
,, *Sur les luiſans courdons de la iuſte Themis,*
,, *Aſſeant au parquet ceus qui lui ſont amis:*
,, *Ainſi entre Erigone & les ſuiuantes cuiſſes*
,, *Maron loge Ceſar, main ferme aus iuſtes lices.*

,, *Ores*

,, Ores l'on m'auertit, que quand le Trebuchet
,, Pour hoteſſe a Phebé, le iuſte ne dechet
,, Du droit de ſon procés, dont la caute malice
,, Eſperoit de paier l'hipocras & l'epice.
,, On croit, ie n'en ſai rien, que le fin Scorpion
,, A trouué place en haut pour ſa caute action,
,, Il eſt fallacieus, madré, plain de cautele,
,, Impoſteur, & languard, vrai fuſil de querelle:
,, Ainſi le Scorpion l'eguilhon finement
,, Piquant fait le corp ſerf d'vn immortel tourment:
,, C'eſt vn Charibde creus des entrailhes profódes
,, A qui ne baſteroint les mets de mille Mondes.
(Auſſi de tout ſon ſang, d'onze Scorpionneaus,
Il engreſſe ſon ventre, & groſſit ſes boiaus,
Tant que l'enfant dernier par la mort paternelle
Rachete de la mort la vie fraternelle.
,, On auertit les beaus, les Alonins muguets
,, De decliner loin loin des Florentins aguets
,, Des ſiz du Scorpion, dont la queüe derniere
Imprime ſa piqueure en la fente doſſiere.
  Ie ne veus t'entomber, Archer Phillirien
Dans le drap oublieus du palus Stigien,
Chiron ſang de Cëtaure, hõme & cheual enſẽble,
Qui bats le haut plãcher, qui ſous tes ongles trẽble,
Ie veus faire ſauoir que tes genous nerueus
Que Lerne vermouloit de ſon venin peſteu,
Deia foibles, ploians ſous le fais de ta Vie,
De deſcendre aus enfers te donnoit grande enuie,

N

L. III. DE L'VRAN. OV CIEL

Ennuié que l'arrét de l'enferré destin
N'envoioit à Pluton ta trame pour butin.
  Mais le Saturnien taint de misericorde
Qui s'acorde aus atorts & leur requête acorde,
N'eut l'oreilhe assés forte, à suporter les cris
D'un si doulant vieilhard des Centaures le pris:
Donc de tes tristes pleurs fermant la doute entiere,
Pour echange du corp en ta funebre biere,
T'enastra pieds, & bras, & ton arc reluisât
Contre le Scorpion tout droitement visant,
Te commandant fermer la porte de Pomonne,
Tant qu'aveques l'Hyver qui les corps herissonne
L'Autonne soit laissé du Soleil gratieus
En la froide maison du Cheureil radieus.
,, On croit que le falot de ce cheval-homme-astre
,, D'un œil ou borgne ou louche ameine le desastre,
,, D'autant que tout archer vise plus droitement
,, En menaçant le blanc d'un des yeus seulement:
,, L'efet est monstrueus, heureus à cil qui guide
,, Le hennissant Coursier à courte & lache bride,
,, Qui à courbete & bond le volte à toutes mains,
,, Tant que le maitre & lui de grosse sueur plains
En un Cirque barré r'emportent céte gloire
Que l'un & l'autre est né pour la seule victoire.
  ,, On m'avertit encor que Mercure & Venus
,, Ici, comme aus Bessons, de bon acord venus,
,, Font maint pere çà bas d'une race depite
,, D'une double façon, qu'on nôme Hermaphrodite.

Ici l'an se tient coi, ici les Postilhons
D'Æole donnent treue aus Thetides seilhons,
Assurant l'Halcion d'auoir la saison seure
Et de dresser en mer sa fidelle demeure.
La Terre se r'enferme à cadenâs glacés,
Les coupeaus iusqu'au Ciel superbement haussés,
Et les fruis languissans auec la morte plaine
Se fourrent des flocons d'vne celeste laine:
Tant que Phebus ia bleme au Capricorne entrant
S'eforcant peu à peu d'vn raiz vn peu plus grand,
Vers le Nord froidereus va presenter la luite
A la trop longue nuit, pour lui donner la fuite:
    Le Pere des raisins, l'enfant Semelien
Voulut que dàns le Ciel se vint asseoir le Dain,
Pour ce que quand des Dieus la Brigade sacrée,
Pour gauchir aus assaus de l'escadre Typhée,
Empruntoit mains habits tãt sauuage, qu'humain,
Il fut sauf sous le poil de ce Barbassé Dain,
Qui le sauuant des cous du forcené Typhée
En arres fut astré, de si rare trophée.
,, On croit que Capricorne à ses enfans braians
,, Prête d'vn Linx aigu les yeus bien clair-voians:
,, Car le Cheureil ne cede aus tenebres nuitales
,, Que sa lumiere egale aus lumieres iournales.
,, Mais leur corp elourdi, trapu, mal raboté,
,, Vn front tout seilhonné au menton barboté
,, Les bannit tristement de la Cyprine école,
 , Coupant les hameçons de la douce parole

N ij

„ Qui de son fort Eyment tire le plus dur fer
„ Que iamais vid Orphée au tenebreus enfer,
„ On croit q̃ les iardrins bi-heurẽt leur parterre,
„ Par ceus que Capricorne en sa puissance enserre:
„ On m'auertit encor que la haute grandeur
D'Auguste le vaillhant eut le Dain pour autheur,
Bien que la mistion de quelque reuerie
A ce Signe Vepral veut tenir compagnie.

Puis le bel Echanson, le chasserot Troien,   II
Gentil, mignon, gailhard, d'vn amoureus maintiẽ,
Que l'Oiseau porte-feu sur Ide la branchue
Emporta parmi l'air dans son ongle crochue,
Versant de son aiguiere vn flot delicieus,
D'vn premier clin de l'oeil detrousse l'ame aus
Sõ cheueil crepelu se chãge en raiz d'etoiles (Dieus:
Son epaule yuoirine en flambantes roüelles:
Le rosin Paradis de son sein amoureus
Soufle de raiz mélés vn baume doucereus,
Ses reins sont Astres clers, & ses mains potelées
Font vergongner les feus des voutes etoilées.

Mais ce bel enfançon est doüé d'vn pouuoir
Seul entre les brandons du celeste manoir,
Qu'il peut bien conuertir ses medailhes ardantes
En torrens eranteus, en sources ondoiantes:
Tant l'archer Cyprien darde ses trais poignans,
Qu'il trãsperça les murs des Dieus là haut regnãs.
„ On croit que les laués en la celeste Cruche
„ Brecheroint de leurs yeus vne Africaine buche,

,, Vne Ourſe Pannonide, vn Lion Getuloıs,
,, Veu que ce beau garſon au Ciel donna ſes lois.
,, Celui que baignera cete aiguiere yuoirine
,, Riche du cher treſor d'vne image Adonine,
,, Peut arreter au cep de ſon amour ardant
,, Cil méme qui d'Amour les trés va debandant;
Heureus du brief bon-heur de la roſe pourprée
Qui pert ſon cotilhon ſur la tarde veprée:
,, Ores on m'auertit, que Iupin repoſant
,, Chez ſon bel Echanſon ſes moelles diuiſant,
,, Il prodigialize vn Plutonique goufre,
,, Qui des couhars l'eſtoc au ſale platron ſoufre.
,, Entre ce bardachon, & le Phrixin troupeau
Deus freres ecailhés razent de leur bateau   12.
Le parterre flotant: l'vn voiſine Borée
Pouſſant l'autre à l'Autan de ſa roide bouſée:
Le grand ſerre la queüe au petit, l'autre au grand,
Vn fil à douze feus entre les deus s'etend,
Et les diuiſe & ioint d'vne claire cordelle
Que (le nœud poiſſonnier) l'antique carte apelle:
D'autant que là l'Hyuer aiant rondi ſon cour
R'ameine l'an nouueau d'vn parannel retour,
Et couple les Poiſſons à la Phrixide laine,
Poiſſons digne de place en la tour ſouueraine:
Pour ce que la Cyprine auec ſon mol enfant
Fuiant l'ot Typhæan d'arrogance bouſant,
Et l'Euphrate cornu veufué de ſa bordure
Par le debord des eaus deceignant leur ceinture

L. III. DE L'VRAN. OV CIEL

Leurs refusant le port, ces Freres ecailhés
Fendans l'azur flotant de leurs dos etoilés,
Firent surgir au bord l'Archerot & la mere,
Donc pour ce pontenage ils ont l'astré repere.
,, On croit donc pour cela que puisque les poissons
,, Fõt fourmilher en brief, de leurs fruis leurs mai-
,, Ils nous font courtizer la Deesse Ecumiere, (sons,
,, Et d'amours defendus porter la talonniere.
,, Le poisson mal rusé n'auise assés aus rets
,, Qui le doiuent pêcher pour nos frians aprets:
,, Dõc on croit que l'enfant dõt ils sont l'Horoscope,
,, Souuent, faute de vûe, aus Labrotesques chope.
,, Cet enfant eleué du bers de ces Nageurs
Des etrangers climãs verra les murs & mœurs,
,, Parfumant les autels de l'odeur Panchaique,
,, Ses amis passeront toute l'Arithmetique.
,, On m'auertit aussi que son maniment d'or
,, Effaçera l'honneur du Lydien tresor:
,, Mais ie ne voudroi pas qu'vne amoureuse flame
,, S'alentât des baisers de ma pudique femme,
,, Lors que l'alme Phebé repose son timon
,, Au logis ondoiant des Gemeaus sans poumon:
,, Car le mal Herculé, qui fait choir en la voie,
Vne telle couchée assés souuent cotoïe.
Ces douze Astres luisans font sentier eternel
Au brandon Phebean des autres Colonnel,
Qui ne se detraquant de ces sales vnies,
Or deçà, or delà void touiour sis parties

Du Bodrier Orangé, & par ces douze pars
Les Erratics flambeaus distinctement epars
Vont variant leurs cours, or' dauant lui s'auancēt,
Or' talonnent ses pars, ore à son bal ils dancent,
Et tant peu reculer n'osent leur feu vassal
Du trac bien ordonné de l'Emperier fanal.
 Mais Phebé, comme femme, auide, & curieuse,
Ne raude seulement l'Echarpe lumineuse:
Ains, elenée, acourt vers le coté du Nord,
Et puis son humble char fraie d'autant le bord,
Guêtant d'un oeil veilhant les Terres recelées
Et d'aueugle bandeau à l'œil commun voilées:
Et regaignant païs, passant par le milieu
De l'oblique Courdon d'un retour tortueu,
Souuent d'un fer roüilhé elle taint son visage,
Soüilhant aucunefois le fraternel image:
Et par l'abordement de ce nuage obscur,
La pœur gele aus humains le sang autour du cœur:
 De là tira son nom cele Ligne Ecliptique,
Car Phebus & Phebé en cête Ligne vnique
Mascarent leur beau lustre, orphelinant nos yeus
Du filet raionnant qui nous offroit les cieus.
 Muse, il ne faut encor que l'Ecliptique ligne
Eclipse à mon esprit l'œil de ta lampe digne:
Il ne te faut ici compasser l'Horizon
De mon plaisant labeur : n'est ce pas la raison,
Que si quelque Horison doit termer ta carriere
Du commun Horizon nous ouurions la barriere?

Donc outre tous ces rons un autre rond se void
Qui borne les confins du Ciel que l'oeil congnoit,
Et du Ciel recelé, qui soûs la Terre & l'Onde
Sert (comme l'autre à nous) de teste à l'autre Mõde:
Horizon est son nom, comme limitateur,
Qui limite du Ciel la visible rondeur,
Distraite de la part qui void les basses sales,
Et fait de tout le Ciel deus Cauernes egales.

Des deus l'vn Hemisphere est touiour enterré,
L'autre touiour se montre en ce rond asuré:
Touiour ce rond tortis rampe aus reins de la Terre,
Qu'à fleur il va razant de toute part qu'il serre:
Non que, ferme il se colle en sa pause asuré
Touiour cloué sur l'ais du contour azuré,
Ni que dançant touiour à la commune dance,
Du grand aieul des Cieus il suiue la cadance
Depuis l'Aube au Ponant, comme les autres arcs,
Qui haut luisent confus distinctement epars.

Ore il prent son chemin à l'Ourse Parrhaside,
Ore il prêt son excourse au bas de l'Austre humide,
Tantot il tourne à l'Eure, & les Zephires fuit,
Et tantot pas à pas le char Solaire il suit:
Et la part où ton pied par les plaines te porte,
Tu vois touiour buquer l'Horizon à ta porte,
Qui tes pas fuit & suit, cachant Terres & Cieus
(Gardant d'aller plus loin la force de tes yeus)
Et derriere & deuant & autant qu'il en oute
De cette part, d'autant à l'autre il en adioute:

Et, haineus de l'arret, touiour change païs,
Touiour vieil, touiour ieune en quelconque logis,
Borne de nôtre vûe, il borne nôtre vûe,
Egalant en deus lots la Mondaine etendue,
Si les mons escartés, si les valons creusés
Au contemplant dessein ne nous sont oposés,
Ains que l'oeil libremēt deZ la plaine campaigne
Darde ses trais aigus à l'astriere montaigne.
Dōc toute & quātefois que quelq̄ Astre nouueau
Merque son premier pas dessus ce rond bandeau,
On apelle ce saut le leuer de cet Astre:
Mais aussi tot qu'vn clou (qui dàns le Ciel s'enastre)
Precipité là bas, ne nous sert plus d'obiet,
C'est le coucher de l'Astre, où se mussant il chet:
Là est le rendeZ vous de la flamme Iournale,
Qui suit & fuit la Nuit, ore monte, or' deuale,
On ne peut calculer tant & tant de maisons
Que font se promenant ces volans HoriZons:
D'autant qu'en toute part le Ciel n'à méme terme,
Et que ce Finissant touiour ses pas deferme
Si tot que l'apetit de changement nous prent.
    Neanmoins tout en tout nôtre esprit les comprēt
D'vne double façon. Car en celles contrées,
Où le droit Egaleur, deZ les toūrs aZurées
S'apuie à droit niueau, il tranche l'HoriZon,
Et où le nœud commun fait des pars liaison,
Vn angle il fait si droit qu'en quatre pars egales
Il fend tout le contour des radieuses sales:

Dont le droit Horizon de droit le nom reçoit.

Ceus qui sont iouïssans de ce Cercle ainsi droit,
En vn iour & la nuit voient tout l'Astré Monde
A pas vite-glissans vers eus faire vne ronde:
Les deus Piuôs Mondains panchant des deus cotés
Razent leur Horizon aus Hyuers, aus Ætés:
Les Astres couronnans & l'vn & l'autre Pole
Châque nuit leurs font voir leur raionnante etole:
Et chaque nuit vont voir l'Ocean defendu,
Quand le rideau du Ciel d'etoiles est tendu:
,, Et pour ce que Nature en ses lois ne chancelle,
,, Cet Horizon tout droit Naturel on apelle.

Mais lors que l'Egaleur à droit angle ne fend
Ce cercle Limitant, ains l'angle ore s'etend
Obtusement ouuert, ores en forme aigue,
L'Horizon est biais: & sous l'eau defendue
L'vn des Poles descend deuers les Antictons,
L'autre guide les naus és Occidens cantons:
Et d'vn courbé cizeau coupe le Ciel & Terre,
Et iamais tout le Ciel à nôs yeus ne desserre:

Or tous ces Horizons touiours en lots égaus
Sõt coupés par maints arcs q̃ ceignẽt les cieus haus,
Arcs tirés par les Pols, si qu'en toute partie
Parfait vn angle droit de ces arcs la sortie.

Et iaçois q̃ ses arcs soint plusieurs, & non vn,
Du Midi toutesfois ils ont le nom commun:
Ainsi nomment les Grecs céte moienne ligne
Qui au sommet du Ciel, fend du Soleil insigne

Le Cercle en droit milieu, & par nôtre Zenith
Se panche au froid Climat, où l'Ourse tient son lit,
Et de l'autre côté tire deuers le Pole,
Qui par le bas Canop loin de nos yeus s'enuole,
Lors que Titan planté sur son plus haut milieu
La plus courte ombre fait aus plaines de ce lieu:
Lors aussi que Phebus soùs la terrestre grote
Touche de son Essieu ce Cercle, qui nous l'ote,
Alors Phebé reprent le blanc sceptre en la main,
Le Diademe au front quité par son germain;
Et l'abimeus Chaos de la Nuit Infernale
Engoufre en son giron toute couleur Iournale:
Lors Phebus iustement dedans sa chaire assis
Entre le bers d'Aurore, & le lit de Thetis,
Semant là les raions de sa perruque blonde,
Il enfante Midi dessoùs l'infernal Monde:
Au contraire ici haut le Lethean pauot
Garrote au lit moiteus les vifs genous du flot,
Serre les vens criars soùs leur grote sauuage,
Il forclot les oiseaus de leur plaisant ramage,
Par les gaZons herbus, par les mons, par les bois
Le somme tient la clef des animales vois,
De l'aZur ondoiant la troupe est agraphée
Au croc impérieus du songe-creus Morphée:
,, L'esprit, auquel le Songe a preté son cerceau,
,, Re-va voir son païs, le Celeste chateau.
 Tous ceus ausquels ce Cercle est vn sans diferēce,
En l'Aube & au Ponant ils ont méme distance:

Le Soleil les appelle à son enfantement
Au berceau du Leuant, en un méme moment,
Et du throne milieu de sa haute demeure
Il annonce à tous eus que c'est la sisieme heure.

Donc ce Meridien n'est un volage rond,
Le Ciel ne le rend pas courrier ou vagabond:
Car il se tient recoi d'une plante asurée,
Si nous ne le changeons en changeant de contrée.

Que si tu veus sauoir le chemin à passer,
Auant que ton Midi tu puisse outre passer,
Saches que si tu prens d'un des Poles ta course
(Car par ces deus Piuôs le Midi prend sa sourse)
Tendant à l'autre Pol ton Midi n'est changé:
Mais courant d'Occident au Leuant orangé,
Ou de l'Est deuers Oest prens trente miliaires,
Auant qu'autre Midi te loge en ses repaires.

,, Dieu te gard, beau Midi, dit du milieu du Iour
,, Du Iour, pere du Beau: Cercle dont le contour
,, Agrée à mon Phebus, car il forcene d'ire
,, Quand le ferré Destin de ton logis le tire.

Des quatre gons mondains tu es le maitre gond:
,, Car de tous les brandons l'efort est plus fecond,
,, Lors que depuis ta bute ils dardent sur la plaine
,, De leurs vertueus trés l'influence non vaine:
Car selon que le raiz se redouble à façon
(Comme quand il descend de ta haute maison)
Il redouble sa force, et toutes les Planetes
Piquent dez ton Midi de plus viues sagettes.

Mais quand deƷ le confin de l'HoriƷon ceignāt,
Le Soleil va ses dars aus campaignes dardant,
Ils fraient seulement nos chefs à fleur de terre,
,, Donques peu de vertu céte influence enserre.
  Outre, ton chef hautain est des autres seigneur,
Car tu les couures tous sous ta belle rondeur:
Tu es de méme vois apellé la Ceinture
Dont le bel or ne cede à nulle autre parure:
Tu es le Rond doré, pour l'vsage fecond,
Et les fruis tout dorés qu'on tire de ton rond.
  Plusieurs font de leur iour cercher cheƷ toi l'en-
Fondāt sur ton cōpas sa plus seure naissāce: (sance,
Quand ton etable s'ouure aus coursiers Deliens,
Tu adoucis le fiel des penibles liens,
Assurés par Phebus raïant sur nôtre tête,
Que la seule moitié de nos labeurs nous reste:
Car tout autant Phlegon emploie de son cours,
DeƷ le gond d'Orient, à tes luisantes tours,
Que depuis ton palais iusqu'au ressort humide,
Où relache Phebus son ecumeuse bride.
Tu es ore témoin du sommet plus hautain
Où en vn méme iour monte le Delien,
Car si tot qu'en ta tour il fait brilher sa tête,
Il se peut bien vāter qu'il n'a point plus haut fête.
  Outre, par ton equierre, ô beau Cercle vouté,
L'on connóit la largeur de chacune Cité:
C'est aussi, beau Midi, c'est ta fidelle regle,
Où la longueur des lieus artistement se regle,

L. III. DE L'VRAN. OV CIEL

Pour ce, Geographie, & ses germaines sœurs
Te doiuent le plus beau de leurs sauans docteurs.
 Bref entre tous les rens de la Celeste bande,
Tu auras en ton tronc de ma Muse l'offrande:
,, Pour ce que le Dæmon, Concierge de ton fort
,, (Qui le pl° outrageus de l'Orque ombrageus sort)
,, N'a point estropié ma constance fidelle,
,, Que tu targues du rond de ta forte rondelle:
,, Et pour ce que touiour qui tient le droit milieu,
,, Come toi, sãs faillir trouue grace enuers DIEV,
,, Enuers DIEV, qui tout vn, de la ronde machine
,, Est le centre, milieu, point, qui point ne se mine.
 Et quoi? sentier laité, chemin semé de lis,
Pourroi ie dàns les flos des Eternels oublis
Plonger ton pur cristal? cête craimeuse face
Qui argente le Ciel d'vne negeuse trace?
 Puis que tant d'Ecriuains ont blanchi leurs écris
En ton lait enionché: puis que souuent epris
Des eclatans raïons de la Laiteuse voie
Quãd par vn Ær muet tes blans raiz tu m'enuoie,
Ie me fraie, dispos, vn chemin à tes lieus,
Où s'ouure, croi-ie bien, le beau portrait des Dieus!
 Non, iamais le cercueil d'vne sourde oubliance,
De ton albatre sainct n'aura la souuenance.
Soit que, comme l'on dit, vne laiteuse humeur
Du Iunonin teton repandant sa liqueur
Ait taint d'vn blanc pinceau cete celeste Voie:
,, Soit que ce beau sentier ciuilement conuoie

,, Les Mânes bienheureus à l'eternel palais
,, Où les balons mortels ne se lancent iamais:
,, Où les heureus Espris francs de soigneuse enuie
,, Soulēt leur gout mignard de la douce Ambrosie:
Soit qu'vn vestige encor du feu Phaetonté
Se lise en cête part, quand le char equarté
Par vn chartier nouueau, d'vne flame feconde
Fit presque cendroier les murailhes du Monde:
Soit que quand le masson de ce rond Vniuers
Platrissoit ce grād Tout de maints platrons diuers,
Les fentes il colla du mastic de son platre,
Si que la cicatrice en montre encor l'emplatre.
  Et pour ne demeurer sans païer mon ecot,
Des deniers de l'Aquin ou du subtil l'Escot:
Ie dis (Chemin laité) que la puissante dextre
Qui ma plume en ma main à ces ecris adextre,
Aiant affection à ton plaisant côté,
,, Vn plus fecond pepin de flambeaus a planté
,, En ton iardin Celeste, & leur lampe melée
,, De leurs menus rāions, en ta sale etoilée
,, Trace son serain trac, ainsi qu'en l'Orient
,, Quand Titan frais-eclos ouure son oeil riant:
,, Ou tel que quand Vesper, Astre de la Cyprine,
,, Broche de clous brilhans la Nuitale Cortine.
  Que si me detraquant du sentier ancien,
Ie n'en suis le parti de mon Stagirien,
C'est tout vn à present: ma Verité iurée
Me promet saufconduit à la maison sacrée

Et quoi? si plus hardi ie fiche de mes clous
L'aſtre Crinier ſanglant, la Comete, chez vous?
Que les grans promeneurs bâtiſſent au Licée
De ſeche exhalaiſon pour tourner en fumée?
,, Non non, ſur nul autel ie n'ai preté ſerment,
,, De mon nombre nul Chef n'arroit ſon regiment,
,, Si ce n'eſt que le Vrai, fidelle Capitaine
,, Sous ſes francs etandars à ſon gré me romaine.
Et pour voir que ie ſuis vn poulain detaché,
Qui encore le frain en bouche n'a maché,
Ie vais errer ſeulet, au fond d'vn bois ſauuage,
Ou de bons vagabons fouler le mol herbage:
,, Puis (comme de Pallas la mule eſt ſans lien)
I'irai tercher au creus du ſable Libien,
Vn clou Diamentin pour clouer la Comete
Auec les clous dorés de la voute Celeſte.
C'eſt ma tâche auiourdui de mes ſuans cheuaus,
Mettre par inuentaire au Ciel tous ſes flambaus.
  Quoi? dois ie m'arranger au ſupos d'Epigene,
Prenant le Tourbillon pour naïue fontaine
De l'Aſtre-cheuelu: comme ſi l'Aer melé
Par le vent, produiſoit ce cheueil etoilé?
Ainſi i'auroi le foüet de Raiſon ma Princeſſe:
,, Si le Vent eſt ſon pere, auec le vent il ceſſe:
,, Puis, le Vent va choquãt mille pars de nôtre air,
,, Ceſt Aſtre en vn ſeul lieu ſe void touiour flãber.
,, L'Æolide eſcadron ne trouue en haut paſſage,
,, Ce crin guinde ſon aile au plus hautain etage.

A ceus

A ceus donrai-ie foi, qui de louche Raiſon
Suçans des reins terrains la ſeche exhalaiſon,
L'agitent par l'epous de la belle Orithie,
Balais de l'Ær broüilhé, horreur de la Scithie.
,, Il faudroit que touiour cet eſprit orageus
,, Pouſſât ce qrin ardant vers l'Autan nuageus.
Ores il piroüete en l'Indique barriere,
Ore il prent pour ſon lit Phorcide la nuitiere:
Il faudroit ſeulement que regnant Aquilon
L'on vid brilher en haut ce perruquier balon.
Epouſerai ie ceus, à qui cet Aſtre ſemble
Fiz de deus feus Errans, qui mariés enſemble,
Ou s'aguignans à plomb, ou s'entre-voiſinans
Enluſtrent l'entre-deus, de mains räions luiſans?
L'entre-deus alumé (comme ce chenu ſonge)
Ses raiz eparpilhés comme cheueus allonge.
,, C'eſt mõ! des feus Errãs le nõbre eſt tout certaĩ,
,, La Comete, & ces feus font haut marcher leur
,, Tout en vn même Tẽs: dõc à leur mariage (train
,, La Comete ne doit ſon cheuelu viſage.
Quantefois de Titan le cours continuel
Feroit par le Bodrier ſon voiage annuel,
Autant de fois nôtre oeil crouleroit nôtre tête
Au ſpectacle hideus de l'ardante Comete:
Car Mars ſouuentefois aguigne à droit niueau
L'Ecumiere Venus en l'azuré coupeau:
Souuentefois Saturne a pour droite viſiere
De ſon fiz Iupiter l'aduerſaire lumiere:

O

Ce regard toutefois ne nous fait spectateurs
De l'Astre parsemant ses cheueus menasseurs:
De plus, en moins de rien, céte longue criniere
A defaut des aspects borneroit sa carriere.
Car le cours qui ces feus auoisine de prés,
Met vne barre entre eus, changé bien tot aprés:
Ainsi se montre à l'oeil des deus Chefs de lumiere
De Phebus & Phebé, l'Eclipse passagere.
Charon aiant passé, butin Plutonien,
Outre le Stix fangeus Demetre Syrien,
Vne Comete au Ciel montra sa lampe clere,
Ne doiuant rien ou peu à la grandeur Solaire.
Du Diademe blanc Attale ornant son front,
Vn tel Astre naquit, puis fait enfant plus prompt
Auança loin ses nerfs, puis en adolescence
Vers l'Æquinoctial etendit sa croissance:
Et n'eut voulu ceder à ce Chemin laiteus
Qui guide au Louure saint des élus bienheureus.
Or ie requiers ici, quantes quantes Planettes
Par leurs fils contissus trament telles Comettes?
  Ephore m'aura-til pour, ferme champion,
Presenter mon estoc pour sa religion?
Croiant que la Comete (Amphitrite profonde
Qui Burice & Helice engoufra dans son vnde)
Se partit en double Astre enormement flambant?
,, Non; car si l'oeil a veu ce crin astré tombant,
,, Pourquoi ne l'eut il veu de ces deus astres naitre,
,, Quand son cheueil glissant se fit à lui paroitre?

Liurant au trebuchet de l'egalle Themis
Le pois Stoïcien, & à contrepois mis
Le lot Stagirien, mon Iugement balance,
Et mon Consentement de tous deus se dispense.
    La vois des quarrefours pousse un Ær epessi
Pour asuré motif de cete etoile ici:
Ce qui vers ce bassin fait pancher la peuplace,
C'est du Septentrion le gros Ær plein de crasse,
Qui semble plus souuent la Comete fournir,
Et dans son champ natal en etat maintenir.
Que si ce Feu ne court vers la Celique voute,
Son aliment en bas lui fait prendre sa route:
Où la veine du viure ouure son soupiral,
Cet Astre de son cours tend le sentier fatal.
    De ce commun aduis à autre Cour i'appelle,
I'euoque mon procés à la iuste Tournelle
D'vn Iugement non serf: Croire ie ne pourroi
Si Raison ne dement de Nature la Loi,
Que la Comete soit vn feu brusque & volage,
Nature l'auou' sienne en eternel lignage,
,, Non pour fantasque enfant de cet Ær tēpêteus,
,, Qui, ne peut inconstāt, de quelques cōstans feus
,, Etre pere ou parrein: l'Ær hote des nuages,
,, Des postans tourbillons, des bigarrés visages,
Qui d'vn vague pinceau plus de frons se depaint
Que nul hagart Prothé des dieus ne fut paint,
Pourroit il assurer en sa loge mal sure
Ce Feu, dont le pied seur si seurement s'assure?

                        O ij

Comme lors que Neron, monstre prodigieus,
Vergongne de Nature, & la honte des Cieus,
Entoit dedans son poing le grand Sceptre de Rome,
La Comete pour âge eut de sis mois la somme.

De plus, si la Comete à son viure couroit,
Touiour aus bras terrains, ses nourriciers iroit:
Car l'Aer qui plus prochain de Terre s'auoisine,
Couure vn laiz plus crasseus au fõd de sa poitrine:
Or iamais la Comete à ce centre n'ateint,
Mais le but de la flame est l'arc du Ciel depeint,
Ou le corp compagnon a sa chaleur rongearde
Contre qui tous ses trets son grand apetit darde.
,, *L'Astre seul fait en rond son cours acoutumé,*
,, *Ce feu sanglant est tel, soit donc Astre nommé.*
Mais, dis tu, si ce feu est etoile Erratique,
Il se promene donc par le Bodrier oblique.
Nego: limites tu ces brandons si étroit?
Au droit humain veus tu sommer le diuin droit?
Quoi? tu enchénes donc en tes fers la Nature,
Comme ne pouuant pas à quelque Creature
Merquer vn trac à part: & quand ainsi seroit,
Ores tes cous fuitifs mon fer reboucheroit.

Car de ce Feu crinier le cercle tant s'auance,
Qu'au train des clous Errans vn de ses bous il lâce.
,, *Certes il m'est aduis que l'on fait plus d'honneur*
,, *A cil qui de Nature est l'eternel moteur,*
,, *De croire que ce Tout en maints sentiers se trã-*
  che,

,, Que batre vn seul chemin iour euurier & Dimanche.

Crois tu qu'en ce grand ôt des clous etincelans
Qui vont le firmament d'vn bel art piolans,
Cinq falòs marchent seuls en pompeus Capitaines
De nul soldat suiuis? tant de torches hautaines
Croupir, peuple muet? veuf de tout mouuement
Seruans de culs d'eplingue au luisant firmament?
  Pourquoi donc, diras tu, l'ombre d'vn obscur voile
Nous a caché le cours de la criniere etoile,
Si des Astres Errans les remerqués sentiers
Nous touchent par les mains des sages deuanciers?
  Nous sommes prés d'acord: Ne sais tu pas, nouice,
Nôtre esprit empereur, nôtre ame, la nourrice
Du charnel magaZin? tu ne sais toutefois
A quel Saint le voüer, ni dessous quelles lois:
,, De vrai l'Esprit humain a tãt ailheurs d'afaire,
,, Qu'encor il n'a loisir de voir son inuentaire,
,, De se cercher soi mème, & de pouuoir nommer
,, Son ioïau qui le fait sur tout autre estimer.
  Il n'y a que trois iours que la troupe etoilée
CheZ les Grecs a sa merque, & sa somme coulée:
Combien ore auiourdui en ces Mondes nouueaus
Se trouuent qui n'ont veu que des charnels tuïaus
De Phebus & Phebé la claire defailhance,
Et du Ciel seulement ont au front connoissance?
  Vn tems, vn tems viẽdra que nos neueus futeurs
Nous accuseront tous paresseus seducteurs,

D'avoir par la fenétre au Ciel dreßé la téte,
Nous creuant les deus yeus au Iour de la Comete:
Ce nuage Ignorant deans vn Tems fatal
Guidera droit leurs pieds sur vn guet de Cristal.
,, Nature ne veut pas d'vn siecle étre la mere,
,, Et maratre de l'autre, elle fait bonne chere
,, A l'vn & à l'autre âge, elle germe aus Neueus
,, Vn art des mouuemens des Cometaires Feus,
,, Comme pour contrepois de maint doüaire rare,
,, Duquel son riche poing ce present siecle pare:
,, Elle veut que noZ fiZ viennent symboliZer
,, A la cerche du Vrai, pour leur siecle priser.
   Que ce nous soit aßés de faire vne Planete
De ce flamboiant feu, pourueu que nostre boëte
N'enferme repugnance, & que ce nouueau droit,
Que nous lui aßignons, touiour marche à fil droit.
C'est cela, (diras tu) mais par le sombre voile
Des brandons radieus ie ne voi nulle Eteile,
Et outre la Comete vn oeil non chaßieus
Fait bien passer sa pointe aus Astres radieus.
   Ce faus grain est cuilhi d'vne fauße semence,
L'Astre Crineus se rit de telle consequence.
,, Ie répons que tu vois par ces Brandons Errans,
,, Non par endrois epais, ains par les transparans,
,, Tu ne transperse außi la Comete solide,
,, Ains le rare entre-deus, d'epeßes flames vuide.
Outre, tu la bannis des haus planchers des Cieus
Comme non faite au tour des globes glorieus,

Ains lõgue en crins epars: sans dormir est tõ songe,
Qui te confessera que cet Astre s'alonge?
 Bien ie confesse ici, qu'il étend sa lueur,
Mais son corp ne dechet de parfaite rondeur.
T'enquiers tu de ceci? ie m'enquier au semblable
Pourquoi tant à Titan la Lune est dissemblable,
Si des raiz fraternels elle luit seulement?
Pourquoi ces menus Clous dorans le firmament,
N'ont presque rien commun en leur diuerse face,
Et moins auec Phebus, dont ils suiuent la trace?
Nous n'oterons donc pas par semblable moien
A l'Astre cheuelu le droit de Citoien
En la Cité de Cieus, bien que son bel Image
Aus Etoiles ne semble auoir grand parentage.
,, Nature ainsi se vante en sa diuersité,
,, Tous corps sur vn patron elle n'a limité,
,, Diuers sont les tresors de la mere Nature:
,, Il lui plait peu souuent étaler la parure
,, De cet Astre crinier, il lui plut le loger
,, En vne chambre à part, voire aus yeus le cacher:
,, Celui qui sur vn plat la Nature balance,
Au fond n'a bien foüilhé sa fertile opulence.
 Que si son mouuement en tenebres voilé
A nos Espris encor ne s'est demantelé,
Peus tu tirer de là quelque vif argument,
Que la Comete n'ait sa vois au firmament?
,, Le Bon, tout Infini, l'Etre de toute Essence,
,, L'Essence de tout Etre, & vnique Existence

„ De l'Etre, n'a-til riē, que tout pêche en son puis,
„ Si dàns l'obscur nuau des inuicibles nuis
„ Regnant en maiesté saintement solitaire,
„ Il a, content, planté sa souueraine chaire?
„ En defendant l'aproche à nos prophanes yeus,
„ Voire aus Linx clair-voians, truchemens demi-dieus.
. Le Monde seroit bien vne chose petite,
„ Si tout le monde en lui de cercher étoit quite:
„ Nature en certain siecle, & en moment certain,
„ De ses Reliques fait quelque elu secretain:
„ Elle ferme à cent clefs sa sainte Sacristie,
„ Et, quand lui semble bon, les siens elle conuie
„ A lui dé serrurer son plus rare tresor
Qu'elle va decelant de l'vn à l'autre bor.
 Buquons à forte main au guichet de Nature,
En fin nous entrerons en sa basse cambrure,
Où se void le cachot, où Comete se tient,
Comete, à qui le droit de clair Astre apertient:
Vn secret embusqué en fosse si profonde,
Ne se peut debusquer sinon à longue sonde.
 Quoi? que s'il me plaisoit mõtrer tel Feu nouueau
En mon Demongenet, qui se fit Astre beau,
Lors qu'aiant recongnu, qu'il n'auoit rien de terre,
Reprint son vol au Ciel, son naturel parterre:
Comme & mon Chauuerné, qui talonnant ses pas,
Pour s'enastrer, lâcha sa depouilhe ici bas:
Qui ne seroit d'acord à mon accorte corde?
Quel faus ton dissoudroit ma nombreuse concorde?
           Mais

Mais craignant m'egarer hors du trac familier,
Au College commun ie reuien ecolier:
Et ia reconuié aus festins de nos Terres,
Ie repren ma brisée & mes premieres erres.
　Les espaces fermés dedans les arcs sus-dis
Furent par nos aïeus en cinq Zones partis.
De ces cinq Ceinturōs le tout plus grand ambrasse
Le droit nombril du Ciel, & se borne en la trace
Du grand Taureau marin d'vn coté, l'autre fin
Se fait, où Capricorne est comme son confin:
Et d'autant que Titan court touiour cête lice,
Que ses ardans detriers y font leur exercice,
Et qu'il cuit de ses rais le terroir du milieu,
La Ceinture brulée est le nom de ce lieu.
　Mais le detroit etroit (que la courte Ceinture
Tant de l'Artique rond, toit de la glace dure,
Que de l'autre Piuot à nos yeus recelé
Entoure) fut nommé le Ceinturon gelé,
Pour ce que ces climas à grand peine tiedoient,
Des räions Deliens, qui de biais baloient,
Seulement, le sur-front de ces séiours frilheus,
Où le Ciel dort touiour d'vn broüilhar sōmeilheus.
　Cà & là, du milieu, entre ces deus de glace,
Vn double Ceinturon entre ces bras embrasse
Les fecons reins du Ciel, où le Feu trop ardant
Est bridé par le froid, & le froid par l'ardant.
　Sur ce méme compas de la Celeste face
Ils ont en cinq parti nôtre solide masse:

P

Car le cercle cernant de son embrassement
Ces deus Ourses qu'on void reluire au firmament,
Void les chams condamnés à froidure immortelle,
Au manoir tenebreus, à la Nuit eternelle.
Alors qu'aprés lon tems, le clair Roi des flãbeaus
Fait reuenir le iour sur les hautains coupeaus,
Il detourne, biais, sa lumineuse coche,
Et, baissé, ne leur fait qu'vne lointaine aproche
Par les orlets courbés de ce monde panchant
Et de leurs petis mons va grande ombre epanchant.
  Donc ce terroir languit, cete lande infertile,
Nonchailhãte aus fruitiers, pour les arbres sterile,
Touiour tainte aus couleurs de ses flocons negeus,
Le siege souuerain d'vn Pluton ombrageus:
Peu s'y voient les pas des feres inhumaines,
Nul sentier n'est tracé de tracétes humaines:
Boré degarroté du roc Æolien
Flagelle, âpre bourreau, d'vn fleau Tartarien
Le dos de ce Roiaume, & de la mer ireuse
Renuerse les abois par son haleine afreuse,
Son gosier forcené ensieurant vn chacun,
Change en vn glaçon dur la fosse de Neptun,
Les étans engourdis ore il emmarbre en glace:
L'autre Monde, qui craint d'oeilhader nôtre face
N'est moins tyrannizé par ce balais glaceus,
Mornement acroupi dans son fond paresseus.
  Deus autres Zones sont entre ces deus glacées
Sur le chaud & le froid par egal compassées.

DE I. EDOVARD DV MONIN. 86

D'vn plus doucereus Aer perçoiuent l'vsufruit
Par iuste contrepois du Iour & de la Nuit:
L'vne etend son beau plan dez l'Ourse Parraside,
Et du Thile, aus chaleurs de Syene nous guide.
 Ceinturon bien-heureus des espris artisans,
Heureus au train de Mars, & aus soldas puissans:
Terre heureuse au troupeau, qui de rente feconde
Soudoie de ses fruis la grand mere du Monde,
,, Terre prodigue encor des dons delicieus,
,, Dont l'abus esrené de l'age vicieus
,, A degradé l'honneur de Nature nourrice
,, Triste de voir ainsi noier son benefice.
 Mais la plage etendue outre le Dain frilheus
Au Canop frissonnant, bien qu'il void mêmes feus
Du Celeste foier, & non le Pole méme,
D'accés perpetuels touiour a le front bléme:
L'Autan debagoulé crachant mille mers d'eau
Ne fait rien qu'vn etan de ce monde nouueau,
De Neptune irrité la vague vagabonde
Semble aller guerroier les hauts plachers du Mõde.
S'il se trouue en ce creus vn demembré lambeau
Qui du vague Ocean derobe son coupeau,
C'est l'autel Busirid', le cep de Barbarie,
Des inhumains humains sanglante boucherie.
Là le Iustinian par ses iustes edis
Les Milors retranchés n'egale au plus petis:
Là Tanchou, ni les siens, ministres de Iustice
Au fond d'vn Chatelet ne garrotent le Vice:

P ij

L'escadron Sathanic là tient le sceptre en main,
Au front le diademe, & se pompe à grand train:
Là l'horrible Pluton, l'afreuse Proserpine
Vomissent le venin du fond de leur poitrine,
Comme si ia lassés de regner aus enfers
Le centrails crevassoint de ce haut Vniuers,
Pre-métãt leurs fourriers, et leurs archers de garde
Ire, Cruauté, Rage, & l'Enuie rongearde,
Pour ici transporter sur le dos d'Alecton
Tout le regne opulent de l'auare Pluton.
Car ce peuple inhumain sa seche soif n'alente
„ Dàns le sang fraternel trempãt sa pointe ardãte,
„ Si de ses chers enfans, ses precieus ioiaus,
„ Le sang ne fait floter ses alterés boiaus:
„ Deuêtant de l'humain la toutale Nature,
„ Vaincant l'Ours Pannonide à l'informe figure,
„ Le Marmaric lion, & l'apetit profond
„ Du gosier afamé d'vn loup, qui, vagabond
„ Degate ore ce parc or' cete bergerie,
„ Sans que de sang iamais soit sa soif assouuie.
„ Tel fleau va bourrelant ces quartiers equartés,
„ Soit que quelques Destins dàns le Ciel arretés
„ Les condannent au ioug d'vn viure si sauuage
„ Pour seruir de miroir aus fiz de l'heritage:
„ Soit q̃ le dous Phebus, et le dous chœur Neuuain
„ Cheualier de Raison n'ait peu donter au frain
„ Ces ecumãs courtaus, ces gourmãs frãcs de guide
„ Se ioũãs de leur charge, et des nœuds de la bride.

,, Car où la Muse acorte a son credit perdu,
,, Le Lut harmonieus croupit au croc pendu : (amie
,, Tout ainsi qu'au saint Chœur de la Nœuu aine
,, Dieu est maitre de Chœur de sa douce harmonie.
  Mais entre les Tropics, où le Midi se tient,
Le solide seiour vn grand Canton contient,
Que du painturé Ciel la lampe souueraine
Fait chaudement fumer de la pantoise haleine
Du Phlegon eclatant, & sous ce Feu Roial
Et la Nuit & le Iour marchent à pas egal,
Le ciseau Delien tailhe vne robe egale
A celle que Phebé tailhe à sa sœur Nuitale.
  Ce recit aueré vers ceus, qu'vn beau desir
(Qui au foïer cendreus ne les laissoit croupir)
Empanoit brauement d'vn celeste plumage
Pour aus bouches voler des neueus d'age en age,
Fouilhans au ventre creus des secrets naturels,
Ont creu (comme serment iuré sur les autels)
Que l'Astre enfante-iour cendroiant la campaigne
Rendoit par ces boüilhons la matrice bréhaigne
De ce climat routi, que Lucine iamais
De nul acouchement n'y receuoit le fais :
Pour ce que le canal de la lampe prochaine
Suceoit toute l'humeur, qui engrosse la plaine
D'enfantemens diuers, aus climas, où le Ciel
Distille, plus begnin, les dous fruis de son miel,
Si que l'humeur recuite vn seul gazon n'ameine
Sur le dos inconstant de l'infertile arene,

P. iij.

La perruque des bois n'ombrageant la chaleur
D'un feuilhart tremblotant, et si brulante ardeur
Contraignant au depart la Dipsade alterée
Indocile au ioug sec de si chaude contrée.
Et comment sous le Ciel d'un accés si brulant
L'Aer venteleroit l'Aer au Poumon pantelant?
Ce seroit, comme on dit, respirer une braise,
Pour rembarrer l'efort d'une ardante fornaise.
 Mais le plus iuste pois du Possidonien,
Et du graue Auicenne, honneur Arabien,
Ont plus exactement assuré les minutes
Des habitations que l'on tenoit pour brutes,
Pour hermites climâs, pour desers solitaires
A l'hôme & au troupeau cadnassant ses repaires.
 Quant à moi, deuetant l'habit d'affection,
Vrai partizan du Vrai, & nu de passion,
Ie donne à mon auis entre leurs auis place:
Ie tien: auecques eus, qu'en la moienne trace
Du Ciel moitoienant, un eternel Printems
Se couronne de fleurs, qui ne cedent aus dens
De Borée outrageus, & que l'alme Nature
N'y porte iamais dueil, fiz d'une saison dure:
Et si quelque pourtrait du clos Elisien
Se peut voir ombrager dans ce clos Terrien,
C'est, crois ie, en cet endroit, où le beau Ciel decœuure
Vn front touiour riant, où la noire coulœuure
Ne vomit son venin, où parmi les prés vers
Iargonnent les ruisseaus cent gazoilhis diuers,

Où les Chantres du Ciel par la gaie verdure
Soignent les nicherons de leur race future,
C'est ou le champ puceau de coutres non fendu
Inuite des haus Cieus le rideau bien tendu,
Bref où ne peut qu'à peine vne Sœur filandiere
Viser du fer pointu de sa fleche meurdriere.
„ Car si sur le terroir du Tropique brulé,
„ Vit le brun Syenois, & plus loin reculé
„ Outre le Sienois, l'homme d'Æthiopie
„ Ne se dueilt de passer la course de sa Vie:
„ Vn climat plus auant d'un Ciel plus moderé
„ Peut preter aus Viuans son logis assuré,
„ Et leurs peut bien fournir à prodigue poignée
„ Cela dont nôtre Vie autre part est soignée.
Car comme le Soleil d'un plus furieus dard
Sous le Cancre brulant d'un plus prochain regard
Frape le Sienois, & sa pointe plus droite
Y fait plus long seiour, & la nuit plus etroite,
Tout s'y trouue plus chaud, d'autant que nul efort
Ne s'opose aus efors de Titan là plus fort.
Au contraire Titan, au milieu de la voute
(Qui fait branler ce Tout au branle de sa route)
D'un raiz mieus balancé d'un iuste contrepois
Oeilhade ces pourpris; & bien que là les bois
Defendent contre lui leurs têtes de peu d'ombre,
Et que d'un droit aspect, hautain, il chasse l'ombre:
Son essieu tournoiant si vitement s'enfuit
Que la place atiedée en la moiteuse nuit,

L. III. DE L'VRAN. OV CIEL

Par l'Astre iete-chaud n'est que bien peu blessée,
Comme si d'un courbe arc sa course etoit lancée.
,, Car comme de Phebé le regne n'y doit rien
,, A la longueur du Iour, né du feu Delien,
,, L'Ær gentil, clair, serain, subtil, tout à son aise
,, Durãt la longue nuit, vainc du Iour le malaise,
,, Et garni de fraicheurs, d'un inuisible pas
,, Se glisse lentement par les tuiaus d'enbas
De la Terre beante, & ses freres appelle
Du ressort Stigien, une escadre nouuelle
De gelés champions, des humides froideurs
Qui opposent leur camp aus Iournales ardeurs.
Quoi? quand ici Titan retressit sa courte ombre,
Et quand le nud Æté haineus de la Nuit sombre
Redore nos chams secs d'êpis rebarbotés,
Lors le hautain Taureau des Scithiques cotés
Poingt des raiz plus voisins, montre ses cimetieres,
Et ses frilheus coupeaus aus Celestes lumieres?
Le mont negeus distille, & les glaçons fondus
A lon frain dans la mer s'écoulent repandus.
Puis le Terrain ombril d'une lente secousse
La neble hors de ses flans, mainte exhalaizõ pousse:
Lors du fond Riphean, la Scithienne horreur,
L'Epous Orithien, le balaie-air venteur
Fouëtant rocs & cailhous, va denuant de nues
Et de brouilhars poissés l'ot des Alpes chenues,
Et d'un rouant cerceau par le milieu des Cieus
Cargue les tas brouilhés du nuage ocieus,

Le superbe Toreau, le sourcilheus Caucase,
Et de l'Hyuer oisif la cendre & foïer raze:
Et prudent Somelier des Æthiopiens,
Les afranchit du cep des alterans liens,
Et en les abruuant d'vne fraiche Ambrosie,
De changer de païs leurs ote toute enuie.
Lors les fêtes hautains voisins du firmament
Contribuent, coulans, à leur abruuement:
Car les torrens ferrés à cornes ecumeuses
Bruians par les pendans des montaignes pierreuses
Entrainent à leur hurt, saules, guerés, & pons;
Les argentins ruisseaus sautelans à maints bons,
Serpentās par le champ montrēt dos aus mōtaignes,
Ils se font faire largue aus beantes campaignes,
Et comme vrais Vassaus du Nil à set tuïaus,
Lui vont païer tribut de tout l'ot de leurs eaus:
Le Nil impatient de bride riuagere,
Du plan Ægiptien defriche la barriere,
Et ore çà, or là, trainant son limon gras,
Aus Libiens arpans, entrecoupant ses bras,
Les baigne grassement, & de son eau feconde
Fait cercher son canal pour miracle du Monde.
Et de tant plus que l'Ær braisilhe de chaleur
Des brandons qui lui font epreuuer leur valeur,
Tant plus cet Ær aussi s'arme d'epesses nues:
Et comme de Titan les fleches plus tortues
Brēchent l'Ær Syenois, & non à droit niueau,
Tant moins son Ciel habilhe un nuageus manteau

Et quand le blond Phebus, du remot Capricorne
S'est fait hôte equarté, en la contraire borne,
Du Monde à nous caché, là n'est il moins noirci
Du soufle pluuieus de l'Autan obscurci.
Et croi bien prōptemēt, ce qui m'est vrai semblable
Qu'à si grandes ardeurs se montre secourable
Le vent Etesien, & nuaus parannels
Dont les humeurs font tête aus raions eternels
La part, où va panchant la ceinture brulée
Vers l'Essieu recelé de la voute étoilée.
,, Et s'il conuient encor ieter un coup de dez
,, Contre saint Augustin, & Lactance bandés
,, Pour ceus qui de cet Art ne font qu'une risée,
,, Où la Terre Antipode est des doctes prisée:
,, Ie me targue le corp d'un Naturel bouclier,
,, Nature est ma pedante, & moi son ecolier.
,, Nature par Nature entretient sa nature,
,, Ou cil qui fit Nature en pois, nombre, & mesure:
A L'Ægipte en ce point le Scithe repondit
Que son aise ne cede au frilheus contredit,
D'autant qu'orpheliné d'une flame Æteale,
Il a bêtes, forets, contre la froideur pale,
Et le ferme rempar de son corp aceré
Pour epointer les trais du froid camp asuré.
,, Ainsi (le croit qui veut) ie croi que la Nature
,, Mere & non point maratre à sa chere facture,
,, A l'habitation adextre l'habitant,
,, Au naturel du lieu faisant le corp bastant:

,, Si qu'autant que le Ciel semble faire de force,
,, D'autant le remparer vn contrepois s'eforce.
,, Nature est de son Tout le mastic le lien,
,, A tous ses enfans chers vrai niueau Lesbien,
,, Car les aiant placé en Ceinture incommode,
,, Fait tãt qu'au lieu scabreus l'habitãt s'acõmode:
,, Afin qu'en son quartier tout bourgeois par egal
,, Admire en son conseil le diuin Marechal,
,, Qui commande à Titan touiour faire sa ronde,
Et bon soir & bon iour donner à tout le monde.
   Toutefois le Canon de si roide argument
N'eût brêché le dur roc de l'humain pensement,
N'eût eté que la Foi de la nef Calaïque
Vuida ce diferent par sa propre pratique:
Lors qu'ardante de soif des riuages perleus,
Et cerchant des Indois les dons blans-iaunes-bleus,
Elle fouilha le sein de plusieurs nouueaus mondes,
Voguante à la merci des flo-flotantes ondes.
   Elle y vit maints suiets de la blonde Cerés
Remuer de maint soc maints inconnus guerés
Là part, ou vers l'Essieu le Soleil radieus
Se volte droitement sur le nombril des Cieus,
Touchant à iuste plomb le terroir porte-graine,
Les Chams Bresiliens, la Taprobane plaine:
Chams vraiment consacrés aus ébas Cypriens,
Aus mouls Cupidonneaus, aus ieus Idaliens:
Chams, où coule touiour la corne d'Amalthée,
Terre eternellement d'vn Auril heritée,

III. DE L'VR. DE I. EDOVARD.

Chams, où le chéne dur ne sue qu'vn miel rous,
Chãs, où l'arbre est touiour secou d'vn Zephir dous:
Chams, où de frais toufeaus la Terre est etoufée,
Chams, où nul Aquilon ne bouffit sa bouffée:
Chams, où touiour le Ciel s'embâme des odeurs
Qu'halenent les ruisseaus peres des belles fleurs:
Chams, où le Rossignol, & l'acorte Linote
Marient aus Zephirs leur musicale note:
Chams, où nul camp de Mars de piques herissé,
Ni du guerrier cleron le son tantaracé.
N'entre-ront le sommeil q̃ des flaus l'hõme pousse,
Tapi sur le tapis d'vne tendrette mousse
Frangeant l'aZuré bord: Chams, où l'apre Alecton,
Ne grossit de beaucoup le domaine à Pluton:
„ Chãs, où mõ cœur voudroit plãter sõ ferme siege
„ Loin du belier railhard, dõt maũt mâtin m'assie
„ Qui se voiant forclos de mes Lunaires raiZ, (ge,
„ Tẽd ses aguets trõpeurs, et sa trape à maints rets,
„ Pour arreter le vol de mon vite plumage
„ Qui maugré leurs abois, m'a guindé sur l'étage,
„ D'où ie puis influer au cœur de mes Neueus
„ Les sucs Nectariens par le chœur elu beus.

Fin du troisieme Liure de l'Vranologie de
Ian Edouard du Monin.

LAVS TIBI DOMINE IESV.

LE QVATRIEME LIVRE DE L'VRANOLOGIE OV DV CIEL DE IAN EDOVARD DV MONIN PP.

A Meßieurs les Regens, & (non Pedans) Pedagogues de l'Vniuersité de Paris, & specialement

Ad Io. Magnum, & Matth. Bossulum, fortissimos duos, atque adeò vnicos literarij Cæli Atlantes.

CONSECRATIO.

CCE meo ecce quidem cretū iam sanguine Cœlum,
Ausum ingens facinus, fratris penetralia Cœli
Pultat, & insueto certans se credere Cœlo,
Se parat hæredem patriis ascribere Cœlis.
Nempe sua astrifero Polus hic affinia Cœlo
Sydera conscius est, æterno sydera Cœlo
Germana, immensi sibi ius exposcere Cœli

Ora Polo similis stella'o, lumina Cœlo
Consimilis: Cœlum flammantis regia Cœli
Agnoscit sibi finitimum, sacra pignora Cœli.
Hoc Cœlum, proceres, radiosi maxima Cœli
Numina, fassa meum cœlesti stemmate Cœlum,
Hoc Cœlo statuêre suos herciscere Cœlos.
   Iam neque Sol solo solus splendescere Cœlo
Ambit, at hunc Titâna mei sibi iungere Cœli
Adnuit, & Phœbe rutili lux altera Cœli
Hâcce sorore suum gaudet suspendere Cœlum:
Mars Marti, Veneri Venus alto prævia Cœlo
Postuidque, hærescit: septeni Falx mala Cœli
Exfalcata; meis didicit iam parcere Cœlis:
Per superos spargit latè miracula Cœlos
Iuppiter, huncque Iouem locat alti margine Cœli:
Illa octaua etiam picti tentoria Cœli
Hoc ijsdem grauidum clauis gemmascere Cœlum
Gratantur, nec auita meo persoluere Cœlo
Iura indignantur: reuolubilis orbita Cœli
Conspirat, celsis ciuem condicere Cœlis
Hæc sententia stat toti acceptißima Cœlo.
   Prouocat à sociis Hermes ad ferrea Cœlis
Numina fatorum, fratrémque admittere Cœli
Mercurium negat ille mei qui è culmine Cœli
Emißus, summos ima ad subsellia Cœlos
Nunciusasportet, quòd non sat nectare Cœli
Hic mihi Mercurius, stellantum cryptica Cœlûm

Progenies manet. Quò (dicite lucida Cœli
Astra) receptabor? quo cœlem fornice Cœlum,
Ne quatefacta ruant succenso pendula Cœli
Mœnia Mercurio? vestrum nutantia Cœlum
Mœnia vi firmâ mihi roborat, ac gere Cœli
Cingitur hoc vestri præcelsos vertice Cœlos
Prægrediar, si vos Cœlestia semina Cœli,
Mercurij spartam subeatis, & aurea Cœli
Vestra mei sit lingua tenax, lingua edita Cœlo
Ambrosiis stillans succis, & nectare Cœli
Rosida vox, vox vna vnos attollere Coelos
Parq́, priorq́ ipsis Pitho mellitula Cœlis.
 Este mei pars summa Poli, pars maxima Cœli
Este mei, proceres gemini, duo pignora Cœli
Tyndaridæ, vel Mercurium detrudere Cœlo
Artifices, vestri vt cœlatus cuspide Cœli,
Acriùs in nitidos contendat spicula Cœlos
Eloquii: Vna meo superestis maxima Cœlo
Summa, meũ numeris quadrabitur ac modò Cœlũ
Integris, integra meo si munia Cœlo
Mercurij addetis, numerum componite Coelo
Coeligenæ: aut taciti celatus tegmine Cœli
Cogar ego vestros sata Cœlo lumina, Cœlos
Celare: vt sola sella hos celauero Cœlos,
Sydera quis pandet vestro radiantia Cœlo,
Vos nisi Maiugenæ perfuncti munere, Cœlum
Pandatis? proprio sordet quàm gutture Cœlum!

NOTA

Que ie feroi marri que cette mienne dedicace fût communiee à ie ne fai quels batardeaus dé l'Vniuerfité Fl. & Ec: Qui châque Dimanche fe pendent aus quarfours auec leurs vers: argumét, que mal falés, ils font pourrir leurs leçons en vers regratés.

Vino enim vendibili. &c.

LIVRE

LIVRE QVATRIEME DE L'VRANOLOGIE OV CIEL DE IAN EDOVARD DV MONIN. PP.

'EST TROP, c'est trop poster par
la longue carriere
Des replis tortueus du Ciel porte-lu-
miere:
C'est trop suer d'ahan sous ce fais franc de fais
Sans prendre haleine à tours d'vn cheual de relais:
,, C'est trop se faire Atlas de la Celeste charge,
,, Qui de nos corps en fin la nef de Charon charge,
,, Si le somme enchanteur, le pere au dous repos
,, Nos iournaliers trauaus ne reçoit en depos.
I'ois en haut le Triton du bel azur Celeste
Au camp des feus Astrés ia sonner la retraite:
Et puisqu'aus Cieus ie suis ambassade transmis
Pour reporter nouuelle à nos Terrains sou-mis,
De ma commission ie ne puis tourner quite
Sans l'enseigne marquer du leuer, & du gite
Des scadrons Courtisans, & de Titan leur Roi
Qui leuer & coucher les fait selon sa loi.

Q

L. IIII. DE L'VRAN. OV CIEL

Car s'il me suruenoit en sursaut quelque afaire
Pour traiter auec eus, quand ia ne se peut taire
Le canton painturé des isnelles oiseaus
Sur l'Aube voletans par les rians rameaus,
Il faudroit en leur lit me poursuiure audience
Pour tot expedier quelque cas d'importance.
,, Le chatouilheus desir du Cyprien conflit
,, Aus amas Radieus a fait trouuer vn lit (couche,
,, C'est pour l'amour d'Amour q̃ chaque astre a sa
Voiõs dõc quand, cõment, & ou l'Amour les cou-
,, Et d'autãt que l'Amour cõme nud enfançõ (che.
,, Des môs trop etofés n'aprend point la leçon,
,, Ains s'amuse, folet, au marge de son liure
,, Qui est fleurdelizé des trais graués d'vn cuiure:
Dessous le frais abril des mirtes amoureus
Lisons les cous d'Amour doucement rigoureus:
Laissons là maitre Adam tonner dàns son école
Au bruit des môs guerriers, pour à telle parole
Faire trembler de poeur son nouice ecolier:
,, Des Astres amoureus plus dous est le colier.
Vous doctes Polemons, vous doctes Philirides
Qui de Pagase aués en main toutes les brides,
Ausquels le Principal des Delphiques coupeaus
A commis en entier la garde de ses seaus,
Pour emmatriculer la gentilhe brigade
Qui courtise les Soeurs à chaste bonnetade.
Vous, dis-ie, mes Regens ma plus cheré moitié,
Qui me lies au ioug de vôtre alme amitié

Ne faites tant la cour à la sainte Nœuuaine,
Qu'auec moi ne montiés en la cour souueraine
Des Courtisans astrés, qui de nuit & de Iour
Faisant la court entre-eus, se soulacent d'Amour:
,, Car l'Amour de vos Soeurs, ne vo° sert q̃ d'echel
,, Pour regaigner de DIEV la haute Citadelle, (le
,, Veu que le premier fil d'amour s'ourdit es Cieus,
,, Donc sa trame y finit ses ieus delicieus.
  Quoi? vous riés, amis, gaussans en grand volume?
Or escortés le vol de ma craquante plume,
Qui s'en va voletant au Prin-tems eternel,
Où se couronne Amour du feuilhar maternel.
CLAVDE DEMONGENET, qui de z ta froide lame
Eprins ce chaste feu, qui cuit encor mon ame
De ta pudique amour, Claude, en qui tous les Cieus
De leur fecond amour verserent tout le mieus:
Puisque le saint amour couué dãus ta poitrine
T'unit au Beau sans pair de l'Essence diuine,
Si ie fus autrefois ton Socrate amoureus,
Toi mon Alcibiade, ores, fait astre heureus,
Paie moi mon Lendit, des Muses iuste dime,
Pedagogue d'Amour sers moi de Diotime:
Et apren auec moi aus Regens de Paris
Qu'au Ciel vous pratiqués le metier de Cypris.
  Il n'ya nul danger si peu mon pied s'elance
Du bal Stagirien: telle m'est l'Indulgence
Du Latonide Euêque, & du choeur Vierginal,
Qui sur ton front m'allume vn raionnant fanal.

Le docte Curieus, miracle de Samie,
Qui print en argument la Celeste harmonie
,, Pour le Celeste amour (d'autant qu'amour par-
,, Est pere d'Harmonie, où le discord se tait, (fait)
Ne s'empeina pas moins tissant la viue trame
Du Celeste animal, qu'il fait tourner d'vne Ame,
Que quand il s'afaira au musical berceau
Qu'il recercha, soigneus, dans le son d'vn marteau :
Et si diuinement ce dessein il ebauche
Qu'il n[ous] depaint le Ciel auec la droite & gauche.

Et le Stagirien, qui, tout diuin Dæmon,
N'emboüa son esprit du paresseus limon,
Ne dedeigna brosser d'vne plante hardie
De ce pere-parrein de la Philosophie
Le sentier peu batu, ce chemin peu fraié
Auquel, maint Arcadic s'est, fautif, fouruoié.

Ce secretaire acort de la sage Nature,
Voiant du gauche & droit dans le Ciel la figure,
Qui à tout Animant assigne sa largeur
Laquelle n'a nul nom à defaut de longueur
(Haut & bas, tête & pieds) côme deuant, derriere,
De la profondité donnent la source entiere,
Balança si bien tout au pois de la raison,
Qu'il auiua des sis la Celeste maison,
Et la fit Animal, lui formant pieds & tête,
Et la face & le dos, & la gauche & la droite.

Il est vrai qu'auisant le foibble etaiement
Que Pythagore print pour ferme reglement

De la part droite au Ciel, qu'il mit en nôtre Pole
(Qui d'aſtres plus luiſãs lui mõtroit quelque rôle)
Il s'auança hardi, ſur les Samiens pas,
Se doutant que l'on vid plus grands aſtres là bas.
  Dõc pour ne parler point d'une bouche emprũtée,
Ains de naiue vois des cieux à luy pretée,
Il commença le chef du Celeſte Animal
Au point de l'Orient, commencement Iournal.
  Le gond Nabathean eſt donc du Ciel la dextre,
Et le moite Ocean lui eſt la main ſeneſtre:
,, Car la tête ou le haut eſt touiour celle part
,, Qui à tous la vertu du mouuement depart:
,, Comme l'on void à l'oeil en la nature humaine
,, Que des eſpris & nerfs la tête eſt la fontaine:
,, Et la main droite auſſi eſt le commencement
,, (Cõme en l'hõme il ſe void) du méme mouuemẽt:
De la face ou deuant le mouuoir s'achemine
Du droit qui du Cerueau tire ſon origine.
  Conioins les diferens à ces trois oppoſés,
Les poins du Ciel ſeront doctement compoſés:
La droite donc du Ciel eſt l'Indique barriere,
Dont les courriers aſtrés commancent leur carriere,
Non comme vn point fiché d'vn clou de Diament,
Ains par tout, où le Iour eſt eclos fraichement:
Le point de l'Occident ſoit du Ciel la ſeneſtre,
,, Comme le mouuemẽt qui ne commence à dextre
,, Eſt plus debile & lent, que cil du côté droit:
,, Ainſi de l'Occident à l'Orient ſe void

,, *Le planetaire cours plus lent & plus debile,*
,, *Que celui dont le Ciel son premier fuseau file.*
Et si l'Est est receu du Ciel le droit coté,
Il faut que l'Antartic soit pour tête accepté,
Comme premiere mer, d'où la vertu deriue
Au flanc dextre posé sur l'Indienne riue:
Les pieds aboutiront au Scithique seiour,
La face où le deuant, se retrouue touiour
Entre l'Aube & Ponant en la haute partie,
D'où du Ciel marchãt droit la charrette est partie:
Le derriere ou le dos soit celle part en fin
Qui derriere l'Aurore a posé son confin,
Dessous laquelle part l'Orient se diuise,
Comme la droite main par les epaules prise
D'vn des cotés du dos : tel est cet Animant
Qui par ses mouuemens va ce Monde animant
  Or ce bel Animal d'Essence tant diuine
N'est orphelin des sens, maitres de discipline:
Aueugle n'est le Ciel, borgne, louche ni sourd,
He! qui seroit le Thrace, ou Beauceois dur & lourd,
Qui ne se dementit plutôt que iamais croire,
Que ce Dieu Perruquier, des filhes de Memoire
President, coeur, & oeil, qui dessilhe nos yeus,
,, *Empereur tout-puissant des flambeaus radieus,*
,, *Ne iouïssant de vüe ait à l'humaine vüe*
,, *Donne son voir à rente à soi méme non vüe?*
Non non, ce vieil Argus des nôtres celebré
Nous fait toucher au doigt les yeus du Ciel cãbré.

,, I'en apelle en garant les clairs-voians Prophétes
,, Qui nõmet yeus de DIEV les brilhãtes Planetes.
,, L'vn d'eus ecrit ainsi:
,, Par le Ciel etoilé, son corp parsemé d'yeus:
Bref le raiZ Delien se nomme l'œ.l des Cieus
Et n'illumine rien de luisante influence
Que son oeil droit-visant n'ait dessòus sa puissance.
O du tout diuins yeus, dont doüé seulement
Le Ciel se dit auoir tout autre sentiment!
De vrai, le Ciel iaçois-que franc de toute oreilhe,
Par la pointe de l'oeil void & entend merueilhe.
,, Si d'vn fraile oeil humain tant la vertu s'etend,
,, Que le parler sans vois & sans son il entéd,
,, Merquant acortement sur la leure & la bouche
,, Vn silence mouuant qui l'oreilhe ne touche:
,, Qui lourd flatera tant l'oreilhe des mortels,
,, Qu'il refuse le méme aus grans yeus immortels,
De ce Linx etoilé? dont la lampe diuine
Trauerse les rains creus, & profonde poitrine
Du globe Terrien, puisque ce vif Argus
Au centre fait sentir sés trets chaus & aigus.
Ainsi le Celeste oeil par sa fenetre ouuerte
Void de tous autres sens la tâche decouuerte.
Or si cet Animant des autres le niueau,
Se void sain, & gailhard, tout piafant, tout beau,
Ains de toute beauté qui pare nôtre Monde,
La mesure, la regle, & la sourᶜe feconde:
Veut il, moine pensif, dàns vn Cloitére equart

Timon, haine de tous, se voir desherité
Des fruis delicieus du mielleus Hymenée?
Par qui nous defions la forte Destinée
Qui de chacun de nous fait heritier Pluton:
,, Mais cet Hymen rechange Atropos en Clothon,
,, Et des Particuliers le tournement sans cesse
,, Maintient en son entier la generale Espece.
　Non non, le Ciel ne veut, inciuil animal,
Croupir aus vains Cyprês, lougarou, seul, brutal:
Ains voiant au tableau de son diuin visage
De son Pere, & du Tout graué le saint image,
Il courtize la Terre, & pere d'un chacun,
Cerche femme pour tout la mere du Commun.
　Et comme le Paon, à qui la douce flame
Qu'vn fusil Cyprien atize en la noble ame,
A fait mettre en depos dedans la main d'Amour,
Tout souci qui le mine & de nuit & de iour,
Va pompeus étalant les tresors de ses ailes
De l'Indique butin piafardement belles,
Affin de retirer en change d'amitié
De sa chere parcelle, vne douce moitié:
Ainsi le Ciel nauré de la fleche meurdriere,
Qui du mieus de son coeur fait la Terre geoliere,
Brigue par les apas de riches vetemens,
De sa DAME, son tout, les dous acolemens:
Son manteau chamarré de flambantes rouëlles,
Ecussonné de clous des brillantes Etoiles,
Fait montre de l'état de ce gentil amant,

Et

Et le fier terrien attire à son Eyment.
　La Terre ne se montre à ses voeus dedaigneuse,
Ains sa glace sentant la flame chaleureuse
Du Ciel & de Cypris, s'atiedit doucement:
Hymen est conuié à leur acouplement:
Hymen conuie apres la prudente Lucine
Pour assister au feis de nouuelle gesine:
Et tant redoublent ils leurs amoureus baisers,
Qu'ils peuplent ce grand clos d'enfantemens diuers.
　Mâle est donques le Ciel, la Terre est la femelle,
Qui ne semblant bouger, ains croupir toute en elle,
Meut d'un mouuement lent sa naturelle humeur
(L'eau close en ses boiaus) sa naiue chaleur,
(Le feu promptement chaud) & son esprit agite,
(L'air encaué çà là). Mais toute elle ne quite
Son seiour paresseus, afin de receuoir
Le sperme qui la fait ses enfans conceuoir
Que si tu veus sauoir quelle est cette semence
Qui aus Celestes fiz donne naitre en essence,
,, C'est la tendre rousee, & la vitale humeur,
,, Qui, meliée au tas d'une douce chaleur,
,, Race des vifs raions de Phebus & des torches
,, Qui herissēt là haut des toits Astrés les porches,
,, Grossit les intestins de Thetis & Cerés,
,, De la Terre & du Ciel les gages assurés.
Voi la comparaison de ce Celeste mâle
A nôtre mâle humain du tout en tout egale!
Comme le corp humain est premier composé

R

Des homogenes pars tel nom fut imposé,
(Comme sont nerf, & os, cartilages, & vénes,
Qui batissent, unis, toutes loges humaines)
En aprés est la chair pour commun rempliment
Qui fournit l'entre-deus de tout ce batiment:
Ainsi du firmament la divine cambrure
Est faite de maints feus de diverse nature.
L'astrologue compas les coupe en cinq grandeurs,
Outre des autres Clous les obscures splendeurs.

 Entre ces clairs brandons de claire reluisance,
Du Ciel, comme la chair est la belle substance.
Puis les membres humains de diverse raison
Ont au Celeste corp méme comparaison.

 Set membres organics & de Princesse usance
Contribuent leur part à l'humaine semence:
Entre ces tributeurs le Cœur obtient le pris
Fournissant la chaleur & les vitaus espris,
Qui tiennēt lieu de forme en la semence humaine:
Et comme la Matiere à la Forme se meine
Ainsi suit le Cerueau, source de la moiteur
Qui nous sert de Matiere au sperme formateur.

 Le Foie a le tier lieu, dont la chaleur plus douce
Souaiuement tempere & à croissance pousse
Et le sperme, & le sang nettement epuré.

 La Rate rend le sperme encor plus assuré,
Et suçant tout le laiz de la masse grossiere
Grossit, comme au leuain, sa glueuse matiere.

 Les Reins pour leur état, par leur propre cuison

Piquans & echaufans du sperme la maison,
L'aiguisent poignamment, par la chaude Cholere
Que le Fiel va semant dans leur voisin repaire.
,, Les vrais assaizonneurs sont ces vitaus outis
,, Que iadis s'arracha le trop pudique Atis:
,, A ces vaisseaus laiteus l'humaine creature
,, Doit la perfection du tresor de nature.
  La Verge est la setiéme, arc artistement fait,
Dardant dans la Matrice un si genereus tret,
Que ce sperme ieté par le Tems il deforme,
Pour l'embellir des trais de nôtre humaine forme.
  Là haut à méme train marchans les set flabeaus
Versent leur fecond sperme en ces Mõdains boiaus:
Le Soleil est le Coeur de la voute etoilée 1
Qui touchant de ses raiz nôtre basse valée
Tire au iour les vapeurs, & les fait exhaler,
Puis en eau sperme actif, les fait, vif, distiller,
Les guide à ses raions, & par l'annuel change
De ses quatre saisons en bon etat le range.
  La Lune est du haut Ciel le spongieus Cerueau, 2
Qui de stable inconstance ici fait couler l'eau,
Léue les batailhons de la grote Æolide,
Et le sperme nourrit de sa rosée humide.
  Le chau-moite Iupin est le foie du Ciel 3
Qui nôtre ondoiant Air adoucit de son miel,
Et paiant son ecot au change de l'année,
Tempere humidement la semence ia née

        R ij

L. IIII. DE L'VRAN. OV CIEL

Saturne rate au Ciel, en ses seches froideurs
Seruant les froides eaus engrossit les vapeurs,
Et donnant mouuement à l'Æolide bande,
Empeche que le Chaud trop de chaud ne debande.
  Mars sanglāt est le fiel, & les reins chaleureus
Eleuant les vapeurs, & d'vn chaud vigoureus
A lambique l'honneur, l'aiguise, & rend actiue
La chaleur semenciere en tout penetratiue.
  L'argentine Venus est le vital Temoin,
Qui pour blanchir le sperme a pour les Cieus le soin:
Car sa moite froideur doucement temperée
A l'enfance de l'eau est fort apropriée:
Et comme les Temoins, & chaleureus roignons
Sont au naitre du sperme amis & compaignons.
,, Mars sechement ardant a la poitrine outrée
,, Des doucereus atrais de l'alme Cytherée:
,, L'vn poingt de son ardeur, Venus par son humeur
,, Petrit cette semence en vitale chaleur.
  Mercure messager, le courrier Atlantide,
Est la Verge du Ciel, qui la semence guide:
Ore il va reculant, ore droit quelquefois,
Tantôt trempant nôtre air, l'essuiant autre-fois.
Cest Astre fait son cours comme dressé du Coche
Du Soleil, ou suiuant de la Lune l'aproche:
,, Comme la Verge en nous par l'eguillon du coeur,
,, Et du songeard cerueau, se dresse en sa roideur
,, Ainsi se void à l'oeil que le Ciel parfet mâle
,, A, mari, céte Terre en moitié coniugale.

Ores il n'est content de peupler l'Vniuers
D'vn nombre non nombré d'enfantemens diuers:
Ains sans se donner tréue en son cours, il procure
La Vie, & l'entretien de châque Creature
Ses gages chers aimés: Et ses Mondains enfans
,, Enfans, non sang batard, enfans obeissans,
,, Fretilhent au regard du paternel visage,
,, Temoignant de la Terre au Ciel le mariage.
   Ces set brandons encor, ô miracle nouueau!
Seruant à deus, ainsi qu'vn Delien couteau;
Car le Ciel se sert d'eus, comme pour la science
Les trous du Chef humain nous pretēt leur vsance.
,, Le Ciel a pour oeil droit le Soleil radieus,
,, L'oeil gauche & le Croissāt plº voisin de nos yeus.
,, Le Ciel en Iupiter oit d'oreilhe senestre,
,, Et le vieil Moissonneur est son oreilhe dextre:
,, Mars est comme du nez le trou du coté droit,
,, Et à l'alme Venus l'autre pertuis se doit:
,, Mercure truchement de la troupe diuine
,, Est comme President de la langue & doctrine,
,, Car ainsi que la Verge en sa viue action
,, Est le iuste instrument de generation:
,, Ainsi la Langue fait la Celeste naissance
,, Des fiz spirituels, raisonnable semence:
,, Memement le baiser à ces deux est commun,
,, A la production chatoüilhant vn chacun.
,, Comme les autres sens referent leur office
,, A la Langue qui doit borner tout leur seruice:

L. IIII. DE L'VRAN. OV CIEL

Tout de méme à la Verge Instrument productif
Tous autres sont voüés, comme au dernier Baillif.
Comme entre les deus mains double fealle ancelle,
De sauoir & parler, la langue a sa scabelle:
Ainsi entre les pieds la Verge a prins son lieu,
Pour par leur mouuement se ioindre par milieu
A la moitié femelle: ainsi la simple Essence
Du Celeste animal, en vn a double vsance.
 Or non tant seulement ce general amour
A son siege planté dans la Celeste Cour:
Ils s'entraiment encor d'Amour particuliere
Venus est grande Reine au Ciel darde-lumiere.
 Mais pour n'arrêter rien au Poetique parquet
Soutenu du pilier de quelque vain caquet,
Alongeons vn petit les filets de ma toile:
Les cinq causes d'amour soint le vent de ma voile.
,, Le plaisir doucereus de generation,   1
,, Entre mâle & femelle enfante afection.
,, Puis la succession, dont le pere & la mere   2
,, Ia mors par leurs enfans se tirent de la biere,
,, Produit la viue ardeur de l'amour paternel
,, Enuers son sang aimé, son surgeon eternel.
,, En apres suit l'amour de merite & de grace,   3
,, Qui au caïer du coeur n'eface point sa face:
,, Ainsi le petit Chien d'vne Cheure alaité
,, Persiste en cet amour fidellement planté.
,, Le quatriéme motif qu'Amour a pour sa lesse, 4
,, Est la conformité de toute méme espece:

„ Car méme les plus fiers, qui pour proie queter,
„ Ne veulent nul commerce auec autres traiter,
„ Ne font sentir les cous de leur rage execrable,
„ A ceus qui sont merqués d'vne espece semblable:
„ Tel est encor ce noeud d'obscure afinité
„ Qu'aueques le Daulphin a l'homme contracté,
„ Qui semblent se cherir d'vne amour mutuelle,
„ Segnal bien segnalé de la vie eternelle.
„ La cinquieme alumette alumant dàns le coeur
„ D'vn Zele mutuel la reciproque ardeur,
„ Est celle de hantize & de la compagnie,
„ Dont à l'étrange espece vne espece est vnie:
„ Ce charme est si puissãt, qu'vn Agnelet peureus
„ Va cotoiant le flanc d'vn Lion genereus
Et du Loup froisse-parc. Céte cinquieme cause
A nos discours ne doit métre derniere pause.
L'homme, pourtrait de DIEV, pour son particulier
A deus causes encor d'vn amour singulier.
  Cet Amour a sur tous sa recerche admirable
„ Qui pour sa cause tient complexion semblable:
„ C'est cet Eyment caché qui de premier abord
„ Le fer à peine veu fait sauter sur son port,
Si que de premier front vne amoureuse flame
A vn nouueau suiet exclaue l'humaine ame:
„ Soit que les Ascendans vnanimement ioins
Telles afections acouplent de tous poins:
„ Soit que l'humeur de l'vn à l'autre humeur sem-
Cerche la liaison à sa part desirable.   (blable

Nul d'autres animaus ne se chaufe à tel bois,
Tel amour nous humains range dessous ses lois.
　　L'autre cause d'amour est Trebellianique
A l'hôme acort & dous, qui les vertus pratique :
,, Les morales Vertus, les Vertus de l'esprit
,, Sont les engins qui font, que l'homme de bien rit
,, A celui, qui aus Soeurs faisant humble seruice,
,, A rencontré Pallas pour seconde nourrice,
,, Et qui merqué du coin des Vertueuses moeurs,
,, Echelle par bien-fais de l'Vniuers les murs,
,, C'est l'assuré loïer de cet amour honnéte,
,, Qui sur tout autre amour eleue autant sa téte,
Que sur le sauuageau vn haut Pin va dressant
Son chef des Cieus hautains le cõtour pourchassant.
　　Or le Ciel patronné sur plus rare modelle
Que n'est du camp brutal la nature mortelle,
Communie auec l'homme en ce double eguilhon,
Qui nous piquant d'amour le cuit à gros boüilhon.
　　Car des Celestes corps telle est la resemblance,
Tel est le mariage & fidelle alliance,
Que de leurs sons mélés nombreusement diuers
Resulte vn iuste acord de si gratieus airs,
Qu'ils font du tout pancher sur le bord de l'orcilhe
L'esprit beant au chant de si douce merueilhe :
Tant, que l'oeil Lyncean diuers ne les diroit
Aus membres r'aportés, qui au Tout visent droit.
　　Car ainsi que le Coeur d'vne amour mutuelle
Fournit au frere Chef la chaleur naturelle,

La vie, & les espris, & reciproquement
Le cerueau lui fournit nerf, sens, & mouuement,
Et toutes autres pars de nôtre masse vnie
Entre elles vont dançant de méme symphonie:
Ainsi les pars du Ciel, que le doigt eternel
Colla parfetement d'vn mastic immortel,
S'entre-zelent d'Amour, conformes en nature,
Comme paroeciens sous vne méme Cure,
,, Decouchant tous leurs trets au but de méme fin
,, Qui est, du Createur gaigner l'oeil pour butin:
,, Et en vrais Citoiens de méme Republique,
,, Vnis, rendent leur lot à vn corp Organique.
L'autre cause d'Amour est la rare Vertu
Dont châque corp Celeste est richement vetu,
Vertu s'euertuant par sa vertu feconde
Feconder l'amari du rond de ce grand Monde.
Leur Angelique esprit voiant céte beauté
Qui là haut fait escorte à leur digne bonté,
Allume en si beaus feus vne Amour reciproque
Qui aus ars de Venus chastement les prouoque.
,, Ici, Regens amis, venés, soigneus, noter
,, Et à vos Ecoliers faites bien annoter,
,, Que les Celestes corps ont pour cause amoureuse
,, Du general bien-fait la grace gratieuse:
Car comme mieus doüés des tresors de Raison,
Au Raisonnable equierre ils dressent leur maison,
,, Se dressant au niueau d'vn bon esprit & sage
,, Qui au bien de ce Tout postpose son menage,

L. IIII. DE L'VRAN. OV CIEL

Que ne m'est il permis eprouuer mon cheual,
Ou lon tems arreter le Iournalier fanal
Dessus mon HORIZON? *pour es gaies fleurettes*
Deuiser de l'Amour, & des flames segrettes
Que lance Cupidon par la fenetre aus yeus
Dans le genereus coeur des astres radieus?
Ie feroi saluer du nom de parfet homme
Du grand cercle luisant la tournoiante Pomme:
Mais ailheurs i'en titrai vne toile en entier,
Me suffise montrer vn trait de mon métier.
Qui bien que sur ce theme auançant son excourse,
Ne se forligne trop de ma premiere source.
Mercure seulement, de mon destin l'auteur,
Recrêra, gratieus, nôtre lassé lecteur:
Qu'il ne soit toutefois tant friand de ma sausse
Qu'aus os du sens couuert l'apetit il ne hausse.
,, *Mercure, ce dit on, à Venus est germain:*
,, *C'est que presque touiour vers la Solaire main*
,, *Ils bornent en vn an leur vagabonde course.*
,, (*Du pere Iupiter Mercure print sa source*)
,, *C'est que ce feu Celeste est dignement vetu*
,, *Des diuins paremens de Sagesse & Vertu.*
,, *Mercure eut au berceau Iunõ pour sa nourrice,*
,, *C'est qu'il faut q̃ Sagesse au saint sein se nourisse*
,, *Par les mets Nectarins des doctes fauoris*
,, *Du* DIEV *Latonien, qui nous paissent d'écris.*
  (*Mercure est messager, & truchement fidelle*
Des conseilhers sacrés de la haute Tournelle)

DE I. EDOVARD DV MONIN. 102

C'est que son hommager est oracle orateur
Du Destin qui dans lui a logé le futeur.
　Le serpentin replis de son droit Caducée
Est le subtil discours dont la ronde tournée
Tant roda autour du rond que le Centre il ateint:
Ou bien, le caut Serpent la prudence nous paint
Aus morales vertus, & sa Verge dressée
Demontre au fil des ars nôtre ame non faussée.
　Si le loisir permet me faire inquisiteur
De ce droit Caducée, & quel en fut l'auteur,
A court fil ie titrai de Mercure l'histoire,
Pour en sauuer le sens du Lethe à l'onde noire.
　Mercure auoit emblé d'Apollon le troupeau,
Mais trouué sur le fait par quelque pastoureau,
Son larrecin il couure au present d'vne Vache,
Enioignant à Batus que sa finesse il cache.
Mais, comme l'hôte à peine est de l'hôte assuré,
Mercure courtizan politique & madré,
Emprunte vne autre face & Batus arraisonne,
Et pour ouurir le fait vn gras boeuf il lui donne.
Mercure dressant l'oeil au peril de son dos,
Change en vn dur cailhou du receleur les os.
Apollon deuineur, à l'ame Prophetique,
Void à iour decouuert de ce vol la pratique:
Il arriue piqué d'vn bouilhonnant courrous,
Mais Hermes est aprins à reboucher les cous:
Et le deualisant, finet, de fleche & trousse,
Il desarme Apollon à riante secousse.

Apollon retirant à son ire le frain
Lui donne céte Verge, & prend la Harpe en main.
   O plas delicieus, ô table Ægiptienne,
Qui friande aſſouuit la bouche Antonienne!
Mais ſauçons en ſes mets le pain tout au dedans,
Que ſi douce ſaueur paſſe au cœur par les dens.
,, Apollon eſt vn Roi, ſa Vache eſt ſa richeſſe,
,, Mercure diſeteus ſe ſerre en riche leſſe.   (prend,
,, Ceus deſquels frais-naiſſans Hermes la charge
,, Dardēt de leur fin arc vn trait, lequel droit tēd
,, Aus cours des grãs Seigñrs, au but de Secretaires,
,, Ambaſſades, hautains, au maniment d'afaires.
,, Si quelq̃ beau butin s'empoiſſe dàns leurs doigts,
,, Mercure ne leur manque en Synonique vois
,, Pour deguiſer leur fait, & d'Argolique mante
,, Emmanteler leur cas, dont ce Roi ſe contente.
,, Ils n'etriuent retifs contre les grans Seigneurs,
,, Soùs leur petit bouclier ils ſe targuent plus ſeurs:
,, Ainſi l'Aſtre d'Hermes eſt la moindre Planette
,, Euadant de Titan l'efroiable ſagette.
   Or Phebus & Mercure vnis en bon acord
Coupent par leurs preſens le noeud de leur diſcord:
Hermes donne à Phebus la harpe harmonieuſe,
,, (C'eſt du Mercurial la dextre induſtrieuſe
,, Qui maniant le mas du nauire roial
,, L'afranchit des abois du flo-flotant criſtal,
,, Et, Pilote, le fait ſurgir à riue ſeure)
Le Seigneur, qui ne veut que céte grace meure,

Donne lieu de credit au caut Mercurial,
Donc ses raïons en lui lui seruent de fanal.
,, Princes, suiués les pas d'Apollon vôtre pere,
,, Courtizez vn Mercur, faites lui bonne chere:
,, Prêtés lui votre etrieu, son auis meur & promt
,, Plante le sceptre au poing, le diademe au front.
,, Par tel art courtizan les Princes de la Terre
,, Ombragerent iadis de laurier & lierre
,, Leurs beaus chefs adorés dez le bord Indien
,, Iusqu'au frilheus mari du lit Orithien.
Ainsi Pyrrhe achetoit la langue de Cynee,
Cyrus en Xenophon remit sa Destinee:
Ainsi Dion portoit Platon au fond du cœur
Aristote etoit Roi de son Roi, grand vaincueur:
Ainsi Crese tenoit d'Anacarse sa vie,
Et Denys le Tyran Aristip' seul enuie:
Ainsi fut Dieu Stilpon au duc Ægyptien
Et Bion d'Antigone etoit le seul lien:
Demetre d'Antioche, & Licone d'Attale,
L'Orent de Medicis, seul, tous ces vieus egalle.
Cete ecorce fableuse encor cache sous soi
Le mistere couuert de l'Astrologue Loi.
,, Apollon & Mercur par aliance insigne
,, Guignãs l'efãs frais-né dessous vn heureus Signe,
,, Font au Mercurial compagnon le pouuoir,
,, Au riche Phebean ioignent l'Art & Sauoir.
Mais mon Mome n'est loin, qui de gaule cuisante
M'ecratigne le dos, dequoi ma Muse atente

Faire voile à tout vent, loin du riuage élu;
Mais quoi? ce coq-à l'ane au lecteur n'a deplu.
Sus donc retournons bride à la premiere orniere,
Et du celeste Amour franchissons la lisiere:
Ce faut il toutefois que mon texte ordonné
Ici soit en passant recollationné.

   Tous les cercles cambrés de la celeste sale
Egalent des neuf Sœurs la troupe Vierginale:
Les set prochains d'ici sont les set Feus errans,
Puis l'huitieme rideau maints clous sont redorans:
Le neufieme est celui, que Iournal on apelle,
Entrainant en vn Iour toute la maison belle.

   L'entier entourement de ces cercles dorés
Se diuise en trois cens & soixante degrés:
Ces degrés par aprés on coupe en 12. Signes,
Châque Signe se coupe en 30. pars insignes,
Et de tous le circuit Zodiaque est nommé,
Autant vtile à tous que de tous renommé.

   Or les quatre Elemens en ces Signes pretendent
Quelque droit d'actiõs qu'ẽ bas leurs arcs debãdẽt:
„ *Le Belier, le Lion, & l'Archer fier & grief*
„ *Reconnoissent du Feu chaud & sec quelque fief.*
„ *Puis la Vierge, le Dain, le Toreau brise-terre*
„ *Doiuẽt leur froid & sec au droit de nôtre Terre.*
„ *Les Bessons, la Balance, & le bel Echanson*
„ *De l'Ær humide-chaud se vantent par raison.*
„ *Le Scorpion aprés, les Poissons & le Cancre*
„ *De leur humide froid atachent à l'Eau l'anchre.*

Donc ces Signes entre-eus contractent amitié.
Ils sont haïneus entre-eus de quelque inimitié:
Car les trois q.par tier en leurs humeurs semblables
Se partagent le Ciel, sont du tout amiables,
Comme sont le Toreau & la Vierge, & le Dain:
Mais ceus, d'acord iamais ne se baisent la main
Qui diuisent par sis le grand Boudrier oblique.
D Amour moienne entre eus s'exerce la pratique:
Tel se void le Mouton à l'endroit des Gemeaus,
Les Gemeaus, du Lion aus haletans naseaus:
Ceus qui sont oposés en la biaize sale
D'huitante & cent degrés, ont haine capitale,
D'autant qu'vn iouïssant de la haute maison,
L'autre Signe est mussé dessous nôtre Horizon:
Car biē qu'ils soint tous deus de meme force actiue,
Differens toutefois ils sont de la passiue:
Comme si l'vn & l'autre est du chaud emparé,
L'vn est sec, l'autre est moite: on le void aueré
Au Belier Indien auec le pois d'Astrée
Qui balance le droit en la balance astrée.
Tellement quellement ceus là sont ennemis,
Que nonante degrés loin l'vn de l'autre ont mis,
Tant pour l'endroit milieu de l'opposition,
Que pour auoir en deus repugnante action:
Tel se montre l'Archer au Nageur porte-ecailhe,
Et tel est l'Echanson au Toreau qui trauailhe:
Car l'vn est du ressort de madame Iunon,
Et Ceres serre l'autre en son terrain chénon.

Les Planetes aussi vnies sont entre elles:
Quãd d'vn benin regard s'aguignẽt leurs chãdelles
Comme de trine aspect (qui sont sis vingt degrés)
Ou d'vn aspect sextil (en soixante nombrés)
Leur amour vn peu moindre atiede vn peu leur fla-
  Mais ces feus Erratics alors de corp & d'ame (me.
Sont mortels ennemis, quand ils sont reculés,
D'huitante & cent degrés es planchers etoilés:
Tu les dirois l'vn l'autre auoir iuré par armes
Rome contre Annibal mille sanglans vacarmes.
  Mais s'aprochans entre eus dans le camp azuré
De nonante degrés, qui font l'aspect quarré,
Ils donnent quelque espoir q̃ treue ils pourrõt faire,
Bien qu'vne entiere pais leurs clerons ne fait taire.
  Ces brãdõs ioins entre-eus d'vn besson couplemẽt,
Selon l'esprit des deus conioins ensemblement
Sont amis, ou haineus. Les fortunes heureuses,
,, (C'est Venus & Iupin es maisons lumineuses)
,, Se baisant à plain oeil, se font de bon accord,
Auec nul de ces deus Phebus n'a nul discord,
Ains bienheure l'Amour, la Solaire Planête
A Iupin, ou Venus ioignant sa chaude tête.
Cet aproche produit par sa cuisante ardeur
Vn chagrin enuieus & desastré malheur.
Entre autres, quand Titan fait cheuaucher sa coche
Sur la Royne des Mois d'vne prochaine aproche,
Vne Hydre de malheur, vn Monde d'infortune
Par tel acouplement nôtre vie importune.

                                    ,, Quand

„ *Quãd de Saturne & Mars les Astres desastrés*
„ *Se peuuent marier aus autres clous dorés,*
„ *Touiour de cet Hymen la noire destinée*
„ *Nous garde de benir la noce infortunée.*
  Il est vrai que Venus receuant le baiser
De l'adultere Mars, se sent moins ofenser:
Si au fiz Iupiter le porte-fau se lie,
Iupiter à bon droit lui doit porter enuie:
Que si Saturne & Mars atelent leurs cheuaus
Coniointement à plomb au pere des flambeaus,
Céte conionction à Titan odieuse,
A ces feus de malheurs ore est plus malheureuse:
Bref qu'auec eus Phebé ou Mercure soit ioint,
Leur amer fiel pourtant ce miel n'adoucit point.
  De méme les aspects des Errans luminaires
Prosperent plus ou moins nos Mondaines afaires,
Comme leur Naturel plus ou moins est d'acord,
Ou comme est leur Genie en mutuel raport.
„ *Celui qui de cet art affecte la maitrise,*
„ *Qu'il vouë vne iournee aus feuilhets d'Alcabise:*
Assés i'acomplirai l'état de mon deuoir,
Si, voiant que ce iour panche ia vers son soir,
D'vn passager discours fuiardement i'ataque
Les Amours des maisons du biaiz Zodiaque.
„ *Sache donc que ces Feus ordonnément errans*
„ *Au Baudrier orangé fixement demeurans,*
„ *Ont chacun leur hotel, & leur chambre garnie,*
„ *Et lors que leur vertu en tels lieus est vnie,*

S

„ Ils se chatoüilhent là, y doublent leur valeur:
„ Mais quand vne Planete a logé sa splendeur
„ En vn Signe opposé à sa propre demeure,
„ Sa force en tel logis n'a residence seure:
Et moins l'enfant eclos fraichement en tel sort
De quelque grand boucheur fraie le premier bord.
Or ie veus te prêter mes fidelles lunétes,
Et te montrer à iour le seiour des Planétes.

Ni Phebus ni Phebé, bien que Princes flambeaus,
N'ont au châp tiqueté, pour tout que deus chateaus;
Des autres vn châcun d'vn seul ne se contente,
Châcun d'eus y batit vne gemelle Tente:
„ Comme ie voi souuent qu'vn trénoble Seigneur
„ D'vn tout seulet château contente sa grandeur,
„ Au lieu que dàns Paris vn niais frere Pierre,
„ De superbes palais bosse toute la Terre.
Phebus donc se rangeant à modeste raison
Plante au clos du Lion son vnique maison:
Phebé tient son logis en la lente Ecreuisse.
Le Dain & l'Echanson font à Saturne ofice:
Iupiter a choisi pour ses doubles maisons
L'Archer homme-toreau, & les nageans Poissons:
Mars ore au Scorpion ore au Mouton s'emplace;
La Balance, & Toreau de Venus ont la grace:
L'Atlantide neueu plante ses ecussons
Dàns le champ de la Vierge, & des astrés Bessons.
„ Ores humes mes sons à veilhantes oreilhes,
„ Voi le doigt du Seigñr, merueilhe des merueilhes!

DE I. EDOVARD DV MONIN. 106

,, Voi, comment ce maſſon de ſa feconde vois
,, Maſſonna tout en nombre, en meſure, & en pois:
,, Châq̃ part en temoigne en to⁹ mõdaïs menages,
,, Mais les lois de ces Clous en ſont parlans Images.
  Car l'opoſition de ces Signes luiſans
Correſpond iuſtement aus brandons opoſans,
Si que toute Planete à l'autre diſcordante,
Prend maiſon qui à l'autre eſt toute repugnante:
Et comme les ſeigneurs ne s'acordent entre eus,
Les ſeruiteurs & toits de méme ſont haineus:
Ainſi les deus logis du Faucheur indontable
Qui ſont le Capricorne & l'Echanſon de table,
Opoſent leur front triſte aus logis bienheureus
De Phebus & Phebé (le Lion genereus,
Et le Cancre retors) & ſe font defiance,
Diuerſement logés, de contraire influence.
Car comme le Soleil & l'argentin Croiſſand
D'vn Printems emailhé bienheurent le naiſſant,
,, (Phebus par ſa chaleur prêtant au Monde vie,
,, Phebé le nourriſſant par ſon humeur auie)
,, Au contraire, Saturne execrable glouton
,, Enrichit de ce Tout le regne de Pluton,
,, Tuant par ſon glaçon la chaleur naturelle,
,, Tariſſant nôtre humeur par ſa ſeche rondelle,
  Du truchement des Dieus la contraire maiſon
A celle de Iupin enſuit méme raiſon:
Ils decochent auſſi de l'arc de leurs repaires
Leurs du tout diuers trets d'influences contraires.

                    S ij

Car Iupiter Roial embesongne la main
Au precieus lingôs, & à tout sceptre humain:
Mais Hermes alteré d'autre soif plus diuine
Brule d'un chaud desir de celeste doctrine,
,, Et pendant que son oeil vif & presomptueus
,, Epie les secrets du Monarque des Dieus,
,, Et qu'au Ciel son païs il se trasse vne voie,
,, Il ne bat à son coin la Mondaine monnoie:
,, Et void on peu souuent qu'vn Iouial enfant
,, Es ars Mercuriaus paroisse triomfant,
,, Et rarement le fiz de l'Eloquent Mercure
,, (Flairant d'vn aigu nez les odeurs de Nature,)
,, Defie de Midas le reuenu puissant,
,, Ou du Tage doré le sablon iaunissant.
,, Car Mercure blemit saintement solitaire
,, Aiant l'obscur discour fidelle secretaire:
,, Iupin se vermilhonne au mouuement actif,
,, Peu soigneus des compas de l'Art contemplatif.
,, Il est vrai qu'à bon droit la Mercuride race
,, Brosse de Pauureté céte epineuse trace,
,, D'autant qu'ils sauent bien que telle pauureté
,, Efface les grandeurs d'vne riche clarté:
Ainsi donc les logis de Iupin & Mercure
S'oeilhadent, ennemis, de leur contrecarrure.
 De méme, bien que Mars ne pardonne à nul pas
Poursuiuant de Venus les amoureus apas,
Leurs maisons neämoins entre ell s ōtrariēt, (riēt:
Cōme en ālque autre acord leurs deus cœurs se ma-

Mais entendons comment. Leurs contraires regars
Ne se batent, haineus, à grans cous de tels dars
Que Mercure & Iupin: mais seulement s'estoquent
En la complexion. Car Mars & Venus choquent,
Entant que Mars est sec en chaleur, mais ardante,
Venus froide en humeur, mais non exorbitante,
Comme est celle à Phebé: partant Venus & Mars
Accordent en un tier leurs oposés regars.
,, Mars donne la chaleur pour cause productiue,
,, Phebé verse l'humeur, nourriciere passiue:
,, Et iaçois que de Mars soit excessif le chaud,
,, La trepe de Venus rabesse son chef haut, (tendre
,, Et d'un chaud & d'un froid un tiede dous &
,, D'un art tout naturel artistement s'engendre.
Ces telles qualités de leur complexion
Allume en leur amour le feu d'affection.
Toute l'autre famile en ces torches Errantes
Regit ainsi son train par lois non decadentes.
,, Mais laissant aprés moi batre quelque sentier
,, Aus maitres plus expers, de ce douteus metier,
,, Ie vai fermer mõ sac, et dàns mõ sac mes quilhes,
,, Iamais à S. Michel ie n'acheté coquilhes.
I'ai quelquefois aprins que ces brandons Errans
S'exaltent en un Signe en peres reuerens:
Châcun d'eus entroné en quelque maitre Signe
En graue maiesté fait du Prelat insigne.
Le Soleil au Mouton tranche du braue & grand,
Et la Lune au Toreau: Saturne haut s'etend

S iij

Au baßin de Themis, Iupin en l'Ecreuice,
Mars, se quarrant piafe, aiant au Dain sa lice:
L'Ecumiere Venus en son berceau natal
Pompe chez les Poißons d'un triomphe roial:
Mercure, bien qu'obscur fait eclater son cierge
Alumé clairement au foier de la Vierge.
　Mais que vaut s'amuser en ces subtils discours
Guetant de ces flambeaus les segretes amours?
„ Ce Dieutelet sans yeus se cache en place etroite:
„ Quãd nous marchõs à gauche, il biaise à la droite,
„ On ne l'affine point, il nous afine tous:
„ Pourquoi donc vainemẽt, mal-caus furetõs nous
„ Les cachõs amoureus de la bande etoilée?
„ Venus veut que sa flame en cendre soit voilée:
„ Son fiz pour ieus d'essai nous met la poudre aus
„ Pour nous tenir secrés ses ars malicieus.　(yeus,
Ne vois donc, Acteon, la Vierge toute nuë,
Pour ne metre en hazard la perte de ma vüe:
Ie veus mi-fermer l'oeil à ces celestes yeus,
Sans trop de leurs ebas me rendre curieus,
C'est trop faire la cour, cete troupe est trop sage
Pour semer de leurs grains l'infertile riuage:
Ie sai bien que pipés de doucereus apas,
Sans ateindre leur blanc, ils ne soupirent pas
Soùs le dous-plaisant ioug du Cyprien martire,
Et ie croi bien qu'Hymen sur eus le rideau tire.
　Sus dõc, donnons leurs pais, et tréue à mes discours,
Qu'ils sauourent le miel de leurs longues amours,

Qu'ils sucent à baiser le reste de leur ame:
Et sans plus alonger cete amoureuse trame,
Semons les à leuer & à coucher-aussi:
Leur gite, & lit nocier soit ore mon souci:
Pour raconter en bas d'vne discrete bouche,
Comment l'astre s'eueilhe & comment il se couche.
Sus leuons nous, Regens, voila le coup dernier
De la cloche tinté par la main du Portier.

   Quãd du Terrain giron, quelque tẽdre herbelette
Tire de son chef vert la tendre pointelette,
N'en faisant que la montre à l'etoilé coupeau,
On la dit eleuée en l'enfantin berceau:
Ou à ceus que Nature vn peu plus indulgente
En partage assigna vne Ame fretilhante
Par vn mœuuant logis: si tot que l'Amari
Lui fait largue en cet Ær, & que ia lui a ri
Le flambeau Iournalier, en sa naissante enfance,
Cela se dit leuer en premiere naissance.
Mais l'Herbe et l'Animal ia chargés de maïts ans
Ou rauagés des flos des iournaliers torrens
Se r'embusquant au sein de la commune mere,
Et ia fuiãt des Cieus l'oeilhadante lumiere,
Ils sont dis trepasser, dedans le fatal bord
Où fait tout aborder le statu de la mort.

   La disette indigente en nôtre humain langage,
De ces môs empruntés a transporté l'vsage
Aus Astres tournoïans: Car on dit vn Flambeau
Frais-eclos se leuer, quand quitant le tombeau

Des Manes infernaus, il entre chez Nature,
De l'Horizon fraiant la premiere bordure:
Puis quand s'en retourant au Plutonique sueil
Il fait sous l'Horizon pour noz yeus son cercueil,
Il est dit se musser, se coucher, & s'eteindre:
Côme si ces brandons, qui l'oeil ne peuuent poindre,
Etoint mors enterrés au Thetide tombeau,
Où, pour renaitre en bref, ils baignent leur berceau.

Mais simple n'est le nom de la Couche & Leuée,
Leur raison, leur façon n'est d'vn patron moulée:
Car quand vn Feu plus vite aconsuit le Soleil,
Et qu'ofusqué des raiz, il n'apert à nôtre oeil,
Le guet qui de la Nuit en sentinellant veilhe,
Cerchant ce Feu perdu en la premiere veilhe,
A ce defaut ombreus met le nom de Coucher
Quand le Soleil voisin fait cet Astre cacher.

Et si tot que ce Feu, qui plus dispos, deuance
Phlegon mal reueilhé, sur l'Horizon s'elance,
Le Poëte à qui la Muse a son miel distilé,
A ce coucher, du nom de Solaire apellé,
Comme celui qui est causé du voisinage
Du grand oeil redorant tout le mondain etage.

De pl° quãd vne etoile au grãd Cirque des Cieus
Va sa course egalant à Titan radieus,
Si que faits compaignons, ensemblement ils tirent
Leurs chars sur l'Horizon, ensemble les retirent
A l'etable nuitale, on nomme ce leuer
Mondain, ou matinal: puis quand se va lauer

(Vesper

(Vesper de frais ponnue) une etoile cheante,
Dàns le bain azuré de Thetis ondoiante,
L'Vsage, Roi-tyran des noms, dit ce coucher
Acronique, ou Vépral, qui fait ce feu cacher.
 Mais quand le frais Soleil deboucle sa barriere,
L'Etoile qui s'en va hors du Ciel la derniere,
Et de rechef pompeuse en Indique butin
Se parade à nos yeus au berceau du Matin,
Quand ia Titan lassé ote à Phlegon la bride
Le laissant reposer dàns le bord Hesperide,
Ce coucher se baptise au nom Grec d'Acronic,
Et ce leuer aussi prend le nom de Cronic :
Nommé fut ce coucher Vépral en vois Latine,
Le leuer matinal, par la troupe diuine
,, De nos doctes ayeus, qui guidés d'vn bel art,
,, Au frontispice astré fichérent leur regard,
,, Qui à voiles enflés, & à rame abatue
,, Harpenterent le clos d'Amphitrite la blue,
,, Qui pour Phare prenans les brandons radieus,
,, Porterent nôtre Pole aus fleuues Stigieus,
,, Et qui nous r'aportans le Pole Conopide ride.)
,, Se sont faits Dieus-humains dàns leur Epheme-
 Toutefois les flàbeaus qui brillẽt dàns les Cieus,
Ni se couchent, tombans, ni leuent en tous lieus
En vn tout meme tems, ni en toute contrée
En tems egal, egaus ne montrent leur leuée.
 Mais à ces peuples là que le Cercle Egalant
Egalant nuit à iour va droitement volant,

T

Tout Astre en tems egal leurs fait sa mõtre egale,
En egal tems aus eaus à tous tout se deuale:
Et n'y a rien au champ du parterre etoilé,
Qui au discour de l'an ne leurs soit decelé.
  Mais ceus où Caliston s'éleue haut de terre,
Voient les clous luisans que nulle Nuit n'enserre,
Et tant plus que du Nord cet Astre est retiré,
Tant plus tard se leuant montre son front doré,
Et tant plutot se musse en la vague Hesperide.
  Mais aussi de la Nuit la couuerture humide
Nous embusque les feus que le Pole Antartic
Tient, pour contre-brauer les clous du Pole Artic:
Car non moins pour iceus sont mortes ces chãdelles,
Qui châque & toute nuit eclairent nôs prunelles,
Et à méme raison se leuent tard des flôs,
Et r'encasent en mer leurs bien peu veus falôs.
  Or les doctes poussés de cure Assyrienne
A hocher des destins la cruche souueraine,
Ne sondent le leuer ou coucher d'vn flambeau,
Mais ils font le reueil de l'etoilé troupeau
Au bord de l'Horizon, quand leur brilhante téte
Au cachot infernal plus ne ioue à cachette,
Ains nous vient saluer d'alternatif retour:
De méme leur coucher ils nomment en leur cour
Quand vn Astre se panche au Phorcide repaire,
Et se met en depos au rendez-vous d'Ibere,
Soit quand au bord Indois l'Aurore aus dois rosins
Du flamboiant Courrier atele les rousins,

Soit quand deuers le foir deia Vefper tardiue
Le chariot foüilhé enuoie à la leſſiue:
Soit au brulant Midi, foit quand le repos dous
A notre foude bat contre les foigneus cous.
　Quand douze Signes donc durant 24. heures
Font pret de leur lueur aus terreſtres demeures,
Tous en vn tems egal ils ne fe leuent pas,
Tous en efpace egal ils ne tombent en bas:
Mais ce Signe plus tard l'autre d'vn pied plus vite,
Nous donne ore bon iour, or' fur la nuit nous quite,
Iaçois qu'vn châcun d'eus luit d'vn méme fanal,
D'vn egal rond cerné, & d'vn comport egal.
,, Le gentil Caldean dedans fon Aftrolabe
,, Epluchant ces momens fillabe par fillabe,
,, Compaffe, tout diuin, ces momens incertains
,, Aus chifres non menteurs de fes iétons certains.
　Car, côme l'Egaleur en châque heure fait naitre
Quinze part de fon tout, & autant en r'encloitre
Dans le marin conuent: aus Aftres difcordans
Tel leuer il ordonne en nombres accordans,
Selon que l'Aftre fort plus tôt de la marine,
Ou plus tard va dormir chez Thetis azurine.
　Car quâd vn Signe entraine vne plus grâde part 1
De l'Equinoctial que du Boudrier p'en part,
On dit droit ce leuer: mais quand plus de parties 2
Du biais Zodiac font de là bas forties
Que du cercle Egaleur, on dit que ce flambeau
Fait fon leuer oblique, & non à droit niueau.
　　　　　　　　　　　　　　T ij

Le moitoien Leuer est comme quand vn Signe
Tire trente degrés de l'Egaleur insigne:
Car tout Signe au Bodrier des cercles azurés
Arrondit sa grandeur de trois fois dis degrés.

Ha!ie m'aperçoi bien, ma mignonne Vranie,
Que ma plaine epineuse est ici mal vnie:
Ie voi maint ecolier de ma classe haineus
Ieter son ecritoire au buisson epineus,
Où maint poignant chardon d'vn poinson trois fois (triple
Pique, egratigne cuit le maitre & le disciple.
Ton obscur Lycophron ce texte m'a dicté,
Si d'vn vif Scaliger il n'apert commenté,
(Non d'vn tirasse-sac qui fuiant la reuüe
De son procés ialous, pêche Manile en nue)
Ie crain que ce bel art de regles dereglé,
Ne se deporte en l'Ile ou ne soit relegué:
Fais moi donc le Censeur de ces mœurs dereglées
Et les rens par ma regle artistement reglées.

,, Saches premierement que tout païs soumis
,, A l'Equinoctial en iuste plomb sur-mis,
,, Il a la sphere droite: & l'autre est dite oblique,
,, Pour ce que l'Horizõ (c'est l'art Astronomique)
,, Ne coupe à angles drois cet Equinoctial:
Tel est du batiment le pilier general.

Bien me plait maintenant en general d'ecrire,
Comment se couche vn Signe, ou du lit se retire
En sphere oblique et droite, et tout tout promptemẽt,
Ie iete du logis ce premier fondement.

,, *De tout Signe oppoſé l'aſcenſion s'egale*   1
,, *Au tems que l'opoſé en Occident deuale:*
Autant que le Mouton met de tems en montant,
La Liure en ſa deſcente en depend tout autant:
Autrement l'Horizon verroit plus de ſis Signes
Montrans à ſes logis leurs lumieres inſignes.
Cela repugne à ſoi: Car puis que l'Horizon
Et l'Equinoctial, de la haute maiſon
Sont grans cercles, il faut qu'en egales parties
Ils ſe coupent entre eus iuſtement departies.

   Ce premier document en enfante un ſecond,   2
Que ie vai te decrire en un ſtile tout rond:
,, *D'un Signe ſont egaus le leuer & la couche,*
,, *Au tems que l'opoſé & ſe leue & ſe couche,*
Car puis que du Belier le leuer eſt egal
Au tems, que l'opoſé trebuche & tend aual,
Et au contraire auſſi: ſi tous deus on aſſemble,
Il faut qu'egalement l'un à l'autre reſſemble.
Voila pour compaſſer la ſphere en general,
Or donnons à la droite un compas ſpecial.

,, *Tous Signes retirés en egal de la borne*   3
,, *Où le point d'Equinoxe, ou Solſtice ſe borne,*
,, *Ont leur leuer egal: Ainſi vont le Belier*
,, *Et la Vierge enaſtrée au celeſte eſcalier:*
D'autant qu'egalement ils fuïent le Solſtice,
Aſſauoir le logis de la lente Ecreuice.
Telle en eſt la raiſon: c'eſt que ces Signes haus
Aueques l'Horizon font les angles egaus.
                T iij

„ *Tous Signes oposés ont leur leuee egale:* 4
„ *Cela se void plus clair que la lampe Iournale:*
La Vierge & la Liure ont egale ascension
(Comme aiant d'Equinocce vne distraction),
La Vierge & le Mouton ont egale montée:
Si donques le Belier & la Balance astrée,
Ont leur leuer egal au leuer Virginal,
Il faut aussi qu'entre eus leur leuer soit egal.
„ *Chacune ascension de tout Signe est egale* 5
„ *A ce tems qu'il depend ce pendant qu'il deuale:*
Car en la droite Sphere alors que le Mouton
Monte en quelque cartier, il descend chez Pluton
Pour vn autre païs: donc en egal espace
Touiour il fait grimper sur l'Horizon sa face,
Il faut que son Leuer soit egal au Coucher:
Il nous faut donc au point d'autre regle toucher.
„ *Touiour auec le quart de l'Echarpe etoilée,* 6
„ *De l'Equinoctial la quarte est deuoilée:*
Car en la droite Sphere en tout naturel Iour
Les deus Colures font condescendre leur tour
Aueques l'Horizon: Or ces bessons Colures
En quatre egales pars coupent ces deus courbures:
Donc auec quatre pars de ce Cercle Egalant,
Se leue du Baudrier le quart en haut volant.
„ *Pour céte Sphere droite vne regle nous reste:* 7
„ *Des Signes seulement quatre leuent leur téte,*
„ *Au Ciel de droit leuer, l'Archer, les feus Bessôs,*
„ *L'Ecreuice, & le Dain des roüantes maisons.*

,, Si qu'auecques ces quatre vne plus grand partie
,, De l'Equinoctial se montre en haut partie
,, Que du Bodrier retors, qui echarpant les Cieus
Porte les ecussons des Signes radieus.
De céte Sphere droite ainsi va la pratique,
Mais voions de quel bois on se chaufe en l'oblique.
,, Les Signes oposés ne s'aparient pas   1
,, En vn egal leuer, l'vn se leue à drois pas,
Et l'autre à pieds biaiz, comme on void la Balance
Se hausser droitement, le Belier tort sa dance.
,, Vn Signe se leuant n'emploie vn tems egal   2
,, Au tems de son Coucher, si que le lit moital
Du Mouton reluisant plus lentement se gaigne,
Qu'il n'est vuide au matĩ (cõme mõ art m'ẽseigne.)
Quelle en est la raison? si les Signes luisans
Au Leuer & Coucher vsoint vn pareil tems,
La Nuit apres le Iour marcheroit toute egale,
Se couchans mémes feus en la saison nuitale
Que ceus qui sont leués au Iournalier discour.
,, Tous Signes se montans sur l'azuré contour   3
,, D'vn saut droit, vont panchãs d'vne oblique de-
,, Et au contraire aussi: dõc l'Ecreuice lẽte (scente
S'auale obliquement, & se leue à droit saut,
Le Belier tombe droit, & retors grimpe en haut:
Donc quand ici le Iour plus loin plisse sa robe,
La nuit d'vn pied glissard de nous tôt se dérobe.
,, Car la seule raison des Iours plus alongés
,, N'est que le droit leuer de plusieurs clous logés

T iiij

,, En l'Echarpe du Ciel, donc la nuit racourſie,
,, Vn leuement non droit des Signes ſignifie.
,, Tous Signes par egal d'Equinocces diſtans, 4
,, Entre eus en leur leuer emploient méme tems:
L'auancourrier traité en a traité la cauſe,
Doublons le pas au reſte, & bornons nôtre pauſe.
,, Le Leuer & Coucher ſont en l'oblique egaus 5
,, Au Leuer & Coucher, entre memes flambeaus
,, Dedans la droite Sphere: ainſi autant demeure
Le Mouton à leuer, & trouuer ſa demeure
En notre oblique Ciel, que le meme Mouton
En droite Sphere, au naitre & pancher vers Plutõ.
,, Car le naitre & mourir en la droite s'egalent:
,, Et en la notre oblique autant lens ſe deualent
,, Les Signes ſe couchans, qu'ils ſont vites montés,
,, Donc à proportion leurs cours ſont limités:
,, Si qu'autant qu'au leuer vn Feu ſon ſoir deuãce,
,, Autant en ſon coucher, plus ou moins il s'auãce.
Or les voila couchés: mais quel enfantement
Nous temoigne des fruis de leur acouchement?
,, Dieu te gard bel enfant, bõ-iour (belle iournée)
,, Marchante ore à pieds cours, ore à longue trainée,
,, DIEV te ſauue beau Iour, & vraiment ſi fera,
,, Car de ton premier Beau ce Tout il repara,
,, Faiſant au lourd Chaos office de Lucine,
,, Bienheurant de ton front la premiere geſine (ceau
  Viens Iour, enfant de DIEV, Iour dõt le cher ber-
Se brigue obſtinement par tout luiſant flambeau:

Beau-Iour n'anuite point l'Horizon de mon liure,
,, Au recoi Trophonide il est mal seur de viure:
Iour laisse voir à iour aus Regens & à moi,
(Sans que l'yuraie enfante en nos yeus nul emoi)
De quel raïon diuin ta cheuelure blonde
S'atife pour dorer tous climas de ce Monde:
,, Fais que viuant chez toi, seruiteur eternel,
,, Ie t'aie de mon nom Iournalier Colonnel
,, Contre ces sots Hibous, qui vont à l'ague obscure
,, Faire en la Nuit d'oubli ma sombre sepulture.
,, De moi, touiour m'as veu epouser ton parti,
,, De ton trac Iournalier mon pied n'est point sorti,
Si tu ne m'enuoiois pour fidelle ambassade
Aus climas empoissés de la Nuit au train fade.
Muse empéche le Iour de tumber au cercueil,
Ton president Titan premier lui ouurit l'oeil.   (re
,, Le Iour marche à deus pieds, l'un se doit à Natu-
,, L'autre est du cru de l'art, d'icelle la painture:
,, Le corp est plus agé que son corp painturé,
,, Soit le Iour naturel en ma carte tiré:
Puis d'un méme proiet il faut que ie m'essaie
A tracer l'artizan d'ingenieuse craie.
,, Donc le Iour Naturel tout ce tems là contient
,, Que le Soleil depend iusqu'à ce qu'il reuient
,, Au ferme point du Ciel dōt il a prins carriere,
,, Comme dez l'Horizon à la meme barriere.
   D'heures par trois fois huit (comme le peuple dit)
De ses nombres entiers tel Iour ne s'arrondit.

Lis le sur mon tableau. La Delienne lampe
Au premier du Mouton sur l'Horizon se campe:
Vingt quatre heures apres le point de l'Horizon
A ce premier degré pretera sa maison:
Car l'Egaleur toutal a parfait sa Leuée
Aueques ce degré de la Laine etoilée:
Le Soleil ce pendant se meuuant au Boudrier
(Quand ia en l'Horizon est ce degré premier)
Dans le second degré dessous la moiteuse onde
Encore baignera sa cheuelure blonde.

 Donc outre tout le tour de l'Equinoctial,
Nôtre Iour naturel requiert pour son egal,
L'espace qui s'emploie à l'entiere montée
De ce second degré de l'Echarpe notée:
,, De vint-quatre heures donc est la quinzieme part
,, Châque Iour naturel se clot, selon mon art.

 Les vieus ont consumé mainte & mainte Iournée
Pour assigner au Iour source determinée:
Car quatre poins du Ciel y pretendoint ce droit:
Leuant, Ponant, Midi, & le contraire endroit.

 L'Orient se gaigna pour partizane, Athene,
Qui le Iour d'Orient en Orient entraine:
Le Babilonien l'Occident defendit,
Et ce Iour, du Ponant iusqu'au Ponant ourdit:
Le point du Iour-milieu tira l'Ongre à sa suite,
Du Midi au Midi donnant au Iour la fuite:
Le Nadir de minuit sous la tour de Pluton
Eut l'Ægiptien Pretre & Romain pour canton.

D'atirer à son droit l'Aurore n'est indigne:
,, Car si l'artiZan Iour est la part plus insigne
,, Du Iour pur Naturel, qui de l'Orient sort,
Le bers du Iour naïf est sur l'Indique bord.
　L'Hebrieu leue le Iour sur la tarde Veprée
(L'heure douZieme y est de Titan la serée)
D'autãt qu'au saint Feuilhet la Nuit sœur d'Occi-
D'écrite auant Titan premiere va raudant: (dent,
Car depuis le Nadir la Delienne coche
Deuers nôtre HoriZon commence faire aproche.
　Quel parti tiendrai-ie sur ce diuers discord?
Mon Iugement y meurt, mon franc arbitre y dort.
Mais puis que i'ai iuré le serment d'Astrologue,
A leur vent, à leur veuil, à val ma poupe vogue.
,, Aueques eus me plait que le Iour soit ourdi
,, DeZ le Zenith du Chef, iusqu'à l'autre Midi.
　Car si deZ l'HoriZon céte trame ie tire,
I'enrollerai le ioug d'un infini martire
A regler par egal en cent païs diuers
Les Iours qui à maints pieds courent par l'vniuers:
Mais d'un droit HoriZon qui tout partout s'égale
A toute region sert la part Mi-Iournale.
　Que si tu veus sauoir pourquoi l'autre milieu
Du Nadir oposé n'obtint ce premier lieu!
,, Ie repond à credit, C'est que cette partie
,, Oeilhadoit d'yeus plus deus nôtre haute patrie.
　Or iaçois que tout Iour praigne excourse au Midi,
D'vn fil iuste & egal châque Iour n'est ourdi:

L'un s'alonge plus grand, l'autre s'etreßit moïndre,
Dont à l'efet congnu la cause il nous faut ioindre.
,, Le Zodiac tortu fait inegaus les iours,
,, Car alors qu'il se leue à obliques discours,
,, Il use un moindre tês, que quand à droite ligne
,, Il monte en l'Horizon, logé chez un droit Signe:
Comme du Iour naïf le replis est plus court
Au Belier, que pour lors qu'en la Balance il court.
,, Le cours, au Zodiac de Phebus œil du Monde
,, De l'inegalité est la cause seconde:
Car Titan discourant par le plus grand quartier
Du Zodiac courbé pour se leuer entier
Il a besoin du tems qui plus auant se tende,
Et que par consequent, ce iour plus loin s'etende:
Mais quoi? si tu prens place au ban Astrolegal,
Tu mettras châque iour à l'autre iour egal:
Tu me quiteras donc, & ma doctrine toute
Soufreteus, te fera me faire banque-route.
Patience, Lecteur, i'ai dequoi me parer,
Ma banque a bien dequoi tes deniers assurer.
Iaçois que tout en gros la Ceinture Egalante
Toute montre son rond auec la Zone ardante
De l'Echarpe du Ciel: Toutefois plus grand part,
Que celle de l'Echarpe, ore moindre se part:
Mais les reformateurs des lois Astrologales
Ioignent en gros ces pars, en detail inegales.
Donques du Zodiac tous les lots mis en un,
Egalent le toutal de l'Egaleur commun:

Puis ils ont diuisés en autant de parcelles
Que de Iours vont traçant les courses annuelles.
Tel art leur fut auteur d'iniuste egalité,
Apariant tous Iours d'inegalle equité.
Ainsi du Iour naïf i'ai tracé la figure,
Tirons de l'artisan l'artiste portraiture.
 Ceus qui dessus Parnasse ont tressué d'ahan,
Comprindrent sous le nom de ce Iour artisan
La part du naturel, que la torche Iournale
Dore nôtre Horizon de sa flame loiale: (uriers
,, Soit d'autāt que ce iour est propre aus maņou-
,, Qui rémetēt leur vie aus labeurs Iournaliers,
,, Soit d'autāt q̃ ce Iour plus souuēt iouë au chāge,
,, Que le Iour qui au ioug de Nature se range:
,, Car tout ce qui se vante au nom de Naturel,
,, Se fiche à clous certains sans changer tel en tel:
,, Et ce qui tient du fief de l'Industrie ouuriere,
,, Change tāt pis que mieus son enfance premiere.
 D'autres ne coupent pas le Iour d'un tel cizeau,
Ains ils en dressent vn au Naturel niueau,
Et l'autre du Ciuil emprunte nom & robe,
Ainsi l'a diuisé le deuiseur Macrobe,
Leuant le Iour Ciuil dez le point Minuital,
Iusqu'à l'autre Minuit tirant son plis fatal.
Or comme i'ai dressé le naif sur ma regle,
Il faut que d'un meme art l'artizan Iour ie regle,
Afin que de ces Iours l'inegal changement,
Egale son plan courbe en nôtre entendement.

La Nuit auec le Iour marche d'egale plante 1
Aus lieus où le droit pied la Sphere droite plante:
,, Car le iour est l'enfant du Delien flambeau
,, Raui par le torrent du plus hautain rideau:
Or ce flambeau touiour poste d'egale course,
Et le droit Horizon des Poles prenant source
Coupe en lots tous egaus les rons equidistans
Qui Paralelement du Soleil sont naissans:
Et si sous l'Horizon egale est la partie
A celle part qui est sur l'Horizon sortie,
La consequence fait egal habilhement,
Au Iour & à la Nuit, si la raison ne ment.

Mais tout Iour à tout Iour n'a egale ceinture, 2
Des Signes le leuer en fait iudicature:
Car si, comme il est dit, vn des naturels Iours,
Qu'vn autre Iour naïf étend plus loin son cours:
Diuisant l'vn & l'autre en double egal partage,
L'vne moitié sur l'autre aura quelque auantage.

Quand à la Sphere oblique, entre l'Egaleur rond
Et le Piuot Artic d'apres glaces second,
Le saint Legislateur des villes naturelles
Ordonna pour destin telles lois immortelles.

,, Le Iour dit Artizan ne s'egale à la Nuit, 1
,, Sinon quand de Titan l'Equinoctial luit:
,, Car touiour celle part sur l'Horizon se dresse
,, L'vn des mondains Piuots, dont la bornäte tresse
,, Ne coupe en lots egaus que le cercle Egaleur,
Qui fait la Nuit au Iour differente en grandeur

,, Deuers le Nord frilheus le Iour du tems derobe
,, A la Nuit, qui au Iour lâche vn pied de sa robe,
,, Lors que Titan discourt les lieus des sis Brandons
,, De le Mouton astré iusques aus Bassins rons
De l'equitable Astrée: & la Nuit au contraire
Passe en grandeur le Iour, quand la flame Solaire
Des Signes Mi-iournaus visite les seiours:
Mais aprens la raison de ces inegaus tours.

Nôtre Pole eleué fait pancher en descente
Les Paralleles arcs decris depuis la Tente
De l'étoillé Mouton iusques au Trebuchet,
Si que la moindre part dessous l'Horizon chet:
Ainsi le tems du iour s'etend sur la Nuit brune.
Le contraire se fait quand la part non commune
Du Piuot Andartic, s'eleue l'Horizon:
Car laissant de ces arcs moins en nôtre maison,
La Nuit marche à lens pas donnāt au Iour la fuite,
Qui se trouue le moindre alors en cette luite,
,, Ceus qui sont plus voisins du seiour d'Aquilon,
,, Du raion Æteal ont l'vsufruit plus lon,
,, Et plus bref l'Hyuernal q̃ cil qui plus s'aproche
,, De l'Equinoctial:
Car tant plus que le Pol va le haut échelant,
D'autant plus l'Horizon en bas va deualant,
Laissant sur l'Horizon la plus grande partie
Des arcs prins du coté du palais d'Orithie.
Mais les autres n'aians telle eleuation,
De leurs Cercles n'ont pas si iuste section.

„ Le Iour artisan croit dés le Belier Celeste
„ Iusques où l'Ecreuice à rebour met sa téte,
„ Depuis, au Trebuchet méme proportion
Fait des Iours artizans la diminution:
Et dez le Trebuchet au moiteus Capricorne,
La Nuitale grandeur si courte ne se borne,
Que dez le Dain astré, iusqu'à l'astré Belier,
La raison s'en fait voir au nouice ecolier.
„ Aus Septentrionaus depuis les Equinocces
„ Les Iours vōt alongeāt les cours de leurs carroces,
„ Ou les vont retranchant en vn Iour plus etroit,
„ Qu'à ceus que l'Egaleur vers soi se rendre void.
De là tu conceuras la plus longue Iournée
A la plus longue Nuit egaler sa trainée.
C'est paralogizer: Car l'inegalité
Du leuer des Brandons, & le cour limité
Du guide-iour courrier dedans la Bandoüilhiere
Où touiour à droit fil va postant sa lumiere,
Dementent ton discour: Car le naturel Iour
A tout Iour Naturel n'aiant egal son tour,
Diuisant ces deus Iours en quatre pars semblables,
Des artificiels sont les cours dissemblables.
Mais de quel noir bandeau se voile mon esprit?
De titre fil à fil la trame d'vn ecrit
Pour alonger les Iours: dont la derniere porte
Se ferme au porte-faus auecques sa cohorte.
I'oi deia ce me semble vn cornet eclatant
D'vn Celeste Triton, d'vn Ange trompetant
Huchant

Huchant depuis Atlas au Gange aus eaus dorées
Les hôtes empoudrés des tombes encendrées:
I'oi deia remuer de l'horloge le pois
Sonnant la derniere heure au dernier an & mois:
,, Là le Iuge eternel sis en sa haute chaire
,, Fait aus enseuelis, comme par Inuentaire
,, Reprendre ners & os, & au dernier ressort
,, Definit leur arret de salut ou de mort.
 Ne pensés mes discours de Raison être vuides,
Ie les lis bien couchés dans les Ephemerides
De Moyse, d'Helie, & des Pretres sacrés,
Augures non menteurs des saints Temples aftrés:
Ie ne parle par cœur, ie ne lis par vn crible,
Ains au feuilhet apert de la tressainte Bible:
Où ie voi par commens des Regens plus sauans
Le flamboiant bucher clorre les huis des ans:
Et si Raison & Foi sont vos claires lunettes,
Vous lirés auec moi ces Pancartes segrettes.
,, Sachés premierement que la Semaine & Iour
,, Double signifiance entournent dans leur tour:
,, Naturel est le Iour, aussi est la Semaine,
,, Assés en est parlé, vn autre sens m'entraine,
,, Vn Iour est Prophetic et la Semaine aussi,
,, Donc tournés vôtre bouche en oreilhes ici:
,, Ce Iour aucunefois enuelope vne année,
L'ame d'Ezechiel en fut endoctrinée:
Il receut pour lauer ses suiets foruoïans
Trois cent nonãte Iours pour trois cent nonante ans.

V

Le Iour em-mill-anné, gage de mille années
Au Chantre Ieſſean ſes merques a données :
Et du troupeau Chretien le Paſteur ordonné
En ſa miſſiue en a bon hotage donné.

Si quelque heureus Genie en Parnaſſe te meine,
Tu y flaires l'odeur de la double Semaine :
Vne Semaine y a de la Creation,
L'autre en ſon clos comprent la Conſeruation :
La premiere ſe borne es ſis iours de naiſſance
Du Tout, temoin prenant la Diuine puiſſance :
„ La ſeconde n'a rien qui lui ſerue de bout,
„ Dieu ſe repoſe en elle, & en lui ce grand Tout.

Châque Iour de ces ſis (en mon Arithmetique)
Me ſomme à le ſommer pour milier Prophetique :
Et de là ie conclu, ſis mille ans expirés,
Que du Pere du tems les huis ſeront ſerrés.
„ Car l'Ecolier d'Oreb ecrit que le grand maitre,
„ Par Raiſon, en ſis iours de rien fit ce Tout naitre :
„ Donc les oeuures que DIEV mit en cête maiſon
„ Se repondent entre-eus par conforme Raiſon :
„ DIEV tient de Iugement & Raiſon la balance,
„ Où les ſachets du pois iuſtement il balance.
„ Eſdras veut que le Siecle & les Tems ſoint peſés
„ De cil, par qui les Siecle & Iours ſont compoſés :
„ Dõc le Siecle & les Iours du grãd Dieu les ou-
Par quelq Analogie entr-eus ont parẽtages, (urages,
Si qu'auec les ſis iours de la Creation
Les ſieclaires-iours ont quelque proportion :

Et le tems enfantin de la machine ronde
R'aporte par Raison l'age toutal du Monde.
   Si du Monde naissant le tems est vn Sabat
Ou bien vne Semaine, il nous faut sans debat
Confesser librement du Monde la durée,
Deuoir auoir raison de Semaine sacrée:
Et si en ce Sabat à l'œuure DIEV sursoid,
La Conseruation non chomer ne pourroit
En son settieme Iour: Or ce Iour Prophetique
(Si nous ne trahissons la sainte Arithmetique)
Ne peut étre vn seul iour qu'on apelle historic,
Ni plus le Iour d'vn an, bien qu'il soit prophetic:
Ce Iour dònc en mille ans pour vrai se multiplie,
,, Et apres sis mille ans toute la Comedie
,, Du Monde cessera, cessans les Iours derniers,
,, Vendange sera faite & adieu mes paniers.
   En rie qui voudra: la quëüe Martiale
Annonce de ce Tout la ruine fatale:
Si du Troisieme Mars la reuolution
Ne tourne de ce Tout l'extreme Passion,
Soi-ie priué des raiz de ses sis sœurs Planettes,
Soit chancelé mon nom au rolle des Poëtes.
   Les set Regens des Feus distinctement errans
Céte fin me font lire en leurs miroirs luisans,
Zaphchiel precepteur du Porte sans ancétre,
De Iupiter son fils Zachariel le Maitre,
Zamaël gouuerneur de Mauors, Michaël
Pedagogue à Titan, de Venus Anaël,

Raphaël instructeur du messager Mercure,
Et l'Ange Gabriel qui Phebe prend en cure:
Ces set grans Magistrats du Monde presidens
M'aduertissent tirer le rideau de nos ans.

Mais pendãt que les Cieus & le Mõde ie tourne,
Vn Huissier de Tanchou au Chatelet m'aiourne,
Vn crime m'obiectant de lese mageste,
Pour auoir de ma clef, du grand Roi, crocheté
Le sacré Cabinet, où à mainte serrure
Il tient clos ce secret comme Christ nous l'assure:
La plus part des recens ma partie se fait,
Ie suis ia condamné auant qu'ouir du fait:
Ia maitre Ian Roseau au milieu de la Gréue
Son sanglant coutelas sur mol col panché leue,

Tout beau, Iuges, tout beau, la Princesse Raison
A ma Grace signee, & paié ma ranson:
Voiez à l'œil de Linx, lisez à vois hautaine,
Contre vos faus decrets, des Cieus la Grace plaine.

,, Christ, de vrai, met en main du Roi du firmamẽt
,, Du Iour l'heure derniere, & le dernier moment:
,, Mais encor de son doigt dans nos cœurs il burine
,, De ce Iour chasse-iours quelque saison voisine.

,, Ainsi iadis Adam se montra preuoiant,
,, Que ce Tout ne seroit qu'vn Palus ondoiant:
,, Puis, que ce large rond se feroit la fornaise
,, Qui de tout l'Vniuers ne feroit qu'vne braise:
,, Mais plus il ne buqua aus huis de DIEV celés
,, Pour sonder les momens des planchers etoilés:

Et toutefois Adam n'auoit veu des histoires
Les chenons annelés, les prophetics Ciboires
Ne l'auoient abruué: Ni Christ ni ses heraus
N'auoint de son foible œil assuré les tuiaus,
,, Côme à nous, race chere au sang de Christ lauée,
,, Nous, qui deuons auoir nôtre ame releuée
,, Au miroir du Seignr, qui nous pâit d'vn tableau
,, Où la fumée ondoie au general flambeau.
,, Prenés, ce disoit Christ, pour regle & pour equier
,, Le signe du figuier: Car si tot qu'il desserre (re
,, Ses rameaus tendrelets, s'ombrageât de feuilhars,
,, L'eté doit tot darder sur vous ses cuisans dars:
,, Ainsi quand vous verrés ces merques ici mises,
,, Croiés que ie suis pret aus dernieres assizes.
,, Les Agnelets errans paissent sous vn pasteur
,, Le peuple d'Israël se rend à son auteur:
,, Mais sur tout l'Antichrist, fol leger, fol Idole
,, Du Iugement dernier nous doit ouurir l'ecole,
,, Il voudra contester par sophistique ecrit, (Christ:
,, Qu'il ne doit rien à DIEV, ains qu'il est le vrai
,, C'est ce Dan couleureau dont chante la Genese,
,, Qui de sa tour Babel tirera le mesaise
,, Du peuple circoncis: ha! sont ces lezars vers
,. Qui empestent, infets, le Chretien Vniuers,
,, Qui empruntât l'habit de Christ, võt à grãd erre
De cent Chrestiens martyrs enionchât nôtre terre:
Voiez l'Apocalipse où l'Interprete saint
De ses viues couleurs ce Dragon a depaint,

Vomiſſant de ſon ſein trois crapaus execrables
Du ſang immaculés enuenimans leurs tables:
Voi, ce dit Eſaye, vn enflamé flambeau
S'atiʒer vers le Nord, pour fondre en ſon forneau
L'inuiſible maſtic (que Sathan ne diuiſe)
Qui les membres colloit de l'vnanime Egliſe.
,, Il eſt veuf d'yeus, d'oreille, et de neʒ, & de main
,, Qui ne void, n'oit, ne ſet, n'atteint du feu Mõdain
,, La lueur, le brandon, la fumée, & la braiſe,
,, Qui epreuue nôtre or au fond de ſa fornaiſe:
Quant à moi, ie le touche, & parmi ce bucher
I'oi petilher le cor qui bien tot doit hucher
Tout l'eſcadron Mondain, pour en faire reuüe.
Mais ſi les trés preuüs bleſſent moins nôtre vüe,
Quant à moi, peu m'en chaut, que ce diuin cleron
Enfieure en brief l'enfer ſur les bors d'Acheron:
Rien ne m'enrete au cep de la foſſe Mondaine,
Ie n'ai dequoi trouuer le bout de ma Semaine:
Tout m'y va par bequarre, & puis mes Enuieus
La fuite m'ont donné iuſqu'au faubourg des Cieus:
Donques ce m'eſt tout vn qu'en ce foier ie tombe,
Dedans cet alambic mon bers eſt en ma tombe.
,, Ie requier ſeulement au poſte ſouuerain,
,, Qu'il daigne dilaier ce cornement hautain,
,, Iuſques au prochain Iour de mõ cinquieme liure
,, Que DIEV, maugré Vulcã par ces feus fera viure.
Là voiant eclipſer deſſus mon Horiʒon
Les deus Princes brandons de la haute maiſon,

Content suis d'eclipser, gratifiant l'Ennie,
La Lune de mes iours, le Soleil de ma vie,
Dàns le sein d'Abraham, d'où mon Demongenet
Depuis sis ans me tend son bien-heureus filet,
Pour, deposant en bas ma depouilhe mortelle,
Grimper au rendez-vous de la tour eternelle.
 Mais que chome-ie ici? puisque la flame, helas!
Courant à grand galop talonne ia mes pas.
Voila le Iour passé, ia Vesper la brunine
De maints nuitans falôs nôtre Ciel encortine:
Et si Lucine tot ne court à pied haté,
Ce cinquieme enfançon, en mes flans avorté,
Verra plutot du feu l'etincelle derniere
Que du Roi guide-iour la vitale lumiere.

Fin du quatrieme liure de l'Vranologie ou
Ciel de Ian Edouard.

LAVS TIBI DOMINE IESV.

ANNOTATION SUR
le decés du Monde dont est traité
au liure 4.

POVR ce que en ce liure i'ai si fort affermi le pied de ma persuasion sur le cube d'assurance, touchant ce present âge que auec Melāctō i'appelle la vielhesse du Monde: craignant que ie ne sois veu trop poëtiquement enthousiazé en mō esprit, & deporté en l'Ile auec quelques vns, qui flotāt en méme Euripe, mais voguant à autre vent de raisons, ont eté publiquement hués, & proscris, i'ai trouué bon, lecteur, de te faire vn peu plus ample reuüe des pieces de ce procés, auant que porter de ta bouche definitiue contre moi sans connoissance de cause. Et comme ie semblerai ici regermer vne vielhe Empuse efroiable au regard enfantin, ie prens en option la coutume des Locrois, qui encolloint le licol, lors qu'ils affiloient leurs tranchans de langue à l'abrogation des status anciens, plustost que de faire le fol comme Solon à la repetition de Salamine. Mettant donc à part le discours de Germ. Constantinop. au li. de Theo-
ria

ria rerum Eccleſ. ce qu'é ecriuét Hippolite Romain, & Saint Cyrille au liure de Antichriſto: & le diuin Pic Prince de la Mirande entre ces 900. Problemes, qui des le 1586. an dit par la Cabale pouuoir demontrer la conſommation du ſiecle, aſſauoir apres 514. ans 25. iours, ſans auſſi tirer en côte ce qu'on en trouue de Hidaſp. Merc. Triſm. & les Sibylles (car ie porterois à contrecœur que tu meſuraſſe mon eſprit à la chetiue haune de commentateur) ie prendray pour ſeur bat-vent la proportion i à touchee d'vn mien ami M. Fregeuille, que ceux qui ſe font appeller maiſtre Adam pour vne boſtade hebraique pourront eplucher au Rabin Helie au liure מסכת עבודה זרה. Dont la ſentence eſt ainſi tournee: Les ecoliers d'Helie ont dit ſix mille ans le monde: deux mille le vuide: deux mille, la Loi: deux mille le iour du Meſſie, &c. Le tout en eſt deu à l'analogie de la naiſſance du monde à ſa conſeruation, enuelopee par Moïſe 1. Gen. en laquelle ma Muſe a aſſez dextrement promené ma plume ſur la fin de ce 4. liure, me fondant ſur la comparaiſon d'vn iour à mille ans, deuant la face du ſeigneur par Dauid pſ. 89 que Bucanan me commande mettre ici par

X

sa bouche,
Tempus annorum tibi mille, lucis
Instar hesternæ, fluidique puncti,
Nulla decursûs quod vbi receßit
Signa relinquit.

Aiant repondu aux Thomistes (sur la reserue que le Christ fait de ce iour à la diuinité) que l'Euangile ne parle que de l'article de ce decés, & non de la saison voisine comme recite Iosephe l.1.Iud.ant.c.4. de la prophetie d'Adam touchant le deluge & la flamme du Monde. Qu'ainsi ne soit, fais marcher à son droit pas la comparaison du figuier en l'Euangile, & tu verras que le laboureur voiant les fueillars tendrelets, ne iuge pas de l'heurē precise de sa maison, mais enuiron. Ie suis fondé sur vn ferme pont d'autres raisons, duquel nul, s'il me plait, ne pourroit me deieter: mais craignāt que ie ne soi soubçóné de quelque Iesuitale dialectique, si ie ne me guide au phare des peres magestatifs: ie te mets en ieu S. Hierome en sa missiue à Cyprian sur le ps. 89. Ie pense, dit il, de ce lieu, & de la missiue au nom de S. Pierre, se doit tirer la duree du Monde de 6000 ans: Il retit la mesme toile au com. de Miche.c.4. où il dit que la derniere heure du sixieme millenaire est le tēs de la foi des gens. Iustin, que i'aime pour sa Philosophie, en la 71. quest. aus Gentils, dit: l'Ecriture nous aprend l'age toutal du Monde etre borné de 6000 ans à sa creance: apres lui court Irenee l. 5. des here. c. dernier, concluant que le Sabat de Dieu au 7. iour nous annonce l'arret du Monde au 7. millenaire. Ie donne congé à Lactance l. 7. Iust. c. 14. cóme n'aiant été que simple maitre d'ecole. Mais temoin de bon aloi me séble *Hylar. canone in Mathæum* 17. exposant ce passage (Et apres 6. iours il fut transfiguré) dit, par ces 6. iours se reuele l'etat de la gloire du Seigneur, assauoir que sis mille ans reuolus le triomphe Celeste se celebrera. Voi Aug. l. 20. ciuit. c. 7. Voi la glose sur le 3. Genese. Ie me tais des Segretaires Saints, qui annotent que cóment apres les 6. premieres generatiós (Adam, Seth, Enos, Cainan, Mahalalael, Iared) la settieme Henoch est franche du trepas: Ainsi sis mille ans aura vogue la mort du Móde, & au settieme l'immortalité printanera. Ie ne dis mot des merques du Nouueau Test. des auantcourriers de ce decés, comme de la cóuersion des Iuifs; d'vn pasteur, non encor auenu, de l'Antechrist que Zacharie appelle (Idole) Daniel (impudent roi & masqué) S.

Paul 2. Theſſal. c. 2. (apoſtaſie, fiz de perdition). Les Euangeliſtes, abomination aſſiſe au Temple du Seigneur: au 49. Geneſ. aueūs le tiennēt etre le coleuureau Dan de Iacob. Les paſſées duquel auant-merquées qui ne les void au Chaos de nos religions? Qu'il feūilhete Ioachin Abbé, & Vinc. Dominic. de la fin du Monde. Ie fermeray mon caquet par la prediction de Mont-real, Roial Aſtrologue ſur la prognoſt. de l'an 1588: en ces vers Alemans,

Tauſent funfundert achzig acht
Das iſt das Iahr vuelchs ich betracht
Geth in dem die vuelt nicht vnder,
So geſchicht doch ſonſt groſz merclich vunder.

Que ie tourne ainſi, apres Hans Fouy.

Mille cinq cens, huitante & huit,
C'eſt l'An (au port de ma penſée)
Pere de l'eternelle Nuit,
Ou de Nature debauchée.

Et pour arrondir la ſomme, i'adiouterai vn gratis de mō cru à plaiſir: c'eſt que tout ainſi que Nature, quaſi preſageante la date prochaine de la mort d'vn ieune enfant, ou autre, elle luy fait en trê-brief tems & quaſi inſēſible atteindre l'acroiſſemēt du à ſō eſpece, cōme ne voulāt eſtre du tout fruſtree de ſa fin: ainſi voiant que nôtre ieuneſſe de

16. à 17. ans, deuance en ruſe le ſexagenaire, & va touiour en empointiſſant en malice (qui à la ſaiſon derniere doit etre comblée de ſes nombres) ie me doute que le rideau du Monde ſe va tātot tirer. Et pour vne topique demonſtration finale, ie prēd cet argument. C'eſt que à l'heure que ie proietois cette funerailhe à la mort du Monde, ma petite etude (qui eſt vn extrait de Monde confuſement r'abregé) s'eſt péle méle bouleuerſé en vn Chaos de tous mes menus fatras, ſans aucune apparence de cauſe manifeſte: En garant duquel temoignage, i'ai fait ſigner trois de mes amis de foi en mon College, M.m. N. Goujon, Palingene Simbert, & Paris Charton: dont le fidelle r'aport auérera mō dire, que gratis ie t'ai voulu ofrir pour renfort de mon pretendu: mais de ceci ailheurs, à plus fecōde poignee, & ici en paſſant reconnois auec moi que Tho. Aqui. etoit plus aigu Philoſophe, que aſſuré Theologien.

x iÿ

ANNOTATION DES
Æquinocces & Solstices.

IE penseroi mon discours Astronomique étre leger de deus grains, si en cette partie ne tournois mon tonneau, à la Diogeniane, apres tant de curieus, à la reformation des tems, sur les Æquinocces & Solstices: (ainsi me contraint parler la pauureté de nôtre langue) veu mémes que ceci n'est moins marié à mes traités, que les chenons d'Homere, ou l'anneau de Platon à ses parcelles. I'entrerai donc par les huis de mon deu, au cabinet que quelquefois m'ont defermé mes maitres, pour y fouiller les iours & poins du Zodiaque, où se vuide ce proces. Cette querelle ne nait d'autre mere que d'vne fautiue remerque du tés que le Soleil emploie en sa route annuelle: car autremét l'exacte proiet de ce cours nous necessiteroit à faire entrer l'Equinocce & Solstice en quartier touiour en mesme point de tems & de lieu. Le grand Cesar qui premier a defrisriché les epineus haliers de l'annee, temoin Macrob. liure premier Sat. cap. 14. a enuelopé au replis annaire 365. iours, 6.

heures. Et comme ces 6. heures n'etoint annuellement tirées en comte, quatrannairement l'an croissoit d'vn iour, quatre siziemes, faisant le iour, & echeoit cela auant l'Equinocce printanier, en Feurier, si que il auenoit touiour du tems de Iules, le 25. ou 26. de Mars 3. iours apres la fete de Pallas, voi le com. sur les Fastes. Mais comme le second iour est disciple du second, l'obseruation seconde s'est faite pedagogue de l'annee : car durant le Concile de Nice l'equinocce s'est veu le 21. de Mars : en apres, le 18. finalement le 11. du méme mois. Semblablement le Solstice Hyuernal etoit arriué le vinquatrieme de Iuin ; si que, à la foi du recent commentaire sur la Sphere de Proclus, le iour Saint Ian, qui est le vinquatrieme, se nomme en leur langue le iour du Solstice : ores nous le trouuons en 11. Et par consuiuence Cesar s'etoit trompé à ses iettons. Ptolomee a fermé l'an de 365. iours 6. heures, moins vne trois-cétieme part d'vn iour de sorte que trois-cent-annairement les equinocces anticipent d'vn iour. Abbateg y fait entrer 365. iours, 5. heures vne centieme d'vn iour, de façon que 1500 ans produiroint vne anticipatió d'vn iour, ce qui

X iiij

ne s'elance guieres de l'orniere. Alphonse qui semble en ses tables auoir été lincee, arrondit ce cours annaire de la somme de 365 iours, 6. heures, 40. m. 15. deuziemes. 58. trois. 49. quatriemes, 46. cinqu. 46. sixi. La bouche commune baptize l'an de 365. iours 5. heures. 49. minut. & 26 deuziem. Donc puisque l'an du Calendrier ne se r'aporte au Solaire, l'anticipation troubleroit le menage de l'an. Car suiuōs, pour exemple, le sentier brossé par Ptolomee, si maintenant le Soleil est logé au premier degré de Capricorne le 12 de Septembre, 300. ans ensuiuant, il se trouuera placé au 2. degré, à meme iour, d'autāt que le Soleil en 300. ans Calendriers raude 300. fois tout le Zodiaque, & outre, vne aussi grande part que celle d'vn iour : ce sera donc au 2. degré, & toutefois on l'arrete au 1. le Solstice. I'ai apprins vn cataplasme aplicable à cette plaie, si de 300 ans & 300 ans l'on retranche 1. iour. Dont se void, que si le Calendrier ne changeoit chance, le solstice Æteal echerroit au Iour de notre Hyuernal, & au contraire : & cette mutation auiendra, selon la supputation de Ptolomee apres 54900. ans, que le solstice Hyuernal empieteroit le mois de Iuin : mais

Stocl. sur Procle, Albert Picl. en ses æquinocces, & Campanus en son Compot m'é releuent de la peine, outre les retisseurs au routisseurs nouices.

Touchons du bout du doigt l'endroit des equinocces au Zodiac. La note Cesarienne au Printanier assigneroit le 1. degré d'Aries. Pline au l. 2. c. 19 le 8. degré. Les notres leurs donnent la premiere enfance au premier berceau du Mouton, & de la Balance. La cause de telle diuersité aus anciens a eté, crois ie, leur ignoráce de la neuuieme Sphere, & du mouuement de la huitieme de l'Occident en l'Orient: car de là s'ensuiuoit, qu'en memes poins du Zodiac ne pouuoint echoir les equinocces, le Soleil se meuuát de l'Occident en Orient, dốc ils concluoint, qu'il ne couperoit l'equinoctial en mémes poins. Partát n'est de merueille, si les vieus ont auisé que le Soleil acouplé aus etoilles fixes plantées à la téte d'Aries, n'equinocceroit, ains en quelq́ autre degré. Surquoi i'embrasse la leçon de mon maitre qui m'enseignoit, que ces pieds variables marcheront droit, si à clous raisonnans nous attachons vn Zodiac stable en la neuuieme Sphere, qui touiour atteindra en mémes poins l'equinoccial: ainsi à li-

bre langue nous prononcerons les Equinocces prendre naissance au sueil d'Aries
& de Libra, de la 9. Sphere, & quant à la 8.
en quelques autres degrés: Car, à l'auis de
Ptolomee, les premieres marches d'Aries &
Libra de la 8. Sphere, ne sõt logées soùs les
premieres marches de Aries & de Libra de
la 9. Sphere, ains à la queue des Poissons.
Voila, lecteur, la sedule que i'ai degagée
de tes mains, de la monnoie de mes mâitres
plus œillés à ces misteres, que nos queimé-
de-bruit pedantotribles à presser & repres-
ser les grappillons reglannés de leurs glos-
ses d'Orleans.

ADIEV.

LE CINQVIEME LIVRE DE L'VRANOLOGIE OV DV CIEL DE IAN EDOVARD DV MONIN PP.

Au Roial College de Bourgongne en Paris.

LOGIS vraiment roial, Bourguignonne maison,
Deia des chams bletiers l'ondoiante toi-
son
A dis fois engerbé la mere à Proserpine:
Ia Denys par dis fois en sa vineuse tine
De sa neuue pamprée a fait le ius couler
Le faisant à pieds nus par vn gacheur fouler:
Depuis qu'à pris tout franc ton gratieus repaire
De Parnasse m'a fait libre pensionnaire,
Caressé de Phebus, des Muses compagnon,
Et brief presque adoré sur l'autel Bourguignon.
Donques en ton endroit, mon nourricier College,
Le crime i'encourroi d'inique sacrilege,

L. V. DE L'VRAN. OV CIEL

Si dementant ton lait Bourguignonnement franc,
Indigne de tenir en tel païs nul rang,
Ie ne teſtifioi qu'en ta roialle loge
L'infructueus Cypres en nul coin ne ſe loge:
Que l'ot Vacunien de ſens desherité
Ses ronflans etandars ſur ton fort n'a planté:
Ains que de toute part la feconde Lucine
A dequoi s'emploier au feis de ta geſine.

Toutefois me voiant nu de toute action
(N'afilant nul couteau à rongner portion,
Ni d'vn Lendi flaté me rendant mercenaire,
N'agluant à mon cep la Principale chaire,
Bref de mon heur oiſif me voiant malheureus,
De Nepenthe boiuant le goubeau ſauoureus)
Tu m'eſtime enrollé ſous la lourde banniere
Du Somme vrai couſin de la poudreuſe biere.

O que plût il à Dieu que l'Ægiptien Roi
Vint remétre deſſus cette diuine Loi,
Qui ceus la condamnoit à augmenter le nombre
Des bourgeois infernaus ſerfs de l'eternelle ombre,
Leſquels ne feroint foi au Iuge du quartier
Du viure parannel gaigné par leur mêtier!
O que le vieil Charon laſſeroit ſa gondole
A paſſer les vaſſaus de l'hypocrite ecole,
Auſquels Glirons dormans, ne ſai quel ſort fatal
En ce bas echarfaut prete vn habit roial.

Mais d'autant q̃ Meuie, ou Mome, ou Ariſtarque
Encor n'ont veu voguer ma plume ſur leur barque,

Ie suis bien satisfait si ce sombre écriteau
Te fait voir que ie volte vn Cynique tonneau,
Et que seul ie ne bois, bousi de réuerie,
Exent de mon ecot, en ton hotelerie:
Pendant qu'en Archimede au poudrier endormi
Ie semble offrir mon col à l'estoc ennemi,
Sans menager les fruis qui mon enuie encorne
Dont le cor ecorné me corne mainte escorne:
Tandis qu'opiniatre au roc contemplatif,
Ie choque l'escadron terrestrement actif,
Qui du bord de ses pieds bornant le cours de l'ame
Lui defend d'oeilhader céte celeste flame,
Qui d'aparens tuiaus se coulant dans les yeus
Ne permet dégrader ce grand Pretre des Cieus,
Qui au son murmurant de sa diuine cloche
Fendant les reins plus durs d'vne Scithique roche,
Nous conuie à sa messe où s'oient les motets
De Nature sonnans les recelés secrets.

  Et c'est pourquoi chantoit le docte Anaxagore
Qu'il n'obtint l'vsufruit de sa naissante Aurore,
Sinon pour remirer d'vn œil continuel
Le Louure raionnant son païs naturel:
Non que si lourdement ce Philosophe chope
Qu'il fist l'hôme vn poissõ qu'on nõme Ouranoscope,
(Dont l'œil au dos planté ne se lasse iamais
D'aguigner le pourpris du Celeste Palais).
Mais afin qu'auisant aus admirables routes,
Il flaire le roüeux, le feure de leurs voutes:

Et voiant les brandons yeus du haut firmament
Poster à pas certains confus distinctement,
Il sente que plus haut vn Dedale se loge
Dressant les contrepois de si parfet Horloge:
Affin que Protogene ait d'Apelle le trait
Pour otage certain d'vn paintre si parfet:
Et que l'esprit glissant de sa lourde Bastilhe
Où le broilhar charnel l'oeil raisonnable silhe,
Et assis sur le bord des bors de l'Vniuers,
Voiant le point central de la terre & des mers
Il s'arraisonne ainsi: Quoi? c'est là donc l'atome
Que partage par Feu, par fer, & par sang, l'home
O la farse d'Agnan! ô scene de l'humain,
O ridicules fins de la mortelle main?

 Outre l'Istre cornu le Dace ne s'auance,
Le Samothracien dàns l'Istme fait sa stance,
Le Parthe visé-droit dàns Euphrate est reclus,
Le Sarmat, le Romain du Danube a le flus
Pour bordure & confin, & du Rhône la barre
Au clos de sa cloison les Alemans rembarre.
Le Pyrené hautain leue entre l'Espagnol
Et entre les Gaulois de sa sime le vol:
Entre l'Ægiptien, & entre Æthiopie
Git vn oisif Chaos de l'arene acroupie.

 Donne au fourmis Indois vn humain iugement
Il fera de ce point maint & maint partement:
Ce fourmis ne difere à l'homme d'autre chose,
Si ce n'est que son ame est plus étroite enclose

En vn petit tuiau de son corp r'abregé,
Et peu plus largement nôtre esprit est logé.   (pe,
  Mais quoi? dez l'Espagnol donc vn bō vēt en pou-
Peu de cous d'auirons lui montreront la croupe
De l'Indois de-lustré: Or loin du mortel tas
Au païs des flambeaus transporte vn peu tes pas:
Ce celeste contour en son setieme etage
A Saturne fournit de trante ans le voiage,
Bien que d'vn egal pas vont postant ses coursiers
Par l'infini fini des astrés escaliers.
Lors nôtre humain esprit de vergongne frissonne
Quand de son court casot dez les Cieus il raisonne:
Il maugrée, il depite, il s'ennuie, & repent
Que par ce bas limon il s'en aloit rampant,
Si bien l'habituant l'etrange domicille,
Qu'il venoit en oubli de la celeste ville.
Il commence là voir que ce qui l'étonnoit
Est ce que l'oeil terrain, abessé, ne connoit:
Si que, chagrin, rompant pour sa haute patrie
Le titre en terre pris du droit de Bourgeoisie,
Il se rend citadin de la brilhante tour
Où le Monarque saint, sans pareil, tient sa Cour.
  Donc la Philosophie, au seul Anaxagore,
Son Lycee ombrageus diuinement redore.
De vrai, puis que celui qui ce Tout ouuragea,
Deuers le firmament l'oeil humain erigea,
Ne l'apesantissant deuers la masse rude,
Comme le camp brutal, dont la toutale etude

Ne lit autre leçon, qu'au liure terrien,
Qui outre le repas, ne lui enseigne rien:
Il doit mettre touiour ses yeus en sentinelle
Et comme echauguetter la sainte Citadelle,
Son maternel berceau, où le terrestre mal
Assaut au depourueu le celeste animal.

   Cil qui d'vn nom Gregeois baptiza nostre essence,
Se montra linx aigu en telle preuoiance:
Car, Homme, au Calepin des artistes Gregeois
Nous dicte vn oeilhadeur du Ciel & de ses lois:
L'Esprit est veuf d'esprit, sans ames sont les ames,
Qui n'allument leur cierge aus etoilieres flames:
Dans le feuilhet humain le burin du saint doi
Graue ce texte saint pour nôtre humaine loi.

   Et pour te faire foi que notre humaine essence
Eclose du tout bon, à tel but print naissance,
Le plus fort argument de sa diuinité,
C'est l'extreme plaisir de borne illimité,
Qui en flos Nectarins noie notre ame humaine
Quand en diuins suiets la Raison se promeine:
Bien qu'ainsi qu'vn Hibou, en œuures si parfais
Nous perdõs presque vüe en guignãt si chaus raiz:
Son corp gît engourdi d'vne glace eternelle
L'Esprit void, sent, entend la seule Citadelle
De son pere eternel, vn grand somme de fer
Semble foncer ses pieds iusqu'au seüil de l'enfer.

   C'est en telle façon que le tou-puissant pere
Empraint en notre esprit ce diuin caractere,

Les vrais lettres Roiaus de son extraction
Car semblable au semblable affecte l'union.
Tels ont iadis eté ces espris admirables,
Qui clos sous le manteau des non fableuses fables,
Ont quité, lethargics, de nos mets les appas,
Pour au banquet des Cieus aller prendre repas,
Pour humer le Nectar, pour gouter l'Ambrosie
Vnique restorant de l'Angelique vie.
　Ainsi le bon Cephée & son menage entier
Fut tissu, nouuel Astre, au celeste metier:
Ainsi cil qui pilha non la flame mortelle,
Ains l'immortel fusil de la meche eternelle,
A claus diamentins sur Caucase enreté
Par l'outrageus oiseau void son cœur bequeté:
Tant de son haut esprit vola le Roial Aigle
Pour aus humaîs discours dôner le Ciel pour regle.
Ainsi le fort Atlas soubaste en soliueau
Le batiment toutal de l'etoilé coupeau,
Et ferme plus qu'un roc sur son epaule large
Du Ciel pesant sans pois la grosse charge charge.
　Tels espris seurent bien que l'humaine raison
Dans le fort du cerueau doit tenir garnison,
Pressant pour ses scabeaus l'Enuie, la Cholere,
La Tantalique soif, Geantin populaire,
Qui s'eforce, mutin, faire suiure sa loi
A notre esprit, que DIEV leurs assigna pour Roi.
　Et puis que tels espris n'ont rien brigué de Terre,
Cernés de vers lauriers, & de grimpar lierre,

Y

Viuans d'eternel viure, ils auront pour tombeau,
Le seul blanc de leurs trets, des astres le Chateau.
  Mais ces sales porceaus qui pour sel ont leur ame,
Affin que leur corp lourd tout pourri ne s'entame,
Ces porcs, dis-ie, fangeus, dont l'esprit sale & hord
Foule la Marguerite, & tout l'Indique bord,
Ceus, dis-ie, qui veautrés en la fange charnelle
N'allument chez Raison leur mourante chandelle,
Ains au foier lascif, où l'enfant Cupidon
A mis comme en depos son charme-ame brandon:
Ceus qui dedans leur cœur dressent vne fornaise,
Où l'auare souci cuit sur l'ardente braise
Au soufre Stygien leur salut perissant,
Ainsi qu'vn songe vain leurs pl⁹ beaus ans passãt,
Outre qu'incessamment ce Mongibel les brule,
Ne laissent aus Neueus, ni titre, ni sedule
Qui puisse témoigner qu'ores leurs louches yeus
Aient senti l'efet de la lampe des Cieus.
  Car depuis que du corp la mortelle Cigue,
Ou le Pauot Lethé (qui de son somme tue)
A peu prendre racine au mortel abruti,
L'Esprit, cousin des Cieus, en ce chaud-froid routi,
Au camp des vains plaisirs court à bride auallée,
Et de Fortune aiant la bouche emmammellée
Se bouffit d'arrogance, & se tient seul à pris,
Comme les Elemens tout seul tenant compris:
Puis, si de la maratre vne Scithique haleine
Vient faire tête au front de sa fraile caréne,

Il se laisse voguer à la merci des vens,
Sans appeller en aide ou Raison, ou les Sens,
Et se donne à la foi des flôs à bouche ouuerte,
Pour couurir le tableau de si chetiue perte,
Il n'espere de voir ces soufles s'accorder
Et au Haure asuré son nauire aborder:
Et n'aiant autre Iuge ou de DIEV ou du Diable,
Que le pois des malheurs qui son epaule acable:
A tout ce qui le flate en chatoilheus plaisirs,
Et à ce qui s'opose à ses veus & desirs,
Il lui dresse vn autel, que la Sabée honore,
Et ce rien pour vn Dieu cet Epicure adore:
Tout est pepin des Dieus, & de maint Dieutelet,
Et superstition fournit à tous de lait.
  S'il oit que le rempar qui l'Vniuers emmure
L'eueilhe d'vn sursaut par son bruiant murmure,
Il atend sur son chef la cholere des Cieus
Comme tout debauchés, faute de sages Dieus:
Si l'Arc-en-Ciel au Ciel son diuers plis bigarre,
Il prent cela pour seau, il tient cela pour arre,
Il se fait tout miracle à ce miracle grand,
Et comme à son Idole & bras & mains lui tend:
Si l'Echanson Troien, si la Pleiade humide
Font excourser Nerée à cours de lâche bride,
Il condamne son Dieu au regne du Gliron,
Et le laisse ronfler sur le bord d'Acheron.
  Voi ce flambant Cheureau à passade diuerse,
Alors que Paul Romain aloit guerroier Perse!

Y ij

Voi ces houpes de feu à gros bonds sauteler
Sur le depart d'Auguste? Voi çà, voi là voler
A serpentins replis la flamme solitaire
Lors que du Sciam l'on acomplit l'a faire?
Oi le fifre eclatant, les Astrés etandars
Quand le Romain ouuroit les Cimbres de ses dars?
Voi qu'étroite ils trouuoint cette terrestre masse,
Tãt leur sang en leur cœur sentoit de pœur la glace?
Le cris d'vne soris, le vol d'vn seul corbeau
Fait le Vulgaire sot songer à son tombeau.
Voila de l'ignorant la tres-iuste vengeance,
L'Erreur, son compagnon, asseuré d'Ignorance,
Et le Contemnement de DIEV non contemné,
Sont les fleaus & les fers, où doit etre geiné
L'Esprit de la peuplace engourdie, entombée
Aus cendres de la flamme aus Astres derobée.
Car Admiration, d'Ignorance est l'enfant,
Et son frere est le foüet, qui le front va bufant.
   Ce tronc riche en rameaus, a pour branche pre-
La Superstition, qui se fait voiagere   (miere
De Calpes en Imaue, & enfante en la Nuit
Maint & maint reieton, & maint dãnable fruit,
Qui le cœur infectant de sa poison amere,
Lui dicte que du Tout l'inimitable Pere
Est serf d'vn grain de sel, ou murmure sorcier:
Que le grand oeil des Cieus, des Astres nourricier
Enchanté d'vn brandon des vois Æmoniennes
Ne peut se faire largue aus tours Etheriennes:

Que la brune Phebé gemit son teint perdu
Aus cercle Medean: bref d'horreur eperdu
Ce vulgaire fend l'Aer de vaine sonnerie,
Empechant que des Dieus la sainte Confrerie
Contrainte par les chars de Magique action
Ne descende pour faire ici procession:
Sathan ne s'y oublie, il iou' son personnage,
Il louhe un Astrologue, il le tient à son gage,
Pour de ce tronc damnable etendre les rameaus,
Et les auoisiner aus etoilés coupeaus,
Il soudoie à ses frais la troupe Assyrienne
L'Assyrien au fait diligemment s'empeine.

Car alors que Phebé porte un habit de dueil,
Ou quand Phebus un peu nous enferme son œil,
Et aus chams leurs couleurs, emblemissant sa face:
Lors d'un maitre Gonin les tours de passe-passe
Viennent almanaquer dessus le chef humain
Le muis qu'au front du Ciel, de tous malheurs est
La punaise Enyon, la sanglante Bellonne, (plein,
Le deluge piteus du balais, qui moissonne
Sans faucilhe les grains, sans serpe le raisin,
Il annonce la faim, & son cruel cousin
Le canon empesté, qui d'un soufre funebre
Fait le mortel bourgeois d'eternelle tenebre:
Bref aiant pour engin céte credulité
Que Superstition aus cerueaus a planté,
Il renuerse les murs de la brilhante sale,
Et fait que Dieu d'enhaut, chagrin, çà bas deuale.

Et pour voguer plus loin à voile deploié,
Et que nul port de maus ne lui soit denié,
Il fait le Ciel celeste, il excuse les Princes
Qui rauagent, tyrans, leurs chetiues prouinces:
Le Ciel seul accusé par ce haineus de Iour,
En sa Cour condamné porte la pâte au four:
Les Astres innocens portent l'enchere folle
Des peruers que Pluton ensegne en son ecolle:
La peuplace s'oreilhe, & d'yeus bien ententifs
Du Colosse reçoit les mots magestatifs:
Bref DIEV n'est qu'vn feuilhar, poste de la boufée
De l'Astrologue Autan, & or' de son Borée.

 Dieu par eus s'asseruit au ioug d'vn sort douteus,
Ils pyroüetent DIEV comme vn balon venteus
Qui se promeine en l'Aer, incertain de la dextre
Qui le rend aussi tôt devers la part senestre.

 Chetif? qu'est ce que Dieu? tout ce que tu vois or'
Et Dieu meme est ce tout que tu ne vois encor:
S'il est tout seul le Tout, il tient tout son ouurage
En soi tout hors de soi, tout en tout sans partage.
De quel limite donc est barré l'entre-deus
Du tou-beau Createur, & de nous malheureus?
La part meilheure en nous est l'Esprit raisonnable,
DIEV n'est que tout Esprit, tout Raison adorable:
Et tu pense, grossier, qu'en toi regne vn Esprit,
Dictateur, prouiseur, qui lois & drois écrit
Aus autres & à soi, vn Esprit guide-dance
Faisant dancer sous soi toute autre basse essence:

Et tu ne crains songer que ce grand Vniuers
Distinctement paré d'artifices diuers,
Marchāt touiour d'vn pied, ne chāgeant de visage,
Ne grisonnant son poil par auancement d'age,
Soit par l'aueugle Sort tiré comme au baton,
Comme si la Nature y rampoit à taton,
Sans sauoir qu'elle fait, ou sur quelle modelle
La traça de son Roi la dextre non mortelle.

Or ce seroit bien peu si de telle poison
S'empestoit seulement la rustique maison
De ceus qui sont petris d'vne grossiere bouë
Et ausquels le pinceau de Nature se iouë:
Mais ce mortel venin echele les chateaus,
Penetre les palais des plus madrés & caus,
Plusieurs desquels voians la Titanide image
Perdre vn peu de son teint, ou ternir le visage
De la mere des mois, crurent que le Destin
Demembroit ce grād Tout aus Parques pour butin,
Si que s'en debauchans, ont de leur réuerie
Fait boire l'aconit à leur chere patrie.

I'en apelle en témoin ce Duc Cecropien,
Qui (quand Phebé mouroit au flot Sicilien
Eclipsant sa clarté d'ombrage ensevelie)
N'osant pas desanchrer, conseilhé de folie,
S'ofrit auec ses naus, tresor de ses ayeus,
Et ses braues soldas iadis victorieus
A la grife ennemie, & frustré de ses peines
Rauagea le bonheur de l'opulente Athenes.

Celle meme fraieur fondée sur vn rien
Brisa le fondement de Perse Emathien,
Faute d'avoir bien leu la Pancarte celeste
Où tel sort franc du sort à nos yeus fait la féte.
　　Meme niaizerie eut fait choir de la main
Le vaincueur coutelas à Paul vailhant Romain,
Si d'vn Gaulois acort (que la docte Minerue
Auoit laissé fouilher sa prudente reserue)
Le propos accré n'eut remis dans les cœurs
L'Esprit ia s'enfuïant des Latiens vaincueurs.
　　I'en citerois encor de mille & mille vn role
Qui donneroit serment à foi de ma parole:
Mais Vespuce & Colōb pour tous soint adiournés,
Pour céte connoissance en bonheur couronnés,
Aians par ce bel art porté le Pol Artique
Au non fraiés detrois du Piuot Andartique:
D'autant qu'aiant prédit à ce peuple brutal
Le defaut de Phebé, l'vn leur fut Dieu fatal.
　　Non sans cause l'on dit que la Philosophie
Est sang Viperien: car de l'émoi sortie,
Empietant le beau Iour, l'estomac elle fend
De l'Admiration, qui plus droit n'y pretend,
Ainsi que quelcun croit qu'on nomme la Vipere
Comme creue-amari de sa gisante mere.
　　Sus donc, mon Bourguignon, donne fuite à l'émoi,
Tu le peus céte part, l'enrollant dessous moi:
Où ie t'etalerai ma plus rare richesse
Que sans point courtizer vne aueugle Deesse,

　　　　　　　　　　　　　　　　　I'ai

J'ai gaigné ce pendant que du Pedant ie ris
Qui pour un sale gain met son ame à vil pris.
  Qu'il degenere, seul, enuiron céte Terre,
Sois legitime enfant du Ciel qui tout enserre:
Mais pour étre du Ciel les enfans bienheureus
Preuuons nous au niueau de l'Aigle genereus.
Ses Aiglerons ne sont reputés pour sa race,
Que la foi du Soleil le iugement n'en fasse.
  La tiedeur maternelle aiant l'œuf décreusé,
L'Aigle tourne son fiz au droit Soleil pasé,
Il apelle en Conseil l'Astre guide-iournée,
Son ame est des raïons sagement enseignée:
Son ongle forcené poingt l'Aigleron batard
Qui conniue de l'oeil vers le Solaire dard:
Mais celui qui ne cede à la pierre de touche
Du Delien raïon qui à plomb ses yeus touche,
Il l'admet heritier, & du foudre soufreus,
Et des tre-pointés dars du grand Iupin afreus.
Ainsi donc epreuuons, que le Ciel nôtre pere
Nous reconnoit surgeons de sa semence chere,
Dechacions nôtre oeil, & qu'il soit apprêté
De, braue, resister à la viue clarté,
Que le Ciel nous enuoit pour Iuge ou pour arbitre,
Auant que de ses fiz il nous sele le titre.
  Ne crois pas folement que les radieus corps
De tels comments humains redoutent les eforts:
Ne crois pas que les Cieus nul Seigneur s'asseruisse,
Ce seroit reculer au train de l'Ecreuice.

Z

L. V. DE L'VRAN, OV CIEL

Le Ciel a trop aprins d'autorizer ses lois
Sur les Ducs, & Barons sur les Princes, & Rois:
Et le murmure vain d'une vielhe vielhote
Radoutante, à son veuil lui fait porter la hote?

 Pour dementir ceus la, meus auec moi tes pas
Par les arcs raïonnans, ietant ta terre en bas:
Viens foüilher auec moi au sein de la Nature
Qui ne frustre iamais cil qui d'elle prent cure.
Epluches auec moi pourquoi plus rarement
Titan prent du dueil noir le sombre vetement?
Pourquoi sa sœur Phebé d'inconstance assurée
Change tant volontier sa luisante liurée.
Ore un turban Turquin vêt son beau front luné,
Ore d'un cercle rond son visage est orné,
Tantot sa robe pompe en beau fleurdelisage,
Ou sa toile est brochee en un caué nuage,
Et tantôt arondie en sa plaine clarté
Elle forclot nos yeus de sa blanche beauté,
Non touiour toutefois, aucunefois non toute,
Ains comme plus ou moins elle baise la voute
De son Seigneur germain, elle en voile une part,
Et quelque echantilhon sa grace nous depart.

 En si diuers portrais ie ne sai masse dure,
Bien que nourrie au lait du gormand Epicure,
Qui ne paigne etonnee en son tableau mortel
De quelque Deité le craion immortel:
Iugeant que tant de trais ne changent pour parade
Pour enrocher d'emoi la champetre brigade,

Ains pour en tel aspect se tracer un sentier
Pour visiter par l'œuure un si parfet ouurier:
Si que l'alme Phebé sert de maitre d'ecolle
Qui nous fait lire DIEV sur cet etoilé roüe.

Qui que tu sois (Heros, Dæmon, ou demi-Dieu)
Qui d'un luisant eclair, parcelle du grand DIEV,
Fendis ces noirs broilhars des nuis Cimmeriennes
Qui lors emmanteloint aus ombres Memphiennes
Le Iugement humain, qui fus guet de cristal,
Et sur ce lourd Chaos allumas ton fanal:
Tu deuois, tu deuois, (si la fosse Lethée
N'eut, ingrate, dàns soi notre race enretée)
Tu deuois augmenter les encensés autels
Par ton nom adorable & lauriers immortels,
Hote du Zodiac, vers la belle douzaine
Des logis marquetés de la main souueraine:
Ou prés de l'Orion, du front Medusien,
Du brilhonnant cocher du char Tyndarien,
Au Persean flambeau, & de Cephé son pere,
Des feus Andromedins, ou bien prés de sa mere,
Ou vers l'Ourse q craint se taindre au cōmun bain,
Ou vers autres flambeaus qui brilhēt à beau train:
Quelq ecriuain deuoit pour chef d'œuure de maitre
Au haut papier reglé t'ecrire à grosse lettre.

Mais, ô Siecle ferré, age vraiment ingrat,
Plutot nous caressons quelque fier Mustaphat,
Alongeant de son fer la cruelle menée
Par les nombreus filets d'vne encre bien purgée:

Z ij

L. V. DE L'VRAN. OV CIEL

Plutot Xerxe orgueilhi, dont l'oeil ambitieus
Menasse de Iupin le sourcil glorieus,
Boufiroit nos feuilhes, plutot la tyrannie
D'vn Romain Dictateur chez Pluton embrunie
Se blanchiroit des lis de nos caiers sacrés,
Ou au sentier laité des palais azurés:
Plutot vn Tamburlan, Aquilon de Nature,
Foudre de l'vniuers, fleau de la terre dure,
Fournit à nos clairons vn refrain ampoulé:
Plutot vn âpre Atil est hautement collé
A mastic Phebean dans le liure de vie.
   Ce pendant la merci du tems & de l'enuie
Maitrise & foule aus pieds les Segretaires surs
De la mere Nature & des nœuf Vierges sœurs,
Ceus, dis-ie, au nõ desqls les trois fois trois pucelles
Deuroint planter au dos des plumes immortelles
Pour voller du fond bas du Lethe obliuieus
En l'étage plus haut de la sale des Dieus.
   Donc ira-til ainsi? & pourroi-ie bien croire
Qu'on permette celui au fond de l'Orque boire,
Dont l'esprit se guindant sur cerceaus assurés,
Heritiers nous crea de ses archifs sacrés?
Non, ie iure le St du muet Harpocrate
Et le sacré serment de mon graue Hypocrate,
La biche Dionée, et du moires des Cieus,
Ie iure les horreurs des marets Stygieus.
   Car si du grand Iupin la Neuuaine sacrée
A de feus Phebeans ma poitrine echaufée,

Si ma Muse me préte encor une faueur,
De ton diuin renom ie serai le sonneur,
Et non les seuls cailhous de ta chere Carie
Ne repondront aus chans de ma Harpe fournie:
Mais tout ce que d'enhaut le courrier flamboiant
Auise de son oeil, que Neptun ondoiant
Embrasse au ceinturon de sa large etendue,
Lira bien ententif sur ma gaze tendue
Le dessein non humain du grand Endymion
Qui peut bien rendre au Ciel sa noble extraction,
Du bel Endymion, pour qui la Lune claire
Quita le lit nôcier de son bien-aimé frere,
Et pour l'Hymen duquel elle eut à vœu cent fois
De se mortaliser contre les fermes lois
Du Destin enferré, qui la firent Deesse.
Soupirant toutefois sous l'amoureuse presse.
  Ce gailhard Iouuenceau (au tertre Latmien
Où s'apuie cleué le terroir Carien
Dessus le bord Ægé franc, sous sa propre targe
Alloit, libre, puissant ses toreaus au front large:
Pendant que le fusil du Cyprien archer
Se bat sur son cailhou non facile à brecher:
Pour sa meche il choisit le sang, l'ardeur, & l'âge,
Pour alumette il print son Adonine image,
Image Adonien, qui détroussoit les sens
Aus mieus targués mortels, et immortels puissās:
Bref un brandon s'eprint au fond de sa poitrine
Allumé au foier de l'Etoile argentine.

L. V. DE L'VRAN. OV CIEL

Iamais il n'auoit peu suiure l'amoureus train,
Comme un poulain farouche indocile à tout frain:
Bien que sur le gazon des verdoiantes prées
Que Flore chamarroit de ses fleurs diaprées,
Le troupeau Napean fouloit à menus bons
Le tapis emailhé des cristaus vagabons,
Laissant vaguer leur or en deus glissantes ondes
Sur leur beau col négeus nageantes vagabondes,
Et par leur sein rosin nageant folatrement
Leur genous albatrins francs de tout vetement:
Bien que sous les feuilhars les riantes Dryades
Autour de ce beau fiz faisans mille gambades,
Le talonnoint fuitif, & suiuant le fuioint
Bien que vües de lui, & qu'ore elle vouloint
Etre vües fuiant, cerchans d'etre suiuies,
Et comme maugré soi etre de lui rauies:
Cet enfantin acier tous les trets rebouchoit
Que l'arc de l'oeil Nymphal contre lui decochoit.
Il demeure collé dessus l'unique image
De la Lune aus beaus yeus, prison de son seruage,
Il l'oeilhade fuiante au taint non acompli,
Le matin il la void vite au pied assoupli:
Cependant il nourrit de ses vœus solitaires
Ses plaisirs recelés, n'osant pour secretaires
Ou Feaus messagers se seruir de ses vois.
En fin ce feu rageus qui force toutes lois,
Fendant le fort rempar de son boüilhant courage,
Aus plangoureus accens trouua nouueau passage:

Et aiant en escorte vne plaintiue vois
Se perdant au plus creus des efroiables bois,
Ore au fond equarté des forets plus epesses,
Aus tertres non tracés des troupes chasseresses,
A lons trais de ses yeus son che Tout il suçoit,
Et par tel sucement son brandon il paissoit,
Et sans se donner treue au Somme charme-peine
Fit repondre les rocs à sa plaintiue haleine.
 O vous tailhis razés, ô cristalins ruisseaus,
O abrils compagnons des ombrageus rameaus,
O antres obscurcis, ô verdissans bocages,
O felons habitans des grotesques sauuages,
O rochers sourcilheus de mon dueil entamés,
O Syluains corne-frons, ô Syluains enramés,
O toi Laire, ô Damon de ces vaus tutelaire,
Si dans ces pourpris croit quelque herbe salutaire
Qui soit contrepoison de la douce poison
Dont l'archer Paphien charme nôtre raison:
Par le salubre ius d'vne sainte racine
Tués ce Mongibel eprins en la poitrine
De vôtre nourrisson: mais ces plangoureus cous
Batent en vain les eaus, les bois, les sours cailhous!
C'est toi, Lune, c'est toi, c'est toi seule, Deesse,
Qui peus froisser la crois, où me clouë en detresse
La bale que t'on oeil dans les miens a lancé,
Quand en ton diuin Beau, humain ie m'auancé.
 Vierge au chef argentin, si de ta fraiche bouche
L'herbe suce l'humeur de l'Abeilhiere souche,

Z iiij

L. V. DE L'VRAN. OV CIEL

Si le flotant seiour marie à tes dous sons
Les tons harmonieus de ses fortes chansons:
Si l'Aer rit gaiement pour te faire la fête,
Se restorant le dan de la iournale perte,
Ne permets que, seulet, de ta grace econduit,
Ie voie auant mon soir s'eclorre tot ma nuit.

Mais quel obscur bandeau ma raison a voilée,
De songer que l'honneur de la troupe etoilée
Echange au seiour bas le celeste seiour?
Et que quitant le lit de l'Astre enfante-iour
Elle daigne abesser sa magesté Roiale,
Pour exausser les vœus de mon ame rurale?

Non, non, descends plutot, funeste malheureus,
Au remede commun des Myrtes amoureus,
Au frais Elysien, ou le criard Zephire
Les Cyprines ardeurs d'vn dous accent soupire?
Ne charme vainement par ta credulité
Ce funebre chagrin dàns tes venes planté,
Qu'vn Espoir si pipeur qui ta murailhe assiege
Pour te trahir mal-caut, ne te serue de piege:
Il n'y a que la nef du passager Charon
Qui noïe tes ardeurs soùs les flôs d'Acheron.

Ainsi errant çà là aus Latmides repaires,
Ses temoins assurés ses muets segretaires,
Il faisoit redoubler ses langoureuses vois
A la criarde Echo, Concierge de ces bois:
Iusqu'à tant que recru de la geine Cyprine
Il couuoit le sommeil dàns sa lasse poitrine,

Et sur vn vert tapis de mousse bien frangé
(Où son cruel martire en fin l'auoit rangé)
Poussoit hors de ses flans l'haleine sommeilhiere
Charmée aus flos cassés des bors d'vne riuiere.
 L'enfançon de Venus canonne, braisilhe, ard
Les moëles de Phebé, au celeste regard,
D'vne tendrette bouche en l'herbelette tendre,
Voiant d'vn art sans art au laité col s'epandre
Les cheueus crepelus: col de flocon negeus,
Cheueus qui de leur beau redroint l'or vergõgneus.
Et si honte, & fraieur de trahir son cher frere,
Son frere qui void tout deʒ le haut de sa chaire,
Ne l'arretoit au Ciel, fendant l'ondoiant Ær,
Elle iroit sauourer cette doüilhette chair.
 Or la honte & la pœur ne gaignent tant sur elle
Qu'elle ne couure encor de nueuse rondelle
Son germain clair-voiant: Lors au gaʒon mollet,
Deia ietant sa main sur ce beau col de lait,
Ell'tire doucement de sa bouche rosine
Vn passager baiser de saueur Ambrosine:
L'Espoir vassal d'Amour, & son chaland l'Esfroi,
Et l'aueugle Archerot de ces deus le grand Roi
President par quartier: or le terrain ombrage
Celant à son germain ce secret mariage,
Elle veut & ne veut rompre le dous sommeil
Du bel Endymion, & au premier reueil
Elle souhaite & craint d'étre deprehendée
Sur le fait amoureus, d'aueugle amour bandée:

Cerchant d'être priée, ell' hesite à prier,
Certaine neanmoins de l'enfant suplier.
   En fin l'heur ou Destin desilhe la paupiere
De ce bel enfançon au prés de sa geoliere
Et prisonniere ensemble: ainsi au fort Amour
La honte chaste cede, & l'Amour à son tour.
   N'aiant ore alenté son amoureuse braise
Par le vermeil Corail qui fraichement la baise,
Et de si dous baisers n'aiant païé le pris,
Preferant aus haus Cieus ce terrestre pourpris,
Elle l'enleue en haut sur sa brune charrette,
Lui ouurant les archifs de sa maison segrette:
Lui fait toucher au doigt & dedans & dehors
Ses segrets cachetés à cent mille ressors.
   Voila comment Amour, de la Philosophie
Est Regent principal, comment l'Astrologie
Lui doit hommage & foi, voila comment Amour
Epreuue sa valeur dans l'estomac plus lour:
Comment touiour Amour prèt sa chambre garnie
En poitrine plus noble, en ame plus munie
Des beaus tresors du Ciel, ou chez cil que les Cieus
Oeilhadent de pi*ié, & du tas ocieus
De son grossier Chaos veuilhent, (ô grãd miracle!)
Faire sortir les raiz de l'amoureus spectacle.
   Ce Berger abreuué au goubeau precieus
Du Nectar immortel sainement gracieus,
Reuient à maint canal le verser en Lathmie,
Et par les chams voisins, le commandant s'amie,

Il en conuie au gout les tous prochains coupeaus
Tristement infestés des Chimerins flambeaus,
Les pâtis Lyciens, la terre Meonide
Qui de ruisseaus dorés pompeusement se guide,
Et les coutaus vineus du terroir Phrigien
Et le riuage dur du mol Ionien:
De là le flot Ægile en porte la nouuelle
Au port Achaien: & d'echelle en echelle
Vranie à lens pas dedans Rome a marché,
Où en fin, bien que tard, ce bel art s'est logé.
   Car vn Gaulois premier d'vne main singuliere
Et la Muse & Pallas dressa sous leur banniere,
Cotoiant doucement Mauors le furieus,
Et aus Oenotriens apprint le droit des Cieus.
Le camp Macedonois faisant deia la mine
La mine menassante à la bande Latine,
Deia des deus cotés le courage s'enflant
Et d'vn braue defit les Feus guerriers souflant:
Sur la prochaine nuit la Lune reculée
Par la moitié du Ciel, de la face emperlée
Du Soleil radieus, deuoit son taint rougir
Et d'vn bandeau roüilhé l'air Romain obscurcir:
Afin que tel emoi de l'Eclipse impreuüe
Ne vint deualiser la vailhance congnue
Du Romulide cœur, tremblant la lame au poing,
Le pied dedans l'etrieu, l'ame dans le pourpoing:
Ce Sulpice opposant au haZard l'artifice,
Par tels mots fit aus siens vn memorable office.

Noble sang Romulin, dont le cœur Martial
Le confin empérier a presque fait egal
Au Celeste contour, au contour de la Terre
Qui en cent mille endrois vos haus lauriers enserre,
Pour n'atréuer le cours de vos faits valeureus,
Se promenans par l'Aer maints drapeaus genereus,
Tournés sur mes propos vos bouches en oreilhes,
Et gravés dans vos cœurs ces divines merueilhes.

Tantot (la brune nuit cachant sous le cerceau
D'une ombre à maint repli l'Oenotrien coupeau)
Si le Lunaire front se voile sous céte ombre
(Car il se voilera dessous ce manteau sombre)
Ne glacez vôtre cœur, ne saignez pas du nez,
Comme si frais mechefs par le Ciel destinés
Et pachas sur nos chefs se montroint en tel môstre,
Rien n'y est monstrueus, tout y va par rencontre.

Car l'ouurier eternel, Infini, franc de bout,
Ietant les fondemens de ce grand-large Tout,
Ainsin entre-noda d'eimantines cordelles
Tous les Mondains effets par causes eternelles,
Leurs prescrivant à tous d'un ingenieus doi
Son arret arreté, sa souueraine loi,
Qui au tour de son gond immuables les tourne
Sans qu'à contreuenir un des corps se detourne.

Ainsi par ordre egal le Iour presse la Nuit,
Et d'ordre alternatif la Nuit le beau Iour suit:
Ore le liquide Aer s'epessit en la Nue,
Ores il se rarit en la pluie menue,

ore il est parsemé d'eclairs etincelans,
Or de gresleus boulets il bat les mons croulans.
 D'autant que tels obiets ont familiere entrée
Dans les peuplaires yeus, l'ame plus asseurée
N'en fait que peu de conte, & n'en tourne le doi:
Mais si outre le trac de la commune Loi
Sur la Lune a passé quelque rouge painture,
Ou si Titan derobe à nos yeus sa figure,
Exclaues de fureur, de cœur nous sommes veufs,
Vn roc Siziphien nous panche sur les chefs,
L'estomac pantelant d'vne batante haleine
Dans le sein frissonnant l'ame retient à peine.
,, Toutefois ces tableaus ne sont tant merueilheus
,, Ni ne sont messagers d'efets si perilheus,
,, Qu'vn foudroiant ecler, qu'vne rude secousse
,, D'vn orage grailant que le bras puissant pousse
,, Non d'vn ordre certain, non à tems limité,
,, Où Phebus & Phebé ont leur tems tout daté
De masquer leur visage & iamais leur ferme or-
Ne dechet en proces ou querelleus desordre: (dre
Leur mere, leur enfant, & l'heure, & le quartier
On lit precisement ecris au Calendrier
De Nature, sortant en ses Ephemerides
Cōment, & quād ces feus vōt, & à quelles brides.
 Mais pour ne vous sembler comme poste nouueau
Naguieres r'abordé de l'Etoillé Château,
Mes coquilhes vous vendre, & iouër à la chance
Ce secret qui si loin des yeus mortels s'elance,

L. V. DE L'VRAN. OV CIEL

Ne iureZ à ma vois, preneZ à caution
Du naturel Ombreus l'entiere notion.

Tout corp qui s'oposant à la lumiere belle
La tenebre produit par sa sombre rondelle,
Est touiour plus petit, ou plus grand, ou egal
A ce corp lumineus du raionnant fanal:
S'ilZ sõt egaus entre-eus, vne Ombre aus deus egá
S'en vat empointissant en forme Colonnale: (le
Si le corp radieus concede à la grandeur
De l'autre opaque corp qui cache la splendeur,
L'ombre sortant premier d'vne petite pointe
Toũiour en large croit, & plus elle est deiointe
Du reluisant flambeau, l'ombreuse aile s'etend
A plus large carriere, en espace plus grand.

Si l'opaque se serre en plus courte ceinture
Que l'oposé luisant, l'ombrageuse figure
Premierement s'egale au corp sombre & obscur,
Elle retranche apres vn peu de sa grandeur,
Puis se ferme à la fin en vne pointe aigue:
Donc aus temples astrés etendés vôtre vũe,
Et tant que le caduc s'egale à l'eternel
Faites vn parangon du Diuin au mortel.

Car comme ce bas rond plus petite a sa face
Que celle de Titan qui tous autres eface,
L'ombre du corp Terrain s'en court empointissant,
Et petit à petit sa forme arrondissant,
Serrant en cercle etroit sa petite etendue;
Comme chacun le void sans sailhir de sa rue.

Car du flambant Soleil le bouclier radieus
Dardant infinis raiz sur ce globe ocieus,
L'enuelope en ses rais, voiant de sa lumiere
Les grans cotés du lieu de Cerés la blediere:
Les raions Deliens contraignent peu à peu
En cone s'entasser ce portrait ombrageu
Du terrien balon, & si court enuironnent
De toutes parts la Nuit (dont les ombres etonnent)
Que les sommets ombreus ne peuuent paruenir
Iusqu'à l'Atlantiade, & encor moins venir
Aus clous etincelans qui redorent le Monde
Et ne cachent iamais leur face pure & monde.
 Titan donc reculant de nous ses coursiers beaus
De l'espace toutal de la terre & des eaus,
Et quand notre demeure est prinse & ocupée
Des obscurs escadrons de la Nuit empoissée:
Lors si l'alme Phebé sur ce Celeste front
Vient etaler l'argent de son Croissand fecond,
Receuant vn afront de la nuagere Ombre,
Elle voile son chef d'vne rondache sombre:
Et se voiant à l'ombre être mise en butin
Elle empourpre, roüilhant, son beau lustre argentin,
Peu à peu ce venin se glisse par sa face
Et son teint flamboiant toutalement éface.
Puis petit à petit s'echapant du lien
De l'ombreuse prison, son frere Delien
Lui reprete vn filet de sa belle lumiere,
Et enfin, de ses raiz la fait toute rentiere.

Car le Lunaire rond fecond au changement
De ce luſtre luiſant n'auroit nul parement,
S'elle ne queimendoit ſa lumiere argentine
Du Soleil crediteur, dont la lampe diuine
Fait entrer ſes beaus traits dedans ſon globe obſcur,
Comme au verre ſe iette vne claire ſplendeur.
 Donc alors que Phebé de plus prés fait aproche
Aus beaus raions portés ſur la Solaire coche,
La part qui vers le Ciel accolle le Soleil,
Et qui porte de ſoi quelque enuie à nôtre œil,
Luit de plaine clarté, & ſon opaque tête
Aus raions fraternels celle moitié endette:
Lors ſon autre moitié œilladant nos ſeiours,
S'emmantele, enuieuſe à nos terreſtres tours.
Et puis aprés tant plus qu'icelle ſe derobe
Des baiſers fraternels, plus ſa luiſante robe
Se reuet de clarté qu'elle montre à nos yeus:
Tant que du blond Titan les courſiers radieus
Pour viſiter Neré, courent à laches brides
Et ſe lauent au bain des cinquante Phorcides:
Quand la Lune au contraire au riuage Indien
Commence ſauteler, & d'vn mignard maintien
Dore tout ſon beau chef, dore toute ſa bouche,
Si qu'il ſemble à la voir qu'vn eguilhon la touche,
D'vn enuieus deſir de ne ceder en rien
Au pere des flambeaus, ſon frere Delien:
Lors ſa face au Soleil vis à vis oppoſée
Retire la clarté en la part oppoſée

Pour

Pour obiet à nos yeus : en la méme façon
Que si tu tournoiois vn cristalin balon
Au Solaire regard, la part qui est frapée
Des tremoussans raions, brilhonne enluminée,
L'autre côté blemit sous vn couuercle ombreus
Priué de l'vsufruit des Titanides feus,
 Regarde, quand Phebé libre de l'acollade
De son frere, reuient faire sa promenade,
Ou lors qu'au frais Matin elle a laué son chef,
Où du Iour frais-eclos Doris garde la clef :
Lors si le Ciel serain vn beau front nous decouure,
Et qu'au nuage obscur sa face elle ne couure,
La part qui du Soleil en visiere a le front
Tachant de ceruoier son arceau cornu-rond,
Se montre d'vn pur or naiuement parée,
L'autre, palle, languit en sa rondeur veufuée
De ce lustre enlustré, comme vn globeus Cristal
Que penetrer ne peut le Phebean Phanal.
Etant donques Phebé comme vne ronde bale
En surfaces egale, & en tous frons egale,
Il est aisé de voir comment le grand flambeau
D'vne subite nuit habilhe le manteau.
 Car sur la fin du mois quand la Lune muette
Par le vuide du Ciel promeine sa charrette,
Entre Titan & nous logeant son corps epais
O paque, impenetrable aus Titanides rais,
Par vn ialous depit elle defend & garde
Que l'œil droit de Titan à plomb ne nous regarde.
     Aa

L. V. DE L'VRAN. OV CIEL

Titan voile son œil, & au peuple d'enbas
Il semble être suiet au destiné trépas:
Tout en porte le dueil, cette Nuit impreuüe
D'vn esfroiable emoi conspiré sur la vue,
Fait frissonner les cœurs des painturés oiseaus
Fait le camp ecailhe trembloter soùs les eaus:
Cette fatale nuit soùs l'ombre de son aile,
Du peuple enseuelit l'esperance fidelle,
Tous se donnent en proie au nautonnier Charon,
Ia l'antique Chaos semble ouurir son giron
Pour r'engloutir ce Tout en sa brutale masse:
L'Indois n'espere plus re-iouir de la face
Du roi des haus brandons: l'Espagnol de son œil
Ne pense plus chez soi voir coucher le Soleil:
Chacun de ses pechés feueilhete l'Inuentaire,
Branlant mea culpa aus Curés, au Vicaire,
Croiant que le cornet du trompeteur diuin
Huche au dernier ressort le Ponant & Matin.
   Mais à la fin Phebus guignant à douce œilhade
Le menage Mondain de telle pœur malade,
Repiquant son Phlegon tire d'autre coté,
Où la Lune ne peut lui barrer sa clarté,
Afranchit secoüant sur nous sa tresse blonde,
De tenebres la Terre, & de fraieur le Monde.
   Le motif de ce fait soùs silence voilé,
A fait qu'vn grand emoi dans les cœurs s'est coulé,
La Superstition, que la crainte cotoie,
Rampant etendument, de l'emoi suit la voie:

DE I. EDOVARD DV MONIN. 142

Soit que le peuple sot voulût ses yeus bander
Craignant ses Dieus flambans au fait aprehender
Au lit Hymenean, & que la Lune nue
N'orphelinât leurs yeus de leur humaine vue:
Ou soit que nul mortel de ces astres plus clers
Ne peut pas soutenir les foudroians eclairs,
D'autant que ce brandon, sainte torche Solaire
Condamne à sombre Nuit tout œil, qui temeraire
Ose faire rempar de ses foibles tuidus.
Contre les trais dardés du Prince des flambeaus.

  Or comme celui là dàns qui l'alme Nature
A vraiment exprimé les trais de sa figure,
Ne la peut dementir, ains de Iour & de Nuit
Se contemple au miroir qu'en son essence luit:
Et comme l'Homme est né à l'aquet de Science,
But droitement posé à sa diuine essence:
Quelque Genie humain ne pouuant à niueau
Guigner les trais ardans du donne-iour flambeau,
Tournant l'œil par hazar sur Thetis ondoiante,
Des celestes segrets y decouurit la tente:
Il lut au front de l'eau que l'eclipsant Soleil
Dàns l'ombre de sa sœur bandoit son luisant œil,
Et ne pouuant trouuer par ces ombres passage
Nous nioit l'usufruit de son brilhant visage.

  Vn autre vn autre encor que l'admiration
Enfatrassoit aus nœuds de telle passion,
A maints pertuis troüa vne carte legere,
Pertuis donnans en l'œil chemin à la lumiere,

               Aa ij

Et vid ce vain decés qui sembloit au Soleil
Donner occasion de prendre habit de dueil.

Vn autre poinçonné de ce spectacle horrible,
Par cent petis sentiers de quelque troüé crible,
Les raions diuises fit tendre dans ses yeus:
Et tel moien leurs fut segretaire des Cieus.
En la méme façon le valeureus Persée
Au luisant d'vn bouclier, étraine tant prisée,
Vid l'enrochant regard du front Medusien,
Front, enfant monstrueus du creu Tenarien.

Ainsi l'Euphrate grand aprins ia de retraindre
Son goufre entre-coupé dedans vn canal moindre,
Ia non impatient & de guet & de pont
Ains rabaissant l'orgueil de son sourcilheus front,
Ia rembarrant sa corn' hautainement enflée,
A maints petis ruisseaus departant sa boufée,
Fit maitre l'ennemi du grand mur Ninien,
Et au col exclaué mit le ioug Persien.

Ici pour defricher ma carriere epineuse,
Et epuiser l'esprit de sa vague douteuse:
Ie propose vne these, & demande comment
Mercure ni Venus ne soufrent le tourment
D'vn Eclipse ombrageus, veu que l'ombre terrestre
Fait que le Lunaire œil ne nous peut reconnoitre!
C'est que l'ombreuse Nuit de terrestre bandeau
Outre le Lunaire arc n'etend son brun cerceau;
Si que sous tels broilhars les luisantes Planétes
N'emmantelent iamais leur flamboiantes tétes.

Outre ce, ie requiers si l'Eclipse iamais
N'orpheliné Phebé des Titanides rais,
Au moien de Venus, de qui l'opaque masse
Peut oter à Phebé de son frere la face?
Aprend de moi, que non, & rendu patient,
De ce point te rendras acort etudiant.
,, Quand vn opaque corp d'vn luisant s'auoisine,
,, L'ombre, enfant de ce corp, courtement se termine,
,, Si le corp radieus le surpasse en grandeur:
,, Ainsi puisque Titan Roi de toute splendeur,
,, Ne laisse parangon de sa grandeur illustre
A l'opaque Venus: de la Lune le lustre
Ne se void point terni par l'ombre de Cypris,
Car ce voile ombrageus est en brief lieu compris.
Mais du globe Terrain le petite etendue
Distraite du flambeau qui dresse nôtre vüe,
Peut tendre largement sa robe de maint plis,
Et la Lune cacher dans ses ombreus replis.
De plus, on dit encor que la claire Cynthie
A senti le trauail de sa face embrunie,
Lors qu'elle, & son germain en la haute maison,
Chacun en son logis, sont sur nôtre Horizon:
Ces Problematizans veulent de là conclure
Que la Lune aus yeus bruns ne detaint sa figure
Par l'entremetement de l'ombre Terrien.
Pour te degarroter de ce tortu lien,
Dis leurs, q̄ c'est gratis qu'ils fondent leur probleme
Par suposition de ce mensonger theme:

Aa iij

Et quant l'œil redorant la Celeste maison
Sembloit auec Phebé tenir nôtre Horizon,
Aus raions recoupés ieter en faut la faute,
Où souuent ce qu'est bas, semble étre en place haute:
Si qu'vn tas copieus de mainte exhalaizon
Moien d'entre Phebus & nous, sur l'Horizon,
Les auroit fait choper au rocher d'ignorance,
Car lors Phebus ne fait ici sa residence.

  Or en tels argumens de ce discours obscur
Ie t'aperçois encor tremousser en ton cœur:
Et quoi? me diras tu, si iamais sans lumiere
Rien ne nous est ofert à conoitre en visiere;
Comment Phebé perdant son lustre glorieus
Peut elle se montrer eclipsante à nos yeus?

  Tai toi, guide tes pas dessus ma ligne etroite:
Sache, que nous mettons vne Lumiere droite,
Et vne reflechie: En l'Eclipse ombrageus
Phebé droit ne reçoit les raions lumineus:
Neanmoins la lumiere en soi rebricolée
Fait la montre à nôtre œil de la Lune voilée:
Ces rais rebricolés, montreurs de ce torment
Sont ietés par les clous de l'astré firmament.
Ainsi l'ō nous aprend que l'obre, & les Tenebres
Méme chose ne sont: Car les ombres funebres
Se voient es raions d'atainte reflechis:
Les Tenebres iamais au regard n'ont logis.

  Si ie voulois ici plus loin tendre ma voile,
Ie pourrois alonger fil à fil cette toile,

Ie pourrois epier d'vn œil presumptueus
Le segrets du Soleil, sainte lampe des Cieus,
Et m'enquéter pourquoi sur la Terraine place
Il se fait quelquefois Gerion tripleface:
Mais le Stagirien maitre de ma maison
Ne iete ainsi sa faus en etrange moisson.
Il ne faut en Regent courir d'vn pied si libre,
Tout traité se mesure à son propre calibre:
C'est Meteoriser, d'eplucher tels secrets,
Dependons donc du croc l'Eclipsaire procés:
Et qu'il n'eclipse point sa sombre connoissance
Sans eclipser du tout l'Eclipsaire doutance.
Ici ie voi confus le nouice lecteur
En ses doutes cercher quelque sauant docteur.
  Puisque l'alme Phebé n'a que ce batard lustre,
Dont Titan crediteur rend son visage illustre,
Et que sur le chemin elle volle à nos yeus
Les raiz que nous dardoit le Soleil glorieus:
Veu qu'aussi, de Cerés la plus massiue masse
Roüilhe le cler argent de la Lunaire face;
Pourquoi touiour Phebé son mois arrondissant
Acollant son germain, de son second Croissand
N'eface elle les lis, & nous en porte enuie?
Pourquoi son feu perdu ne depite sa vie?
Et pourquoi quand Phebé ramassant peu à peu
Les atomes épars de son emprunté feu,
Est logée au Leuant, mirant la téte blonde
Du clair Hiperion à l'autre bout du Monde:

Pourquoi le tas Terrain se parquant entre deus
Ne nous fait il sentir le veuu ge embrageus
De la Reine des Nuits promptement rougissante
D'vne bonne clarté au blanc se melengeante?
Calmes ici les flos de ce douteus esprit,
Plante ton ancre au port de mon paisible écrit:
Laisse voguer vagant en sa vague douteuse
Du peuple vagabond l'œilhade chacieuse:
Reprens, reuois, relis, d'atentiue façon
Du biaiz cours predit la sauante leçon.

Ie t'ai fait auditeur, ie te recorde encore
Qu'au Baudrier orangé qui le firmament dore,
Se demeine vne ligne en son iuste milieu,
Où sans cesse voltant des feus le plus grand Dieu
Aus tiquetés logis, d'eternelle tournée
Boutit & raboutit sa tournoiante année:
De la ligne moienne (Ecliptique est le nom)
Merueilheus est l'efét, merueilheus le renom.

Mais quelquefois Phebé çà ou là se detraque
Des marquetés Palais du tortu Zodiaque,
Et ne marche touiour ce trac, ce iuste train,
Que ne change iamais le Brandon souuerain:
Tantot, haute, elle tend à l'ardante Ecreuice,
Tantot au moite Autan sa charrette se glisse,
Tantot droite elle marche au milieu du Bodrier,
Et regarde à niueau le grand Dieu perruquier,
(En deus poins seulement cette chose est conue,
Sçauoir ou du Dragon est la téte & la qüùe)

Toutes

Toutes & quantes fois que le centre ou milieu
(Où la ligne Ecliptique a son nom & son lieu)
Sequestrent ces deus chefs de la bande etoilée,
De bandeaus ensuyés nôtre terre est voilée,
Si l'ombre de Phebé serre dedans ses bras
Son germain qui ne peut se faire voir en bas.
  La Terre toutefois toutale ne se voile
Dedans les plis retors de céte obscure toile:
Car l'ombre de Phebé par le raiz Delien
Peu à peu retressie, en rond fait son maintien,
Et se serrant ainsi finit en pointe étroite,
Si l'Ecliptique fend non par la moitié droite
La Lune mise sous, ains en lots inegaus:
Lors autant que Phebé aus Solaires cheuaus
Soutend de son blanc corp, autant du corp Solaire
Est couuert du manteau de cette ombre Lunaire.
Si l'humide Croissand ne fraie que les bors
De ce Bodrier, honeur du Ciel & de ses Corps,
Raudant les haus confins de l'Ecreuisse astrée,
Ou les termes du Dain de la tour Ætherée,
Phebus a saufconduit, & sous sa forte main
Defie les volleurs de tout l'ombrageus train:
Et s'il plait à Phebé, en son libre voiage,
Pleine n'enterrera aus ombres son visage.
  Ainsi le charpentier de ce grand Vniuers
Liand d'vn ferme nœud & d'art sans ars diuers
Les siecles vagabons, emploia son etude
Pour alterner ici telle vicissitude.

Car quand du vieil Chaos sortit l'enfantement,
Que la Terre du Ciel fit son departement,
La Nuit seule regnoit dans le vuide du Monde,
Sous la Nuit se regloit Air, Feu, la Terre, l'Onde :
Mais depuis que Titan richement atifé
D'vn crin de Diamens & Rubis étofé,
Vint seruir de miroir à la mere Nature
Etalant pour tresor sa blonde cheuelure,
La Nuit qui n'osoit pas suporter le regard
De ce Prince nouueau riche en nature & art,
Aus grotes de Pluton print sa tremblante fuite
Sans oser s'oposer à la Solaire luite :
,, Soit que honte, & le tort de son sceptre arraché,
,, Ou crainte ait de la Nuit le chef ainsi caché,
,, Elle s'est embusquée en la profonde fosse.
,, Des fantaumes ombreus de la terrestre bosse.
    Et bien que l'Eternel pour moienner la pais,
Ait parti par egal la course & le relais
De l'Ombre, & de Lumiere : encor la pepiniere
De l'enuieuse ardeur de l'Ombre & de Lumiere,
Semée va semant mille combas sanglans,
Tendant à picorer d'vn & d'autre les chams :
Si que d'vn vain efort l'vn sur l'autre butine,
L'vn de l'autre iurant la toutalle ruine.
    Car quand les fors roufins de Titan radieus
Postent d'vn cours isnel en la lice des Cieus,
L'Ombre pour ne perir par la fleche meurdriere
Que va debandant l'arc du roi de la Lumiere,

A bride egale fuit par l'autre firmament,
Et ia franche afranchit de ces fors dars d'eyment
Le Sceptre tenebreus, l'ombrageuse Bastilhe
Où la blonde Cerés a marié sa filhe.
Et bien que çà & là l'Empire se partit
En vn etroit partage, en vn lot fort petit,
(Phebus y prenant part, l'ambition Lunaire
Tirant sont contingent du Tout hereditaire:
Les Astres flamboians par leurs certains retours
Y pretendans leur droit, & que de ces chams cours
Et de peu d'etendue ilz pourchassent la proie)
Céte Ombre toutefois aus flôs d'oubli ne noïe
Sa Trebellianique, & sur ses ennemis
Courageuse elle enrole vn camp de ses amis.
,, Il est vrai q̃ tous ceus qui sont de son domaine
,, Et les noirs champions qu'à sa soude elle maine,
,, Sont de petit renfort, non aguerris soudars
,, (Comme le ronflant ot des engourdis souls-d'arts,
,, Les Sommeils engresseurs, la Songearde Cohorte,
,, Qui hurtant fait crouler des seuls niaiz la porte,
,, Le Repos harassé du trauail iournalier
,, Et des coulhars larrons l'escadron familier
,, Aus ombrages poltrons, peu vailhante canailhe
,, Qui iamais n'ont aprins brêcher vne murailhe,
Cete Ombre neanmoins r'amasse ses espris
Et d'vn braue Laurier ne quite le haut pris:
Elle fond son cerueau à songer stratagemes,
Et aiant ralié l'ot de ses soldas blémes,

Bb ij

De prieres armée elle court au secours
De sa mere la Terre aus Stigiennes tours:
Des Fleuues ses cousins elle emprunte les troupes,
Et les Geans ombreus des sourcilheuses croupes,
Afin que leurs nuaus s'oposent dextrement
Pour faire téte au camp de l'astré firmament.
   Chacun lui préte main, & la bisarre nue
Y fait marcher ses gens à la casaque blue,
Aians l'enseigne noire ou de nulle couleur
Pour rusément choquer l'escadre de splendeur.
   Elle pose vn canton en segrete ambuscade
Ramassant en vn coin ses soldas au tain fade:
Ses muets Epions de l'echauguette amis
Lui r'aportent, seaus, quand Titan plus haut mis
S'eloigne d'ici bas en l'Echarpiere bande
Aus plus remots Chateaus de la Terrestre lande:
Lors targués au bouclier d'vn manteau nuageus
Elle donne écarmouche au batailhon peureus
De la moite Phebé, & en son cep l'enserre,
Mandant à son germain, Colonnel de la guerre,
Qu'il paie la rançon de la Lune sa sœur.
   Titan n'y veut entendre, ains acerant son cœur,
Vient choquer de plus pres à radieuses armes
Des Cantons Terriens les empoissés gendarmes.
   L'Ombre au frõt orgueilhi par ce laurier heureus
Que la Lune a planté sur les chefs des Ombreus,
Le buissonnant, l'atend à la part de derrieres:
Puis si tôt qu'elle sent que le Roi des lumieres

S'auance deuers Calpe elle le charge à dos,
Et puis elle le liure au Tanchou de Repos:
Titan est prisonné au Four-l'Euêque sombre,
Et ce braue vaincueur de la nuageuse ombre
Est dàns vn fond de fosse eclipsement serré,
Son chef armé de raiz, & de trets bien ferré
Met en bas sa depouilhe, & l'Indique riuage
Ne fait plus nul honneur à son luisant visage:
Bref il ternit son tain es obcures prisons
Banni du clair seiour des Celestes maisons,
Lui qui des blons toufeaus de sa perruque blonde
Semoit mille Prin-tems par les iardrins du Mõde.
  Cete Deesse encor par ce frain prisonnier
N'assouuit point la soif de son cœur carnacier:
Elle ne veut entendre à la rançon Solaire,
Ains elle veut s'asseoir en sa roiale chaire,
Le Sceptre Delien elle brigue à son poing,
Si qu'elle prend auis le releguer plus loing.
  Donc quand du beau Soleil la coche brilhonnãte
S'en va prendre l'étable en la lointaine tente
Du Capricorne astré, quand son ardant flambeau
Fait mollement suer maint glacereus monceau,
Desõit l'habit de blanc des negeuses montaignes
Vêt de vert les forets, emailhe les campaignes:
L'ombre qui bout & ard d'ardante ambition,
En son chariot brun va faire ascension
Sur la Tane frilheuse, en la cime Riphée
Des falôs artisans froidement echaufée,

Elle campe son camp tout à l'entour des murs
Qui sous le Pole Artique englacent leurs humeurs,
Et de noirs batailhons tant elle les aßiege,
Que tout le Ciel resent le deluge du Siege.
Le Ciel qui d'un œil sec ne peut soufrir de voir
Ses clairs enfans ainsi descendre au noir manoir
Des Mânes blemissans, voile sa claire face,
Il prend l'habit de dueil, bref sa face s'eface,
Et l'Ombre Tyrannique, auteur de ce mechef,
Fait trainer sa Charrette à maint superbe chef,
Elle marche en triomphe, elle palme sa main,
Elle fait trompeter par son clairon hautain
Que Titan est allé au fond de l'Orque boire
Que, monarque, elle tient le laurier de victoire,
Sans compagnon aucun le diademe au front,
Et le sceptre en la dextre, & tout ce large rond.

Vraimēt ie le croi bien, ie voi que madame Ombre
Fait à tous encoller le ioug de sa Nuit sombre:
Ie suis de ses Vassaus, bien que c'est maugré moi,
Ie ne puis m'afranchir, son fief ie reconnoi:
Car en ce camp Ombreus ma vüe est eclipsée,
Et sur mon Horizon la Lumiere efacée.

Si veus ie toutefois auant que debusquer
De ressort Iournalier, & chez Nuit m'embusquer,
Sauoir & dire à tous d'vn stile plus auguste
Moulé sur le patron du bien salé Saluste,
Les differens cachôs, où sont emprisonnés
Et Phebus & Phebé d'Eclipse condamnés,

Pour briguer du Geolier la prison plus legere
Si la Royne Ombre veut eclipser ma Lumiere.

Donc, Lune ton eclipse au Soleil radieus
Ne s'acorde en façon soit en soi soit aus yeus:
Car de vrai ton Eclipse au Solaire est contrere,
Le tien aduient souuent, rare est cil de ton frere,
Ton Eclipse non faint mascare ta beauté,
Le sien priue nos yeus, non son front de clarté:
La Terre est celle là qui te rend ainsi sombre,
Et le Solaire eclipse est enfant de ton ombre
Ton Beau vers l'Orient commence à s'obscurcir,
Le sien vers le Ponant commence à se noircir:
Ton Eclipse se fait lors que plus luit ta face,
Le sien, quand ta beauté decroissante s'eface:
Le tien est general vers la Terre & les Cieus,
Le sien n'est méme ici connu qu'en certains lieus.

Ciel, donne moi repos, fai moi prendre loisir
D'aller vn Chatelet aus creus d'Ombre choisir:
Borne mon Iour lassé, que Vesper la brunine
Tende des Cieus astrés l'etoiliere cortine:
D'auoir trop suporté tout ton fais ie suis las,
Dône moi quelque treue, & cerche vn autre Atlas.

Mais quelle est céte troupe, horrible, decharnée,
Qui r'alonge les plis de ma longue Iournée?
Et qui pour acabler sous Æthna ma Raison,
Fait renaitre vne Aurore en mon brun HoriZon?

Ha ie les reconnoi, sont maitres de galeres,
Qui de la Mer des maus nos espris font forceres,

L. V. DE L'VRAN. OV CIEL

Talmudistes, Rabins, Launistes, songe-creus,
Vulcans en-destinés, Cyclopes tenebreus,
Qui m'adiournēt aus Cours de leur forge Infernale
Pour repondre dequoi ma Liberté roiale
N'emploie les garrôs de leur Destin ferré,
Où le libre Arbitraire etroitement serré
N'ose mouuoir le pas, sinon à la cadance
Des Astres forgeonnés en leur Ciel par la dance
Des tipetans marteaus de leur seigneur Sathan :
Bref, ilz veulent, peruers, que mon nombreus Titan
Echange trois grans Nuis en vne ample Iournee,
Pour faire autoriser la fausse Destinée,
Dont la cadene forte a degradé les Cieus
Faisant des feus astrés, Heros, Demons, & Dieus :
Et en almanacquant vn si faus Sathanisme,
Glissent aus Capharés du goufreus Atheisme.
 Mais leur demarche fiere & visage hagard
Ne me fait perdre cœur aus dars de leur regard :
I'ai pour les ataquer & leur faussaire bande,
Vrai Preuôt escrimeur du Prince de Mirande :
Mais d'autant que ie voi Vesper ia m'aduertir
Que de mon Horizon Titan se veut partir,
Ie ne veus que tirer deus ou trois cous de tailhe
Pour leur faire vomir leur Arcadique entrailhe.
Que si refourmilhans d'vn proiet Geantin
Ils viennent en sursaut m'eueilher vn matin,
Armé de pied en cap, fort en champ & en ville,
Genereus écolier du Mars Gaulois GOVILLE,

D'vn eſtoc aſſuré entr-ouurant leur dur flanc
I'enyurerai mon fer des mares de leur ſang.
Mais choquons ſeulement à pointe râbatue
Et à parer mes cous vôtre main s'euertue.
 Quoi? pyrouetés vous aus tournans moulinets?
He! que bien peu ie crain le fuſt & les balets:
Le Ciel, ce dites vous, n'eſt vne maſſe oiſiue,
Ains vn Tyran robuſte, & à la main actiue.
 Des Aſtres, dites vous, le naturel n'eſt vn,
Donc l'action de tous n'eſt vn faire commun:
Des Errans, dites vous, diuerſ eſt la puiſſance,
Selon qu'en diuers lieus ils font leur reſidence:
Donc Mars étant logé au point Oriental
Autre tâche fera, qu'au point Occidental.
 Qui ne void, dites vous, par leur diuerſe vûe
La maiſon de ce Tout d'effets diuers vetue?
Accouplés, dites vous, la Lune auec Mauors,
Lors leur pinceau paindra d'autre couleur les corps,
Que ſi la Lune étoit coniointe auec Mercure:
Celui donc eſt deuin, qui des archifs a cure.
 Chetifs. C'eſt donc ainſi que nos libres eſpris
Sont es lacs Leontins ſophiſtiquement pris!
Or vous en repondrés à la Philoſophie,
Le reſſort ſouuerain de nôtre humaine vie.
 Ie ſai qu'il n'i a corp qui puiſſe commander
A l'être qui du corp a peu ſe debander:
Le Ciel n'eſt il pas corp? ſpirituel eſt l'être
De nôtre Volonté: ſottement donc l'empêtre

L'Astrologue menteur, de Pluton le butin,
Au Dedalique cep d'un tortueus Destin.

Outre, si au parquet de cette Matesie
Se pouuoit definir l'arret seur de la vie,
Il faudroit que tous ceus qu'un même Astre cõduit
Veilhassent même Iour, veilhassent même Nuit:
Or' une taupe void qu'alors que l'un se soigne
Des fatras amoureus où Venus l'embesoigne,
L'autre va courtiʒant la Concierge des bois
Diane chasseresse, ami des chastes Lois.

Mais quoi? vous repondrés que cette diference
De maints motifs prochains requiert une assistãce.
He! ne voiés vous point vôtre propre marteau
Rebricoler ses cous sur la maitresse peau?
Car si ce seul efet est fiʒ de mainte cause,
Pourquoi au Ciel seulet faites vous vôtre pause?
Plutot l'efet resemble à son particulier
Qu'au general motif d'un faire singulier:
(Car peu souuẽt on void qu'un fort un fort n'ẽgẽdre
Un debile un debile) On ne peut donc pretendre
Que ces beaus Almanachs, folatres nois des Cieux
Doiuent sur leurs feuilhets fermes coler nos yeus.

O que trop lourdement votre aueugle esprit chope,
D'assigner aus bessons l'arc d'un même Horoscope!
Il leurs debande encor ses traits de diuers bois,
L'un bouilhonne de sang, l'autre epouse les Lois.

Ie sai de quel pauois se veut couurir Nigide,
Il rêpond que le Ciel poste à si lâche bride,

A cours si rauissant, volle d'vn vol si pront
Que iamais deus gemeaus ne decouurent leur front
A tout même Horoscope, ô etrange folie!
Tu tis de ton filet le garrot qui vous lie:
Car si, comme il est vrai, les radieuses voutes
A cours desesperés courans à vau-de-routes,
Des constellations font si brief changement,
Pourquoi les fichés vous à clous de diament?

   Mais qui est l'Escrimeur, ou le Preuot de sale
Qui vous montra ces cous d'industrie infernale?
De croire que les clous qui brilhent dàns les Cieus
Forgent diuers efets selon leurs diuers lieus?
   L'action naturelle est fille à la Nature,
Leur naturel est meme, & meme est leur figure;
En quelque part qu'ils soint, donc croions fermemẽt
Que les lieus aus efets n'aportent changement.
   Et qui croit l'imposteur qui fait heureus vn astre
Au Leuant, puis au Su le fait pere au desastre?
Car en vn même tems vn Astre est au Leuant
Par vn diuers respect, & au gond du Ponant.
   Ces eniolleurs encor n'ont plus seure Science
Des mondains mouuemens, si˜ de leur influence:
Car ainsi qu'vn archer peut tirer vn oiseau
Qui n'est ore tiré (car son volànt cerceau
A sa part à la prinse, & d'vn leger plumage
Aprend au braue archer qu'il n'a que son partage)
Ainsi les arcs astrés par leurs diuers regars
Peuuent les fors efors decocher de leurs dars,

Mais les quatre Elemens par leur preparatiue
Gauchissent à maints coups de l'Influence actiue.
Ie conseillerai donc à ces vains curieus,
Des motifs partisans se rendre studieus:
Car dument informés des Causes iointes toutes,
Truchement se feront des radieuses voutes.
Ainsi iadis Thalés, hònneur Milesien,
Transcriuit son haut nom hors du trac terrien,
Pour auoir annoncé d'vne langue discrette
Des Oliuiers huileus la future disette.
Hiparque par méme art & Cirice iadis
Furent des anciens logés en Paradis:
Mais sur tous ces Heros le renommé Berose
De son docte pourpris fit loin flairer la rose,
Si que l'Athenien le cizela bossé,
Tenant en langue d'or tout le peuple enlacé.
Ce grand Iules Cesar, des Romains le plus digne,
(Bien que Prophete mort sur son trépas indigne)
Des mondains mouuemens souuent prophetiza,
Et defiant l'Oubli, son los eternisa,
Tybere, Germanic, le grand Torquate encore
Dont le feuilhet astré encor nôtre age dore,
Plus par le vol hautain de Diuination
Hausserent leurs lauriers sur toute nation,
Que quand, hardis, suans sous le feis des cuiraces
Ils imprimoint par tout les Ausonides traces.
  Mais ceus là ne tendoint leurs atrape-lourdaus
Aus vains presagemens, alembics des cerueaus,

Hochant en leur reſſort la cruche Minoide,
Donnant aus vns l'epron, aus autres lache bride,
Selon leur veuil tyran, ordonnant aus humains
Contre leur Roi le Ciel n'embeſongner leurs mains,
Sur le ſeul port des Cieus attacher leur Commande
Faire de tout leur mieus aus Cieus deuote ofrrande.
  Helas! c'eſt bien vomir le ſoufre de malheur,
Ce blaſpheme heretic degrade le Seigneur:
Et impoſteurs ſans front, en tel art Plutonique
Oſent leur eſcadron appeller Catholique!
  Or' Anes etoillés, qui engreſſés des cous,
Pour ne ſemer en l'Air, ie ne m'adreſſe à vous:
Mais à ceus qu'en vos flôs la Cynoſure ſainte
Fait r'alumer, benin, leur lampe toute eteinte.
  Ie dis donques en foi que ce ſerf eſcadron
A la ſoulde combat du noir roi d'Acheron:
Car ſi l'homme exclaué à ces Celeſtes arches
Dreſſe p̄ leur veuil ſeul ſes marches & demarches,
DIEV de grace iamais ne tireroit au bien
Que ceus qui porteroint des Cieus le ſerf lien:
DIEV donc pere & Seigneur des Eſſences creées
Ploieroit ſous le ioug de ces dames Aſtrées.
  Il s'enſuiuroit de plus que nul ne pourroit pas
Aus chams Elyſiens imprimer quelques pas,
S'il n'auoit paſſeport du Chancelier Celeſte,
Ie dis des Cieus tyrans de toute humaine tête.
  Et qui ne ſait, helas, que du grand Createur,
De liberalité, fait l'homme poſſeſſeur

De son mont eternel? Mais i'entend cete escadre
Qui en sain Iugement se decouure tout ladre:
Disant que l'Eternel (auquel tout est present)
Lisant dàns son miroir de l'enfant frais-naissant
La fausse impieté, fait ce mal-heureus maitre
Par la gauche Clothon sous vn Astre senestre:
Au contraire, ceus là qu'il preuoit ses amis,
Il leur donne vn Iupin pour bien-heureus Cōmis.

O de maus infinis vne Hydre renaissante!
O blaspheme egouté sur là Vois tout-puissante!
Il s'ensuiuroit de là, que DIEV ne seroit franc,
Ains que l'hōme pourroit ranger DIEV à son rāg,
Comme contraignant DIEV, par le droit de sa Vie
Lui donner en naissant telle Etoile en amie:
Il faudroit par tel si que le foudre vangeur
Pendit touiour au chef de l'Escadron pecheur,
Et que l'elu troupeau sous la Celeste targue
Des Tans infortunés ne sentit nulle cargue:
Au contrere, souuent des méchans les plaisirs
Sous le bouclier du Ciel deuancent leurs desirs,
Et le Pilote vnic de ce Mondain nauire
Du dos de ses Elus sa gaule à peine tire.

Cette source surgeonne encor autre ruisseau:
C'est q̄ l'humain pourroit sans de son DIEV le seau,
Sans sauf-conduit de DIEV roder l'alme prouince
Des diuines Vertus, & sans aucu du Prince
De ce grand-large-rond, se feroit le bourgeois
De la Cité de DIEV par les Astriques lois.

De là s'enfuit encor (ô des maus le Solſtice!
O ſommet d'hereſie, ô theme à tout ſuplice)
Qu'on pourroit calculer d'vn ieton non menteur
L'ot, qui, ſaint, gouteroit du Nectar la ſaueur,
Cerné des cotés ſaints des Angeliques bandes,
Et le camp, qui danné és Plutoniques landes,
Doit ſoufrir plus de chaud que celui qui ſouflant
Va l'ardant Mongibel ſon cercueil, ecroulant :
Et que l'humaine main comme Emperiere née
Tiendroit de ſoi la clef de la Predeſtinée,
Si que DIEV ne pourroit ſe dire auteur de rien,
Sinon comme facteur du mortel œuure-rien.
  O vuides Iugemens, ô troupe incirconciſe,
Sentenciant ton DIEV en ton inique aßiſe!
Oſe tu bien loger tel ſonge en ton cerueau,
Que iamais vn mignon du Chœur des ſœurs puceau
Ait peu tant ſe baigner en l'onde Cheualine,
Que d'auoir feüilheté la pancarte diuine,
Où le texte ſe lit en Talmud recelé,
En Cabale ombrageuſe, en Oracle voilé,
Portant les noms de ceus que la Grace de Vie
Doit bienheurer au gout de la ſainte Ambroſie,
Et de ceus que Sathan enferre en ſes cheinons,
Des Eumenides ſœurs fidelles compagnons?
DIEV n'a nuls Echeuins ou Maires en ſa ville
Pour lire auec le Pretre aus liures de Sibylle,
Pour annoncer, mâchant le Delien laurier,
Les accidens futurs, d'vn profete goſier.

Car ordonnant les lois que le Ciel porte en face,
En façon des Locrois son col point il n'enlace
Quand il veut abroger cette premiere loi,
Qui se changeant ne châge, ains est vne en son Roi.
  Mais quoi? tu me diras que ta vaine Science
A pour docte Regent maitresse Experience,
Veu qu'infinis espris sauans en leur destin,
En fin du sort preueu se sont veus le butin:
Tel fut ce presageur d'autorité congnue
Sur qui l'Aigle lâchant la fatale tourtue,
Aus ecoliers futurs montra cette leçon,
Que le Ciel patronna tous sors à sa façon:
Tel fut ce Roi, lequel pour gauchir au desastre
Dont par la main des siens le menassoit son astre,
Se bannissant du Iour, epousa la prison,
Et l'exclaue complot de sa propre maison,
Aprint que le gibier de la Mondaine chasse
Fuit en vain le limier dont le Ciel le pourchasse.
  Miserable à gros grain, & n'as tu iamais lu
Du bon Ezechias, que la Parque eût tolu
Quinze ans auant ses iours, si plombant sa poitrine,
Et leciuant sa Coulpe en sa larme argentine,
Il n'eut, pieus, robbé le dard d'ire enflammé
De Dieu, qui comme à neuf son fil a retramé?
Enioignant à ses Cieus de forligner leur ordre,
Dereglement reglé d'vn saint ordre en desordre.
  Mais ce fraile Empereur, ton Philosophe humain
Fondés au forcé fort de leur humaine main

Suiuent

Suiuent comme à clos yeūs l'Helyce peu fidelle
Qui fait pacte à Charon de fournir sa naſſelle:
Et leur funeſte ſort enyure ore d'erreur
Ceus qui boiuent erreur pour Hyblée liqueur.
　Sachés, que du Seigneur les maiſons aZurées
Pour parade n'ont hu leurs platines dorées.
Ni pour almanacher vn langard Charlatan
La peuplace oreilhant deZ le Nord à l'Autan:
Ains voulãt faire à ſoi l'hōme en bonté ſemblable,
D'autant qu'en la Science il lui eſt diſſemblable,
Ce féure nompareil les para d'ecuſſons,
Nous aprenant par cœur des Vertus les leçons.
　Mais d'autant que ie crain que ma plume erenée
Ne me depouilhe au vol, au iour, & halenée:
Aus Eclipſes aiant ſeulement fait vn tour,
Deridant mon rideau, i'eclipſerai mon Iour,
Puis aiant r'alegri par le Somme, ma force,
Des Aſtres, quelque iour, i'ecorcerai l'écorce:
Où echangeant en iour ces Memphiennes nuis,
Aus vains Prognoſtiqueurs ie fermerai tous huis.
Diſciple ſtudieus i'ai de mainte paſſée
Arpenté le comport du raiſonnant Lycée:
Donc pour cataſtropher les actes de ces vers
Y etalant le los du Roi de l'Vniuers,
Reſauourons le miel de l'autre Attique abeilhe
Qui derobe mes ſens par ſa douce merueilhe.
　Voiōs q̃ ce grãd Dieu aus deus Aſtres pl° beaus
A cōme de nôtre Ame empraīt les deus flãbeaus.
　　　　　　　　C c

(L'Intellect soit ce Duc des chandelles Celestes,
L'Ame, l'astre cornu voisinant plus nos têtes)
Afin que l'oeil du corp pu de ces deus obiets
Paisse l'oeil de l'esprit des deus autres proiets,
Inuisibles au corp. Or sus donc, Mnemosyne,
Guide mes pas aus raiz de l'etoile argentine,
Afin que raionné du double honneur des Cieux,
Ie depaigne vn tableau de notre Ame à nos yeus.

 Comme l'Ame est vn nœud ou corde moitoienne
De l'Intellect, & Corp, comme faite moienne
Du pur-Vn, tout diuin, & du lais melanger:
La Lune ainsi se place entre Phebus pur-clair,
Et le tas terrien, sa face est meliée
De l'vnique clarté, & de sombre nuée,
Tissue on la diroit d'vne nette splendeur
Et d'vn ombrage obscur, qui nôtre oeil fait mêteur.

 Car Titan en tout tems de ses rais illumine
En l'vne des moitiés cette etoile argentine,
Hormis quand vn Eclipse à voller appreté
Priue l'vn de ses frons de sa clere beauté.
Car le corp de la Lune est rond comme vne bale,
Dont la surface vnie, en tous ses frons egale,
Reçoit à diuers pois les raïons flamboians
De son frere Titan (bien que nos yeus voians
Seulement la lueur de son bas Hemisphere
Croient malaisement que ce soit vne sphere.)

 Mais toute ronde en soi, tant diuerse elle luit
Selon que plus ou moins l'oeil du Monde elle fuit:

Car une fois au mois il semble qu'elle meure
De tout son front, guignant notre basse demeure.
Quand le Roi des brandons lui decoche un tret prõt
Au front mirant les Cieus: Une fois l'autre front
Qui ses dars argentés sur nos campagnes darde
(Lors que de loin Phebus à niueau la regarde)
S'arrondit uniment, & tant plus elle croit
Vers nos coupeaus, tant plus au Ciel elle decroit.
Car son opaque corp ne transmet en sa face
Le blanc taint de son dos, si que quand l'un s'éface,
Elle reprent ce lustre à son autre moitié,
Vrai pourtrait d'un ceston d'une ferme amitié.
  Donques nôtre Intellect est comme l'oeil du Mõde
Stablement atifé d'une perruque blonde:
Mais se participant à l'Ame des mortels
(Comme la Lune a part aus raïons fraternels)
Il resent sa moitié être en fin tachelée,
Et du broüilhar charnel en bas emmantelée:
Ainsi brun est le raiz que Titan a preté
A sa pauurette soeur, & paroit emprunté.
  Comme Phebé du tout quelquefois nous deploie
Ses raïons mendiés du courrier qui flamboie,
Et lors porte le dueil deuers les hauspланchers:
De même aucunefois en nos charnelles mers
L'Ame met tout en oeuure au corporel usage
Tous les sens qu'elle tient par detail, du visage
Du diuin Intellect: si bien que vers les Cieus
Notre humaine Raison ne redresse ses yeus.

Notre ame dàns le Cep des corporelles nues
S'emprisonne, entombée en ses terres congnues,
Ne sapant plus les murs de son logis aus vers
Pour s'elancer dehors les murs de l'Vniuers,
Plus de cerccaus legers son dos elle n'empane
Pour r'entrer en quartier, celeste courtiẑane.
 Car comme quand Phebé toute pleine ici luit,
Ennemie, le toit de son frere elle fuit :
L'ame engageant au corp sa lumiere empruntée
Tremble vers l'Intellect, qui la tient endettée.
 Mais le contraire auient, quand en Conionction
Phebus baise Phebé : Car de telle vnion,
Phebus auec Phebé, d'vn tel acord s'acouple
Que méme le tout Beau enuie vn si beau couple.
 Et l'ame relisant de raisonnables yeus
La leçon qu'autrefois elle aprint dàns les Cieus,
Vnie à l'Intellect, gaigne en Dieu telle grace
Que le Beau la voudroit baisoter face à face.
Bien est vrai que contant les astrés courtiẑans,
De iets contemplatifs chifrant les arcs luisans,
N'auitailhant du corp la terrestre peuplace,
Elle enfriche son clos, duquel souuent s'emplace
La meurdriere Atropos : tout ainsi que Phebé
Nous meurt, quand de nos yeus son taint est derobé.
 Or comme peu à peu la Lune nous r'aproche,
Reculant du Soleil vn peu plus loin sa coche :
Ainsi l'Ame r'aborde en son logis mortel
Quitant à l'Intellect peu à peu son hotel,

(Afin que par defaut, sa maison corporelle
Ne de-gite cheant, son hotesse immortelle)
Iusqu'à ce que du tout le goufrer de son corps
L'enfondre en ses climas, & plus ne luit dehors:
Qu'elle resemble lors au quinzieme de Lune,
Plaine & plaisante au bas portāt au haut rācune.
  Quelquefois l'Ame encor hors de ce lac boüeus
Secout ses ailerons pour resauter aus cieus,
Et laissant le manoir de son bas monde en proie
Se marie au diuin, & loin d'ici se noie
Au sauoureus Nectar des plus sucrins baizers
Dont l'Intellect l'abruue en ses hautains plachers:
Tout ainsi que la Lune à lons trais de sa bouche
Baise l'oeil de Phebus, qui la Lune nous bouche.
  Mais c'est asses tissu cette toile en entier,
Mettons nôtre ciseau en son double quartier,
Et voions si leurs pars à leur Tout se r'aportent,
Comme la Lune & l'Ame aus premiers se cōpartēt.
  Ces deus aspects quarrés en la Lune sont tels
Que moitié de son taint regarde les mortels,
L'autre moitié fait front aus voutes enastrées:
(Pourquoi cil qui voiage aus arches azurées
Baptise ces quartiers au nom de mi-haineus,
Car pour sortir le tout la haine poingt les deus)
Aussi quand la clarté de l'ame Intellectiue
Se part en lots egaus ore à la Sensitiue,
Ore à dame Raison, les charnels bataillhons
Enfoncent par l'efort de cent soufreus balons

La haute Citadelle ou la Raiſon s'entrone,
Et choquent à l'enui, pour s'emparer du trone.
 L'vn de ces deus quartiers eſt quãd Phebé nouuel-
Reuient de ſuçoter la léure fraternelle: (le
Lors le quartier d'enbas ſurmonte la lueur
De cil qui void le toit du Soleil ſon auteur.
Auſſi quand l'Ame vient de quiter la cordelle
Qui l'auoit enlitée auec Raiſon la belle,
Les plus bas champions gaignent, plus fors, le fort,
Le Sens ſe fait Tyran, ſoit à droit, ſoit à tort.
 A l'Oppoſition l'autre quartier ſuccede,
Alors le bas coté à l'autre en clarté cede:
De même l'Ame aiant quité le camp charnel
Pour s'enroler en l'ot de ſon Duc immortel,
Raiſon, qui tient en nous le plus hautain etage,
Foulant aus pieds le Sens qui boüilhonne de rage,
Aiant en main vn ſceptre, vn diademe au front,
Braue ces cams mutins qui brauade lui font.
 Qui ſera fauorit d'vne Muſe ſacrée,
Qui d'Apollon aura ſa poitrine emparée,
Pourra parangonner les autres quatre aſpects,
Deus, qui trines, & deus qui ſont ſextils parfets.
 Voions ſi de ce Tout le paintre inimitable,
L'Architecte puiſſant, le brodeur admirable
Aus Eclipſes a point mêlé quelque couleur,
Truchement de l'Eclipſe au mortel Empereur?
 Quand dõc Phebé ſe trouue en la ligne Ecliptique
Vis à vis de Phebus, durant ſon cours oblique,

Si entre deus le corp de la Terre se met,
Lors Phebus à Phebé ses raïons ne transmet:
Car l'ombre de la Terre entre-serre la voie
D'où Titan à sa sœur son blanc argent enuoie,
Lors le Lunaire taint nous semble, barboilhé,
Se souilher, se masquer d'vn rondache roüilhé:
Ainsi de sa moitié elle dort effacée
Et sa face du tout nous adueilhe, Eclipsée.
 Ainsi, quand entre l'Ame, & l'Intellect diuin
S'entre-met des bas Sens vn charnel Magazin,
Elle pert l'vsufruit de Raison sa princesse,
Aiant sillé ses yeus de Stigienne tresse.
C'est quand le mielleus suc d'vne fainte Circé
Ensorcelant notre Ame, a du tout effacé
Ce diuin charactere, Angelique modelle
Qui voisine du Ciel l'Essence la plus belle.
Car yurée au dous ius du Nepeute mondain,
La Sereine l'enclot en tel lac de dedain,
La plonge en tel bourbier, que comme ceus d'Vlysse,
Engoufrée au palus d'abimeus precipice,
Elle semble étre serue en vn brutal lien,
Et, (comme le préchoit le docteur Samien)
Par echange étranger d'vne Metamorfose,
Pour animer vn porc, dans la soie etre enclose.
 Le Soleil quelquefois semble manc de clarté,
Il semble que l'Eclipse eface sa beauté:
Mais tel defaut n'echet au pere de Lumiere,
Il n'est (comme sa sœur de ses raïons rentiere)

L. V. DE L'VRAN. OV CIEL.

Denué de son taint. Mais sur la fin du Mois
Lors que Phebé se loge entre lui & nos toits,
Il ne peut trauerser cette Lunaire masse,
Mais courtizant sa sœur en sa plus haute face
Il nous lieu tant soit peu, de pœur que cler aus yeus
Ne soit dit'adultere en sa sœur par les Cieus.

 L'Intellect (tout ainsi que le Roi des flambeaus
N'est iamais déuetu d'habis de ses raiz beaus
(Car l'Intellect les tient de sa naïue Essence,
Qui sans ces feus diuins n'auroit son existence)
Mais quãd l'Ame entre lui se place et entre nous,
Faisant diuorce au corp pour auoir en epous
L'Intellect, & humer à lons trais de sa bouche
Le Nectar dous-coulant, lors à nous elle bouche
Ce brandon de l'Esprit : Donc le corp en émoi,
N'aiant plus nulle main prenant garde sur soi,
Veuué de son fanal, de sa flame vitale,
Perd son etre, perdant sa moitié coniugale :
L'Ame méme s'elance, & exemte du corps
S'aquêtant vne Vie au produit de deus miors.

 Trois fois heureuse mort ! quãd l'Intellect et l'A-
S'acouplẽt, tout diuins d'vne amoureuse flame. (me
Tel Hymen acoupla d'vn nœud nodé d'eyment
Ceus qui baisant de DIEV le front de diament,
(Comme Aaron & Moyse) ont quité leur clôture
Rendant au Ciel l'Esprit, le corp à pourriture.

 Puisse mon ame, ô DIEV, l'Intellect accoler,
Et l'Eclipsant au corp, de lui ses yeus souler !

        O DIEV,

O Dieu, mon ame soit de ses raiz tant baisée,
Qu'à mes climas charnels elle dorme eclipsée!
Soit au cercueil, ô Dieu, mon corp mis en depos,
Pour par si douce mort gaigner si dous repos.

Repos à la fin de l'Vranologie ou
du Ciel de Ian Edouard
du Monin.

LAVS TIBI DOMINE IESV.

Dd

PREMIER POVRFIL
DES ETOILES DV
CIEL DE IAN EDOVARD
DV MONIN. PP.

Ad singularem veréque regium virum, Io.
de Rouën Rhotomagæum, de quo ante tres annos verè illud ex nomine,
faustè atque auspicatò auguratus sum. Tu Regio honorandus es animo.
Sol.

Vdus adhuc vernantis erat lanuginis
 vmbo,
Mulcebatq́ oculos blanda Suburra
 meos:
Quùm mea mens vix Pegasiis circunflua lymphis
 Assueuit patrij pondus inire Poli.
At postquam imbelles Cælo lunauit humellos,
 Flammiferis gemuit subrusta ponderibus:
Nescia tum flecti moles Atlanta vocauit
 Te mihi, iamq́ nepos Atlas Atlantis eras:

Sicq́; tibi innixum vix me labor ille grauauit,
  Cælica sic humeris sarcina gesta meis.
Nunc neuum in Ætherea surgit luctamen arena
  Cum Cœlo (ô soboles Cælica nata Ioue)
Iam tamen, ô nostris abiunctus es Atlas ab Astris,
  Quæ librata pigro pondere lenta iacent:
„ Axem etenim torquens Stellis Regalibus aptū,
„   Iure humeros Gyeo substrahis vsque Polo:
„ Sic vbi prosultat stellis Aurora fugatis,
„   Luciparo cedunt sidera victa Deo.
Esto licet, Regis tibi iussa capessere fas est,
„   Regia cum Regi non nisi stella micet:
Tum, mea iam geminis hærent Atlātibus Astra,
  Ponderis hæredes quos finis esse tui.
At tu sideribus lampas Titania nostris
  Fundere flammicomum tu potes indè Iubar,
Eq́; tui solio Regis tua spargere latè
  Spicula, queis nouuli percutis Astra Poli.
Voce voco, si non in Regia commoda peccem,
  Indulge hæc nobis otia, si qua potes.
Eya age Cimmerias Phœbea luce tenebras
  Diuide, Sol, Atlas, Mercuriusq́; mihi.
Tergeminum Sydus Tripodem lucrabere Phœbi
Phœbus, ades Stellis Solq́; Salusq́; meis.

D ij

LE ZODIAQVE DES ETOILES DV CIEL

DE IAN EDOVARD DV MONIN PP.

Le Mouton, à M. G. BAVTRIEV Sieur des Matras, grand R'aporteur au Priué Conseil.

Vn portail orgueilhi d'vn marbre Parien,
Effaçant le haut los des pointes de Pharie,
D'vn chatoüilheus desir au passant donne enuie
De se mirer au reste, où souuent reste rien.
Tu reuets mon Boudrier de ton poil Phrixien
Afin que sur ton or, fin aloi de ma Vie,
Le Lecteur s'egaiant, sur l'auan-front s'asie
Qu'vn Parrhase se loge au Zodiaque mien.
Ce Signe est la Maison du vailhãt Dieu de Trace,
Et ton fer Astraeal fait au Droit faire place
Et à sa sœur la Pais, ionchant son giron plein
De l'email, dont ce Feu, Huissier de l'alme Flore

Enfleure le Printems: comme ton nom redore
Le iardin de Themis, qui te porte en son sein.

ONOMASTROPHE.
Gulielmus Bautrieus, Tu legū laus virebis.

Est Aries ἀρετὴ, virtutes conglobat omnes
  Dux Themis (Ascræi si senis æqua fides)
Sic Aries fuluus, LEGVM Laus vna Virebis,
  Hunc, Aries, igitur dux radiato Polum.

Le Taureau, à M. Riolan segnalé
Phi. & Med.

Le penible Taureau d'vne plante assurée
Fend le gueret terrain, & se fait pere aus fleurs
Dont il garnit sa corne, & de douces odeurs
Fait enuier la Terre à la voute azurée.

Ton ame, vrai surgeon de la cambrure astrée,
Du soc Stagirien raiant nos chardons durs,
Nous fit naitre vn Eden paint de saintes couleurs
Où fleure pour fleurons la Nœuuaine sacrée.

Europe, la marraine à notre Climat beau,
Eut pour son voiturier la croupe du Taureau,
Et ton art Phebean souleue notre Europe.

Venus, venant à tous, cet Astre a pour hotel:
Et ce qui sous le Stix ia d'vn mortel pied chope
R'entre en quartier vital par ton art immortel.

IOANNES Riolanus, I saluans
in honore.

Taurus hamum verrens vitales eruit herbas,
  Phœbeo es saluans gramine Taurus, honor.

Dd. iij

LES ETOILES DV CIEL
Florilega Gyeum depingito Pleiade Cœlum,
A q̃ Hyemis salues sydera, segnis, acu.

Les Gemeaus, à MM. Fra. du Pin, & Rob. Clutin, Bacheliers Theologiens.

Tyndarides germains, dorés mes Cieus nouueaus
De vos raiz cotoians la gentilhe Pleiade:
Naisse de nos accords vne belle Triade
Siege du Truchement des celestes Chateaus.

Gemelle est la Sorbonne en vos dignes flambeaus
Qui changent en clair Iour la Nuit sombre au tain
Vous logés en vos tois Mercure l'Ambassade (sade,
Qui vous fait heriter de ses ars les plus beaus.

Hermes, vôtre hôte saint allume aussi son Cierge
Au pudique foier de la celeste Vierge:
Vôtre cœur Vierginal, germain d'un Hipolit
Rebouche tous les trets de la main Cytherée,
A la pure Pallas vous pretés votre lit,
Raionnés donc à plomb, Gemeaus, ma loge astrée.

Ad eosdem.

Oebaly redimunt sua fratres fata viciβim
Anxere astriferas hinc hic & ille plagas:
Ternus ego geminis frater sum fratribus, hinc me
Ille atque hic redimens augeat huncce Polum.

L'Ecreuice, à M. des-Caurres Chanoine & Principal d'Amiens.

Voi du Cancre etoilé le Iour qui se replisse,
Se faisant largue au Ciel, pour auoir cet honneur
De loger en sa Cour la Lampe de lueur,

De Daphne anoblissant son docte frontispice!
 Voi du courrier Iournal le souuerain Solstice
 Qui ataint le sommet de l'humaine grandeur!
Voi comment Apollon, astre de mon bonheur
Se defend de franchir cette hautaine lice!
 C'est ce grand Palemon, dont le Iour Æteal
De-nuite des nœuf Sœurs le guide-esprit fanal,
 Des champetres haliers les r'apellant en vile:
C'est des-Caurres, l'arret du Latonien Dieu,
Magazin de tous ars, principe, fin, milieu
 De tous heurs: qu'en son sein vont flotãt file à file.

Ioannes Caurreus, Inane decus auersor.
Stellati est hospes Phœbe nitidissima Cancri
 Flammiuomum tepidis quæ moderatur aquis:
Sic meus hic Cancer decus auersatur inane,
 Dum faculas spirant corda Hyperionias.

Le Lion, à M. Michel Teard de Bareze. I C.

O l'vnique palais du grand Dieu perruquier,
Escorte du beau train de sa troupe diuine:
Vien vien rauder les bors de ma claire Cortine:
Pour garde de mon Ciel, Astre ie te requier.
 Le Loup degate-parc ensieure son gosier,
Reconnoissant pour Roi la face Leonine:
Et si tot que ton oeil sur le Parquet s'encline,
L'iniuste Loup frissonne oubliant son metier.

La lampe enfante-Iour cheź le Lion maitrise,
Le Soleil Iustitier tient cheź toi son assise.
Puis que donc le Soleil, qui sur toi tousiour luit,
T'est hôte familier, ami pensionnaire,
Croi qu'à part tu mettras bien loin la sombre Nuit,
Bannissant les horreurs de ton luisant repaire.

Michael Teardus, hîc rem alat Deus.

Sol hominũ est rerumq́ parens, rerumq́ Hominũq́
Sol Deus ipse parens: Tu domus vna Dei:
Ipse domum Deus omnipotẽs cum pascat alumnã,
Rem Deus æternùm pascet alétque tuam.

La Vierge à M. Iul. Brid. ut I.C.

Pourquoi, Iouuenceau vierge, vnique Oeil de mes Cieus
Veus tu d'vn bãdeau brũ emmãteler ta face?
Veu que ton cler Brandon ce haut Brandon eface
Qui volte aprés son bal les etoilés Essieus.
Ne fus tu pas moulé sur le patron des Dieus
Qui te font epouser leur Iusticiere trace?
Pithon dessus ta leure a-t elle pas prins place
Pour faire brilhonner sur mon Ciel tes beaus yeus?
Hu! ie t'epie ici: c'est que ta pompe obscure
Met ses rennes es'mains du messager Mercure
Qui sombrement luisant se loge en ta Maison.
O vergongneuse Vierge, ô modeste pucelle.
Voi que modeste Astrée ici te tend l'échelle!
,, Celui qui ploie au ioug, doit monter par raison.

Iulianᵒ Bridautteus, Tu inuitus laudaberis.

Virgo verecundis iaceas licèt abditus vmbris,

Quà Clarium miscet mobilis aura nemus:
Inuito rutilum Genio hîc augebis Olympum:
Sic Adrastæa didita fata manu.

La Balance, à M. Iac. Dioneau, Roial Chirurgien.

Tout me rit à souhet, vn dous Zephir m'empoupe,
Plantant ton siege au Ciel au luisant Trebuchet:
Iupiter soubsignant à mes vœus, lance vn tret,
Me donnant compaignõ vn bon Mercure en croupe.
Ie t'ai ce lieu choisi dàns mon Astride troupe,
Te ceignant d'vn laurier dont le vert ne dechet:
Ta Balance ne iouë au change sur l'echet,
Et des extremités le droit fil ta main coupe.
Tu liure au iuste pois du plat Pæonien
Le grain, l'herbe, le ius du iardin Coien,
Que Venus, la Lucine à nôtre vie humaine
Te voiant guerroier à si iuste niueau
Le funebre canton du filandier troupeau,
A planté dans ton chef sa sâle souueraine.

Iacobº Dioneau: aɔ Ioue dio cunas (ducis)
Vagiit vt prima surgens quis limine vitæ,
Zeùs vitæ cunas vindicat ipse suæ:
In Stigias pugnans acies, Dio ab Ioue cunas
Ducis, & educis Zeùs Stige Terrigenas.

Le Scorpion, à M. I. de Herissi, Sieur du Pont, gentilh. Phalesien.

Peu souuent, ce dit on, le redoutable Mars
Encolle le saint ioug de Minerue la sage:

LES ETOILES DV CIEL

Or en toi, mon Achate, on lit tel mariage,
Partizan de Mauors, & de la Vierge aus ars.
  Tes valeureus aïeus, dont les lauriers epars
Se sont du Tage au Nord ouuert vn beau passage,
Acerent sur leur los ton Martial courage,
Et Pallas t'afranchit des perilheus hazars.
  Ainsi le Scorpion son venin medecine,
Ainsi Mars à Pallas s'acouple en ta poitrine:
Et comme balançant d'vn iuste contrepois,
  Tu te fais la Maison du Seigneur de Bellone,
Et te Sceuolizant es Iusticieres Lois
Tu ne veus dementir le sort que ton nom sonne.

Ioannes Herissius: Sanè heros ius inis.

Ianus es, & Iani templum reserasq́ seraśq́,
  Sceuola, Mars, Heros, Martis & Artis honos.
Pallade nempe seras Ianum, reserasq́ Gradiuo,
  Sanè ius Heros, singula iustus, inis.

L'Archer, à M. Ian Petit Pontheaudemarois.

Ce Philliride Archer, qui borne la Nœuuaine
De mes Feus, singes vrais des Astres radieus,
Aiant la Pieté pour bute de ses yeus,
Fut astré par Iupin en sa tour souueraine.
  Aiant en ta main l'arc, duquel l'alme marraine
D'Athenes, orgueilhit l'Itacois curieus,
Tu as choisi pour blanc de tes tréts glorieus
La Pieté, compagne à la sainte Nœuuaine.

La Iustice sa sœur, filhe de Iupiter,
De Iupiter chez toi le ban a fait planter:
Telle leçon m'aprend ma pure Astrologie.
  Et pour n'auoir Regent cet art aus Cieus eclos,
Ma main artistement de tes Vertus regie
Debusque ton Destin que ton nom tient enclos.
  Ioannes Petitteus: In te vno est Pietas.
Iustitiæ soror est Pietasq́, Charisq́, Fidesq́:
  Arcitenens iusto iura minatus init.
Iustitiæ Dux Iupiter est, Chyronis in arce est.
  Iupiter, indè pium te locat Arcitenens.

Le Daim, à MM. He. & René
-Thuilhier.

Le Dain aiant sauué de l'escadre Typhée
Le pere cuisse-né de ses poils reuetu,
Fit ce saut dàns les Cieus, le pris de sa vertu,
Qui à clous eimantins atache son trophée.
  Vôtre ame toute noble, en Permesse trempée
Saue par votre main l'enfant des Dieus, vetu
Du vert qu'on cueilhe au mont gemellemẽt pointu,
Donc s'est mon Baudrier votre Etoile agrafée.
  Le pere à l'age d'or ente vn sceptre en sa main
Quand il plante son trone au fête de ce Dain:
Et Phebus deridant sa Prophete Cortine
  Me fait lire au cristal de Diuination
Que vous logés chez vous la feconde Lucine
D'vn nouueau siecle d'or, tout franc de passion.

  René Thuillier: Il tire en l'heur.

LES ETOILES DV CIEL

Ad patrios vibrat qui lucida spicula Cælos,
  Fœlicem fœlix captitat ille scopum:
Degenerem prostrâs circa mortalia curam,
  Ad patrium est fœlix sic via strata Polum.

L'Echanson, à N. de Breteuille
g. Rouennois.

Echanson amoureus, Bergerot Phrigien,
Qui n'as craint d'échanger ton Ide la branchue
A la foret des Sœurs de lauriers reuetue,
Où te fait promener mon Prince Delphien.

Iupin clos dàns ton cep d'vn enfantin lien,
(Duquel se derober ton Auril s'euertue)
De mon Aigle nombreus somme l'ongle crochue
A t'enleuer au Ciel, ton païs ancien.

Mon vol s'en assouplit, ie bats ma legere aile
Pour anoblir ma main d'vne Aiguiere non fraile
Tournant son frais cristal en flambeaus radieus.

Mais ie crain, qu'échaufé de ta pudique flame,
Ie me fasse riual du Monarque des Dieus,
Tant viuement m'a point la beauté de ton ame.

Nicolavs de Breteuille
Orbi decus en, valet ille.

Æthereo Phrygius pastor decus emicat Orbi,
  Perbella spargens hinc & inde lumina:
Hic nostro affulgens Orbi decus, en valet ille
  Hinc inde spargens bella mentis lumina.

Les Poissons, à M. Charles Courtois
Med. Bourg.

DE I. EDOVARD DV MONIN. 163

Ces Beſſons ecailhés aiant deſſus leur dos
Par Euphrate paſſé la Deeſſe Ecumiere,
Leur chãbrette ont gaignee au Ciel porte-lumiere,
Où leur cler auiron fend les Celeſtes flôs.

Tu leurs feras eſcorte & logeras ton los
Sur le bord qui clorra du Bodrier la carriere:
Car Venus, de la vie heureuſe nourriciere,
Sur ton docte Æſculape afermit ſon repos.

Tu fermes de ta clef notre courbe Ceinture,
Car de perfection la fin eſt la figure:
Tu arrondis nôtre an mettant l'Hyuer à part,
Auſsi de ton Phebus la perruque dorée
Donne fuite aus broilhars par ſon chaleureus dard:
Bref tu boucle le Tout de mon Echarpe aſtrée.

Carolus Cutteſſus: totus lauro creſcis.
Ad gelidos vernam laurum ſucreſcere Piſces!
Frons, mirum, gelidis ignea feruet aquis?
Nil mirũ: hæc laurus vitreis Helicônis ab vndis
Nata, ſibi vitreas fercula, captat aquas..

Fin du Zodiaque.

Aduertiſſement au lecteur nouice en Aſtrologie.
Tu liras en mõ Zodiaque, que ie fais vn Signe maiſon d'vne Planette, & vn autre
d'vn autre: comme le Lion au Soleil, Mercure en la Vierge ſont logés: C'eſt (diét les
notres) que telle Planette a ſa plus forte
puiſſance en telle part du Zodiaque. I'en
traiterai ailleurs.

ELEGIE SVR L'ARBRE DE LA MAISON ROIALLE DE BOVRBON.

Vl n'est tant favorit du Dieu Latonien,
Que toujour (comme dit le sage Athenien)
De son savoir aquis il n'acroisse la somme,
Autant que son menton acroit sa marque d'hõme:
Iamais esprit ne fut tant accort ou fecond,
Qui n'eut son premier iour disciple du second.
Apporte ici Platon sa carte Samienne,
Les Rabins leur Talmud, & Caballe ancienne:
Que leurs chifres menteurs à nombres recelés
Fondés sur les momens des cercles etoilés,
Proiettent de ce Tout la Comedie entiere
Par Actes cheminans d'inegale carriere.
Le pavois assuré de l'arbre de Bourbon
Me targue contre l'arc du redouté Platon,
Qui croit qu'une cité, un peys, une race,
Les ans changeans de poil, deface ore sa face,
Comme apres que l'Auril a fait place à l'Æté,
L'Yuer bride nos eaus par Boree indonté.
Ainsi l'Assyrien de sa puissante dextre
En la Persique main laissa tumber son sceptre:

ELEGIE DE I. EDOVARD.

Puis vn Mars plus sanglant ecroulant ce grãd rõd
Mit aus braues Gregeois le diademe en front:
En fin la grand' cité dessus set mons assise,
En son hautain parquet tint du Monde l'assize.
Ainsi de Daniel le saint sacré caïer
Au Colosse borna du Monde l'âge entier.

  Mais du tige Bourbon la printaniere enfance
Dansoit de meme pied que fait l'adolescence,
Il file d'vn droit fil, iamais ne biaizant,
Entant touiour au tronc maint sceptre florissant,
Dez la barriere Indique, au bord, où la Iournee
Trauersant le Midi acheue sa fusee.

  Quoi donc? cette maison, ce Monde Bourbonnois
Peut il seul faire tete à ces Celestes lois?
Ainsi le Ciel aprend que sa lime segrette
Peut du seul terre-né amenuiser la crête,
Non cet arbre diuin, que les tou-puissans doits
Modelerent en nombre, en mesure, & en pois.

  Donc ce haut tronc planté par la diuine Idee,
Elançant sur les Cieus sa Royale ramee,
Fera seulement treue à son empointement
Dàns le sein paternel de l'astré firmament.

ANAGRAME DE MONSEIGNEVR L'E-VEQVE D'AMIENS.

GEOFROID DE LA MARTONIE

O! mitre a à fond de gloire.

SONNET.

APres mille Typhis qui d'vne artiste rame
Ont seilhoré le dos de tes flos glorieus,
Mon Delphique auiron de tel los, en-
uieus
L'echine de la mer de ton beau nom entame:
Mais leur voile est tissu de quelq̄ humaine trame,
Et mon fil est ourdi au saint metier des Cieus:
Vn vent diuin lancé de la bouche des Dieus
Empoupe mon esquif d'vne haleine de bame.
C'est pourquoi ie surgis à ce Haure sacré
Qui fournit à ma nef vn magazin doré
Redorant ton beau nom du cher or de Memoire.
Que si au front du port il le faut etaler,
Tous les autres nochers sur toi verras voler
Criant à sons nombreus, O MITRE à Fond de Gloire.

Autre Sonnet sur le même.

Maints arrogans pasteurs du Fidelle troupeau
Pour anoblir leur chef d'une mitre orguilheuse,
Epuisant les lingôs d'une Indie perleuse,
Donnent voile à tout vēt, lachēt rame à toute eau.

Le Berger d'Israël elu du saint Agneau
Ne fut ainsi boufi de penade pompeuse,
Sa Holette brilhoit richement soufreteuse
Des Diamens de Foi, du Chretien vrai Ioiau.

Ainsi pour epouser de Pierre la passée,
Tu foule aus pieds la mitre à fond d'or etofée
Houpée à flocons d'or, bouclee à Diamens,

Dont le feis nous auale au fond de l'Onde noire
Mais Espoir, Charité, de la Foi vrai enfans
Fleur delisent de los ta mitre à fond de Gloire.

Ad eundem, Ouum numerosum.

Rerum
Omnium
Vnicus est
Circulus harum:
Omnipotens pater
Centri habet ipse locũ,
Multa aliis, vnicus est,
Ex sors finis, finis & exitus:
Tale quid est ouululum,
Tres simul vnica res.
Ergo Dei sacer
Sāct⁹ & Hermes
Iure feres
Ouuli
Sche-
ma.

ELEGIE PROMPTV-
AIRE SVR LE COCHE
DE MON DEPART

A la tresnoble Ville d'Amiens.

I tot que le trauail de l'humaine gesi-
ne
Prend en secour les bras de la sage Lu-
cine,
L'humain fruit frais-eclos, singe du Createur,
Miroir de l'Vn-triplé, le soin de son auteur,
Reçoit pour compagnon un fidelle Genie,
Qui cotoiant ses flans, ses actions manie,
Toujour le conuoiant au Nectar doucereus
Sauouré des Elus au Ciel, leur bers heureus.
 Les Villes, les Cités, les Païs, les Prouinces,
Ont pour leurs asseseurs, Cöseilhers de leurs Prin-
Vn familier Genie, vn sur-veilhant Demon. (ces
Qui du Vaisseau public empoigne le timon,
Qui aus voguátes naus soufle un dous vẽt en poupe,
Qui aus preus Cheualiers assied Mercure en crou-
Si que sous son bouclier nos gracieus plaisirs (pe:
Franchissent le barreau de nos ardans desirs.

Ee ij

Mais, ô noble Amiens, de quelle Hierarchie,
De quel ban Angelic, ou diuine frairie
Fut extrait ce Genie & Dæmon non humain
Qui à ton gouuernal tient si fidelle main?
 Tient il du fief Thronal, ou du fief Angelique,
Ou s'il est du ressort du Chœur Archangelique?
Doit il hommage au rang des Cherubins ardans,
Ou des Principautés, ou Seraphins sauans?
Ou si des nœuf quantons tout le rond s'estudie
A distiller sur toi son Encyclopedie?
 Ce m'est le plus aisé retrancher mon pourfil
Sans alonger ma toile en filant fil à fil,
Veu qu'vn destin iuré contre l'heur de ma Vie
Des-ancre de ton Port ma fregate rauie,
Et que mon rendez-vous, mon Parnasse Paris,
R'appellant ses vassaus mes langoureus espris,
S'oppose à mon dessein d'en faire ample reuüe,
Et me pochant l'œil droit, m'orseline de vüe.
 Aussi de t'assigner pour ton chef Gouuerneur
Vn tout seulet Genie, & Iuge & R'aporteur,
Ce seroit dementir Raison notre Duchesse
Et les Sens acouplés à sa prudente lesse:
 Car si ie n'ai tout bu le Lethe oubliuieus,
Si la Nuit tout du chaos n'emmantele mes yeus,
En tes diuins efets ton Celeste partage
Ie voi l'échantilhon du total païsage
De ces neufs Paintres saints, dont l'artiste pinceau
De diuines couleurs richissent ton tableau.

Quel est le Lydien, ou l'alteré Tantale
Dont la cuisante soif soit aus liqueurs egale
Qui alentent la tienne, & qui font que les Cieus
De tõ heur plus qu'humain soͭ veus cõme enuieus?
   Soit que de tes Herculs la Martiale force
Fasse au laurier sentir grauer dàns son ecorce
Leur nom haut baptizé d'vn Achillin parrein
Pour au Chef ennemi faire mordre ton frein.
   Soit que ton Roi t'epreuue à la Pierre de touche
Pour dõner cargue aus Tás vers sa flairante souche;
Pour encoller le ioug non d'vne Opinion,
Ains des fermes status de la Religion,
De la Religion, qui corne à vois hautaine
Qu'elle a planté chez toi sa chaire souueraine.
   T'en apelle en témoin ton saint lieu d'oraison
Qui des cœurs plus ferrés captiue la raison,
Et l'emprisonne aus fers de deuote priere,
Se rangeant au beau trac de la haute lumiere
De s'on noble Prelat, Phare dressé des Cieus
Pour escorter à Dieu vos foruoiables yeus.
   Soit que le Iuste pois de l'equitable Astrée
Donne à tous son quartier à balance assurée,
Mon dire fauorise au Parquet Iusticier,
Où Droit, où l'Equité couplés à nœud nocier
Placent en ton Senat maint Picard Aristide
Donnant à l'vn l'epron, & à l'autre la bride,
(Tels sont Cul. President, mon Bertin, mon du Bois,
Mon Lesseau, mon Normãt, & tous à meme vois,

LES ETOILES DV CIEL

Qui comme te font droit d'un equitable equierre,
A ma Muse ont rendu le droit de son lierre)
Soit que pour bien dresser à plomb & à niueau
Les antennes, le mas du publique vaisseau,
L'acort maieur Du Bois, ceint de bande ciuile
Fait Lycurge & Solon entrer en cette Vihe.
 Soit que pour abruuer du Cheualin ruisseau
Vos gages Enfantins, vostre plus cher Ioiau,
Vous ordonnés garant d'effet & de parolle
Au docte Palemon, Phebus de votre Ecolle,
Des-Caurres, le Soleil de vos chantres nombreus
Qui dansans à son bal font bondir apres eus
Les beaus coutaus vineus, les plages blondoiantes,
Les riuages retors, les forets verdoiantes,
(Tels sont vos Amphions, mon Sceuole Bertin,
Flanqué de Maugarnier, Faure, Roches, Martin)
 Bref pour ploier ma greue à mon chiche loisir,
Et pour ne me noier es flos de ce plaisir,
Tu es le magazin & la riche boutique
Où toutes les Vertus exercent leur pratique.
 Mais ce qu'ore plus haut monte mon Lut sonnant,
Et qui plus asouplit mon pouce fredonnant,
C'est ce gentil acueil du Nectarin Nepenthe
Qui d'Vlysse passant les Passions enchante,
Qui lui fait echanger à ton plaisant seiour
Son Ithacide nic qui l'apâte touiour.
 Tout le reste s'entombe au cercueil de silence,
Mais votre Du MONIN se brigue une audience

Dés le terroir Moresque au riuage Islandois,
Pour du Fez au Leuant crier à haute vois
Que l'Hopitalier Dieu, Iupin des hommes l'hôte
Au sein Amiennois à vau-de-route trote
Que le Dieu perruquier, & ses pucelles sœurs
Fondent en Amiens leurs scabeaus les plus seurs:
Qu'Amiens est le pris, & l'œil de toute Vile,
Et de toute Noblesse un non failhant asyle.

Mais cõme un roide Autã fait rõfler mõ nauir
Raui de ton giron, haure de mon plaisir,
Ici t'atacherai ma Commande courriere;
Atendant qu'un Titan debaucle ma barriere
Dans un plus large champ, où d'un cœur aceré
Ie franchirai le saut, auquel i'arracherai
A tout chef etranger le laurier du trophée
Dont ta tête sera richement etofée.
Enuoiant Ambassade & ma Muse & mes vœux
En la Cour du grand Roi, qui donne oreilhe à ceux
Qui fraient ces sentiers, comme toi, chere Ville,
Qui fais multiplier ton talent en un mille.

Adieu trop pressé.

A MONSIEVR BER-
TIN DE MADAMOISELLE
SA MAITRESSE VVE PAR L'AVTEVR

EN L'EGLISE NOTRE DAME D'AMIENS.

Vidimus Deum deámue, & moriemur.

ON Bertin, c'en est fait, ia la noire Clothon
Commence à deuuider mon fatal pe-
lotan:
Mon corp est détramé, le mortel cor me huche,
Minos hoche mon nom dàns sa fatalle cruche.
Las! faut il mon Bertin, que ton cher Compagnõ,
Franc, franchement batu au frãc coin Bourguignõ,
Suce ainsi l'haim de Mort au canal de ta Vie,
Pour qui à Iupiter le Nectar tu n'enuie?
Faut il, ah Iour fatal! que, les huis de mes yeus
Fassent largue au bourreau du Tyran Stigieus,
Pour aus fers infernaus garroter ma pauure ame!
Encor le vieil larron de la Celeste flame
Soupire ses ardeurs, compagnes de son vol

Sur

Sur le Scithique roc soûs l'Aigle au vite val,
Il renait en mourant & quand le bec l'entombe,
Il rencontre immortel, son berceau dàns sa tombe.

Et moi, l'unique blanc de tous dars malheureus,
Pour estre fait la bute au dous arc rigoureus
De ta chaste Cypris ta geoliere ta dame,
Ie suis hote eternel de la cendreuse lame,
Et haché par morceaus, pieces de mon entier,
Ie ne puis plus r'entrer en mon vital quartier.

Mais, las! à quel propos, ma vois de dueil enceinte
Me vient elle former cette funebre plainte?
Pourquoi hane ie tant, & d'un air soupiré
Tache ie, en vain, brecher le Destin enferré?

Il n'y a nul appel deZ la Cour eternelle,
C'est la dernier ressort, dont la sentence est telle
Que quiconque aura veu quelque Deesse ou Dieu,
Au rollet des vivans celui n'a plus de lieu.

Helas! i'en suis temoin, car l'œil de ta Deesse
Fait que des Manes saints i'acrois ore la presse!
La bale qu'en mon ame ont lancé ses baus yeus,
Me fait le forétier des Myrtes gracieus.

O iour non de lupin ains du pere au vieil âge,
Du cruel porte-faus, glouton de son lignage!
Tout leudy cy apres, mal-heur non perissant,
Par moi sera marqué d'vn Charbon noircissant.
Cela ne m'asouuit, i'empoisserai encore
D'vn empesté Courbeau toute Iouine Aurore:

Ff

LES ETOILES DV CIEL

Affin que tout Ieudi demeure à tout humain
Hôte d'vn Cimetiere, ainçois fantaume vain.
Mon Sceuole Picard, la moitié de ma vie,
Puisq́ vn plus qu'humain sort chez les Dieus te cō (uie
Et que cette Deesse est vne auecques toi
Qui te fait auoir vois sur la fatale (oi:
I'en appelle à ta cour, pour oüir ma defence
Auant que de ma mort se donne la sentence.
La Mort n'a point d'oreilhe, orpheline de sens,
Mais Themis t'a commis son pois, ses plas luisans,
Pour à tout cerche-droit preter bonne audience,
Donc du mortel arret reuoque la sentence.
  Franc, libre, seul & seur, d'vn pied deliberé
I'auois guidé mes pas au temple reueré,
Pour de mon cœur entier à mon Dieu faire ofrande,
Et par sa mere Vierge obtenir ma demande:
Le Destin coniuré contre ton Edoüard
M'adresse en vn autel, où s'aiguisoit le dard
Qui, roide decoché, d'vne main Vierginale,
Deuoit tot m'empieger en la geole infernale.
  Ie decouure (malheur) de mon œil passager
Vn chef que nul pinceau ne pourroit ombrager;
Son raion brilhonnant lancé dans ma poitrine
Gele autour de mon cœur, cette masse sanguine
Qui fournit vie & vois ; Ie demeure perclus
De mon entendement, mon sens morne & confus
Se fait banqueroutier & Raison ma Princesse
S'eblouit au Soleil de si rare Deesse.

Vn lis se reposant sur son frond radieus,
Deus arceaus mi-voutés, deus astres de ses yeus:
Les Celestes flocons de sa negeuse ioüe
Où maint œilhet pourpré vers Cupidon se ioüe:
Le beau pourfil du nez d'vn beau tour finissant,
Maint Diament bordé d'vn corail rougissant:
Vn Albatrin poteau, base de cette boule
D'où, comme du haut Ciel, toute influence roule:
Le crin, frere de l'or, lien de mes espris,
Vne rosine haleine issante du pourpris
De la bouche musquée, vne oreilhe bessonne
Où la fille du Ciel son miel plus dous maisonne:
Vn menton fosselu, des beaus ris le souci,
Ces deus flots bessonneaus de lait bien epessi,
Qui s'en vont ondoians par leur blanche valée,
Comme à son bord congneu la marine salée:
Sur ces rians coutaus deus Rubis rougissans
Dont les raiz vont l'yuoire, eleués, finissans:
L'amarante, le thin, l'œillet, le lis, la rose
Par qui du Paradis la bordure est enclose:
Du fantasqué nombril le sacré compagnon
Où, crois ie, à peine loge vn boulet de pignon,
Du Porphyre veneus deus coulonnes polies
Artiste fondement des Nymphes plus iolies,
Le globe miparti du rebondi fesson,
Deus pieds qui de Thetis imitent la façon,
Comme ces doits rosins enpruntés de Aurore,
Et le reste tout Beau, qui tout le Beau redore

Ff ij

LES ETOILES DV CIEL

Furent les enchanteurs de mes louches espris,
Qui prendre me l'ont fait, non pour vne Cypris,
Ains pour l'hõneur Nymphal d'vne Vierge Marie
(Qu'elle manie, helas, mes louches sens manie!)
 Telle dame on ne voit en l'humain Almanac,
A genoux recourbés ie bats mon estomac:
En office deuot lui offrant ma chandelle
Comme au pourtrait humain de la touiour pucelle:
Ie brondonne en mes os vne sainte oraison
A son autel sacré captiuant ma raison.
 A peine ai ie imposé à ma langue silence
Qu'vn tonnerre eclatant dedans mon Cœur s'elãce
Qui cendroie mon ame & braisille mes os
Et depuis met ma vie au cercueil en depos.
 Voila mon cher ami le merité salaire
D'vn orgueilleux mortel au regard temeraire.
Ce martire est l'enfant de ma presumption,
Qui m'encloüe au rouet du chetif Ixion
Par les fleches d'Amour, & à pointe Eymantine
Troüe en cent mille endrois ma fumante poitrine.
 Mais si elle est Deeße (& qui le peut nier!)
De ma roüe elle peut en ton nom delier
Le Cœur qu'elle a lié: comme en la méme sorte
Guerison à son mors le Scorpion apporte:
Comme iadis le fer du grand bras Pelien
Medecin, reboucha le coup Telephien.
 Rien ne doit à Diane vne si belle Vierge,
Biẽ q du chœur chasseur royne, & des bois cõcierge,

Elle peut toutefois arracher Hipolit,
Des riues d'Acheron d'vn amoureus conflit:
Ie n'ay moindre credit chez toi mon Æsculape
Qu'Androgeon iadis r'acheté de la trape
Des ombres sans le corp: Et si ton saufconduit
Du respiral vital me rend quelque vsufruit:
Ie iure le serment du ST Harpocratique
Que ie depenserai mainte odeur Panchaique,
Pour deuôt enfumer votre besson autel,
A ta chaste Diane à toi Mars immortel,
Ou Phebus, s'il te plait, à la Lyre dorée:
Mais que soufle-ie las! vne morte halenée?

De erudissimis pientissimi fratris Gulielmi
  Zolinc tum commentationibus,
    tum concionibus.

Non nisi dum premitur grauiori pondere palma,
 Ardua crescentes tollit in astra comas:
Nunc, quia Tiziphone Sathanæis cincta chelydris
 In genus Humanum, quà data porta, ruit,
Ecce tuos tollis super aurea sydera ramos,
 In Stygium vt regeras pondera sæua lacum.
In Sathanæa igitur velut vnus Horatius arma
 Cùm moneas, vni est vnica palma tibi.

    Du même, Sonnet.

L'arbre victorieus dont s'exalte Idumée,
Lors fait tête au fardeau grieuement ennuieus,
Et d'vn plus braue efort s'auoisine des Cieus,
Quand son chef sent crouler sa perruque enramée.

LES ETOILES DV CIEL

Ores que de Sathan l'escadre enuenimée
Promeine par notre air son drapeau furieus,
Tu leue, mon Zolinc, tes rameaus glorieus
Atterrant sous le Stix l'Acherontide armée.
Ainsi seul, t'oposant au Sathanique afront,
Vrai parangon d'Horace immuable en son pont,
Fais le vert Penien feuillar choque-tempête
Marier sa douce ombre au tige Idumeen
Heroïzant des deus ta genereuse tete:
Car tu triomphe seul de l'ot Plutonien.

Anagrame de Madamoiselle, Susane de Hallencourt: Vn los dure en la chaste.

Le triompal laurier de tes nobles aieus
Peut hausser tõ sourcil d'une claire loüange:
Ton Beau si bien moulé sur le patron d'un Ange
Te peut seruir d'echelle à te guider aus Cieus.
Par l'ayment rauisseur d'un chant delicieus
Tu peus frãchir les murs, où l'humain heur s'arrã-
Toutefois tel tresor au ioug des ans se range, (ge:
Et serf des vens fuiars se derole à nos yeus. (ture,
Mais tõ cœur chaste & saint chef-d'œuure de na
Te couronne d'un los qui sur tous Siecles dure.
Ainsi Susane chaste, à qui tu dois ton nom
Maitrisant les vielhars depita l'Oubliance:
Aussi, ma d'Hallencourt, ton pudique renom
Au Temps & à l'Oubli signera defiance.

Guilaume de Baufremont, Sieur de Clereuau, ô vite flamme d'vn braue!

Le Petit Délien d'vne main enfantine
Terraſſant au berceau Python le furieus,
Nous donnoit pour temoin cet acte glorieus
Du diuin feu couué ſoûs ſa tendre poitrine.

L'ardeur, que mon œil lit ſur ta face Adonine,
Ne ſouflant qu'vn brandon atizé par les Cieus,
M'eſt pour arres de foi que ton Mars vertueus
Ne dementira point ta Celeſte origine.

Puis le deſtin heureus du tronc de Baufremont
Attache cent lauriers deſſus ton braue front:
Lauriers qui m'echaufans de leur flamme ſacrée
Feront mon haut cleron poſte de ton beau los,
Si que, vite-volant d'vn plumage diſpos
I'enleuerai ton nom ſur la cortine Aſtrée.

De M. ſon frere Cl. de Baufremont, Nul combate en fraude.

Les humeurs & les mœurs talonnent la ſemence
Et le ſang Paternel: vn aigle genereus
Ne couue vn pigeonneau couhardement pœureus,
Et le braue courſier porte au front ſa naiſſance.

Sur l'Auril fleuriſſant de ta plus tendre enfance
Tu fais fleurer l'email de ton clos valeureus
Qui ſe dore au pur or d'vn Lion genereus
Non d'vn Renard madré vailhant en inconſtance.

LES ETOILES DV CIEL

Outre qu'auec ton lait tu suças ton fort Mars,
Tu maries Bellonne auec la Vierge aus Ars,
Dont le docte Chiron, Perier œil de sa ville,
  Rend ton esprit accort, affin que ton haut cœur
Ne cede à l'art, à fraude, à ruse, au dol pipeur:
Ainsi le Philliride aprint son ieune Achille.

Les 7. Pleiades.

1. Electra, à M. Raffar.

La rouäante Deesse à l'aueugle prunelle
Ne m'a tant alaité d'vn teton doucereus,
Que targué sous sa main, & de moi meme heureus,
Ie paisse de mes Cieus la haute Citadelle.
  L'on auroit tot planté contre mon Ciel l'echelle,
S'il n'étoit remparé d'vn Atlas valeureus:
Mais t'aiant antidote en mon dez malheureus,
Tu me sers non d'Atlas ains de sa filhe belle.
  Le Pere auec son sang auêque ses humeurs
Coule dàns son enfant la saueur de ses mœurs.
M'assurant donc qu'Atlas a distillé sa force
  Dàns toi son Electra, son cheri, sang ainé
Ie rempare mon Ciel contre le Terre-né,
De tō Chef, source aus Ars, que force d'art ne force.

Vicentius Rafarius: Virtus iura faciens.

Dicere Ius Terris, Cœli est: tua nempe corusci
  Nata poli Virtus ius dat ab axe Poli.
Tu caput excelsum es septenæ Electra Cateruæ,
  (Nam liberalium Artium septem es caput).

2 Aicion à M. I. Bonuoisin.

Mõ Ciel ne iette vn deZ d'vne chãse haZardeu-
Alcyon ne t'echet par vn aueugle Sort: (se,
L'Adrastean fuseau mon fil tort & retort
Auant qu'armer d'vn Clou ma roüe radieuse.

De Neptun Alcyon prend la couche moiteuse
Formant mille sanglos sur l'aquatique bord:
Ta mer est le Cristal fils de ce-Cheual fort
Qui se fit pere à l'eau brechant la roche creuse.

Tes sanglos sont ce dueil qui te mine les os
De voir ore enfriché des Muses le saint clos
Où peu de vignerons bechent de ta coutriere.

Alcyon se nichant nous donne saufconduit
Contre les vens irés: & quand ton fanal luit,
La Muse ne craint plus de choper en l'Orniere.

3 Sterope, à M. Cyprian Perrot, &
Helie de Charniere gentil-homme
Manceau, son Cousin.

O le nombre parfet de ma belle Pleiade!
Non seulement dequoi ton esprit vif & pront
Fait caroller par trois les Graces sur ton front
Ceintes du 3 Quarré de la docte brigade.

Mais d'autant qu'en nous trois renait vne Triade
Qui, Charniere; qui, toi; & moi cerne en vn rond
Rond, qui, rondement rond, son fort Cercle ne ront,
D'vn Sort pyroüetant deZ les flos à la rade.

D'vn bel Hymen Nocier le lit, nœud d'amitié,
Fit Sterope, de Mars la fidelle moitié;
Et ce ieune Herculien, ce ieune de Charniere

LES ETOILES DV CIEL
Mariant auec nous sa Minerue & son Mars
De nos lauriers lettrés deboucle la barriere
Bourgongne, Paris, Mans, suiuans meme etandars.
   Ad eosdem Epigramma.
Ne vestris videar mea spargere nubila stellis
 Coruus Amyclæas inter habendus aues,
Casta Cypris, Cypriane, vetat; namq́; æqua Cyprino
 Omnia sunt nodo, nectat iniqua licèt.
Ergo licèt, quantum celsis Viburna, Cupressis,
 Preterear, Cypris me facit æqua parem.
4 Celeno, à M. Fr. Othelin gentil Bourg.
 Luis sur mon Horizon, gentilhe Celenie,
Donne cargue au noir dueil des eternelles Nuis:
Ton Phare etant posé sur mes Celestes huis,
Ie fais tête aus broilhars de la Poi d'Auernie.
 Iamais le beau Titan ses cheueus ne me nie
Quand de ton pur fanal sur mon Ciel tu reluis:
La bleme pœur se serre en ses obscurs etuis,
Quand tu fais sur mes yeus brilher ta glace vnie.
 Car Venus tient son siege en ton front gratieus,
Tu loge en ton sourcil vn Mauors glorieus,
Et ta langue a planté dàns son trone vn Mercure.
 Ces trois Astres iurés contre le manteau noir
Qui fait ma nuit eclorre auant mon premier soir,
Me tiennent forte main contre toute ombre obscure.
 S. Taigete, à M. P. Bourget. S. de Chaulieu.
 Ie cloüe à iuste droit dàns mon Ciel ton flambeau
Pour tuer en mon cœur maint ombrageus nuage

Campé par maints Normãs dàns le plus saint etage
De mon pudique Amour qu'ils n'õt pas fait geme-
 Mais ton cœur cacheté du plus fidelle seau, (au.
Que iamais Dieu sela sur son diuin Image,
A' pouuoir d'enfoncer au Letheau riuage
Le dueil q̃ ma Memoire a pour hôte & bourreau.
 Celle qui son beau nom dedans mon Ciel te prete,
En son cep amoureus le grand Iupin enrete:
Et ton esprit acort l'acord des Dieus & Rois
 Me cite à m'enreter dàns ton Amour fidelle:
Fais flamber sur mon Ciel ta luisante chandelle,
Et rions deZ le Ciel leurs furieus abois.

6. Maia, M. Christo. l'Auocad, des-Fougerés.

Voüant à ton autel cete Maie Atlantide,
Aus mains du Cynthien ie sequestre mes sens,
Certain que ce pendant qu'à son veuil ie consens
Ie tiendrai le milieu, courant à droite bride.
 Mercure, gardien de la Cour Castalide,
A Phebus s'est ofert (en mon cœur ie le sens)
Pour arranger sa Mere entre les beaus presens
Dont t'auroit peu doüer la grace Pieride.
 Il sait qu'il t'a preté la mielleuse Pithon
Qui par toi fait blemir l'efroiable Pluton:
Et comme il fait, facond, tout bondir à sa trace,
 Attirer il te fait le Caucase, plus dur
Par l'eyment rauisseur de ta feconde grace,
Si que tu peus vanter pour ton germain, Mercure.

LES ETOILES DE
Ad eundem, Epigramma.

Mater Atlantæi si se tibi Maia Nepotis
  Sufficit, eloquij nuncia fida tui:
Mercurius suasit, tibi me qui temperat Astro
  Vnanimem vnanimi suasit & vnus Amor.
Nempe meæ interpres mentis tam fidus es vnus,
  Quàm superi interpres nuncius ille chori.

7. Merope à M. Pierre Camus Dijonnois.

Merope prend la fuite, indignement honteuse
Et voile son beau chef d'vn vergongneus bandeau,
Pour ce que seule elle a pour son epous nouueau
Siziphe, sang humain, en la tour radieuse.
  Toloze t'embarquant sur la mer ecumeuse
De sa sainte Themis, en vn legal bateau,
Tu te cale, dépit, qu'en mon fraile roseau
Nait de ta douce Amour la rose gratieuse.
  Prens autre chance au dez, & pense qu'en mes (Cieus
Ton Astrée a placé ses bassins radieus.
Elle n'y liure amour au pois de sufisance,
  Ains au pois de l'_mant, & se vange en Amour
D'vn Aimé ne suiuant de l'_mant la cadance:
Mon Amour donc te somme à m'aimer à ton tour.

Petrus Camusius M. dà pius rectus.

Musa Iouis nata est Iouis & cum semine Musæ
  Mens pia recta fluit, Musa fluítque tibi:
Musa tibi à recto Ioue dat rectumq́; piumq́;
  Scæuolicis iustum reddere fasq́; modis.
Ergo mea rectum recta ius reddito Musa,

DE I EDOVARD DV MONIN. 175
Et recta huc rectus, Sceuola recte, redi.
La † Pariande, à M. ...e la † du
Mai..e.

Ie suis Arbitre ou Iuge en vn proces pendant
Au Parlement des sœurs Concierges de Parnasse,
Tu es du diferent le suiet mis en place,
La Terre est demandante & le Ciel defendant.

Elle dit, que dè toi son etre est dependant,
Comme du Chancelier des titres de sa race:
Le Ciel montre la †, ta mere sur sa face
Aus quatre gōds Mod ũs ses quatre arcs d bandãt.

Ors il faut qu'à droit fil la cause ie retisse,
Le Ciel par mon arret en paiera l'epice:
Car le Ciel orgueilhit son beau front de ta †.

Ne te rendant au Ciel, tu rends le Ciel à Terre,
Faisant r'entrer en ieu du viel Chaos la guerre:
Vole donc, non terrain, sur les Celestes toits.

Persée à M. I. Rauan..., de
Bocgrimot.

Ce Danaïde sang, ce genereus Persée
Ecorté par Pallas d'vn bouclier transparant,
Au Ciel se bourgeoisa comme prochain parant,
Aiant d'vn vailhant fer Gorgonne transpersée.

Son cristal radieus est ta viue pensee
Sa Gorgonne est le chef du procés non mourant:
Donc ton fer Iusticier telle Gorgonne outrant
Te doit auoisiner au Ciel de ton Astrée.

O fiz Danaïen, race de Iuppiter

LES ETOILES DV CIEL

Daigne auec ton bouclier mon beau Ciel empieter,
Mes Astres apointant soùs ta trionfante aile.
 Alors mon Ciel roüant soùs ton luisant pauois
Influera par le Chien de cette Citadelle,
Sur mes railhars mâtins cent forcenés abois,

Argω, à M. Aimé de Chauigni, grand Astrologue.

La Nef chef-d'œuure saint de la maī Mineruale,
Soùs qui gemit l'horreur des indociles eaus
Pour redorer la son des Phasiennes peaus,
Libre, asseruit sa poupe à ta charge Roiale.
 C'est toi, grād fiz d'Æson, dōt l'ame à nul egale,
Pliant dessous ton ioug les ecailhés flambeaus,
Se vêt de la toison des lingôs les plus beaus,
Que Iupiter reserue en sa pompeuse sale.
 Donc ainsi comme Argo etant surgie au port,
Razant les flos de l'Ær, print le celeste bord:
Ainsi ta nef au Ciel dextrement façonnée
 R'aborde au Sein Natal, où nôtre ami commun
Nôtre Fiancé rit du terrestre Neptun,
Son lut sonnant en haut ta poupe couronnée.

Arcticum Trigonum, ad I. Edoardum Vvrry, Mathurinum Rubentel, & I. Gelai.

Linea Parrasiam triplex sociata figuram
 Conflat, & est vnus forma trisulca tropus:
Tres Charites sunt vna Charis, tres estis & vnus,
 Et Charitum vnanimis ternus amoris amor.
Sic neq́ fulminei soluent vos tela tonantis:

Qua nisi vos soluent tela trisulca Iouis?
Immo nec, in Cœli cælatum classe trigônum
Lemnius omnitegi soluerit orbis edax.

Cephée, Iaques Romeu.

Apres que le beau train de tes fiz etoillés,
De tes enfans nombreus, ô insigne Cephée,
Aura de ce mien Ciel la vouture etofée,
Mon Ciel pourra courir sur ses coursiers sellés.

De tant de tes beaus vers mes chateaus piolés
Ne craindront de roüer à la tete leuée:
Car la Muse leur mere au haut Ciel releuée,
A Iupin montrera ses passeports sêlés.

SONNET SVR L'A-
NAGRAME DE DA-
MOISELLE ISABEAV
DE VOMENI.

AV BON DIEV ES AMIE.

L'Eternel Beau sans pair, le tout beau sans mesure,
Riche du saint tresor d'vne double Beauté,
Se mirant seul au Beau du Beau de Deité,
Montra son autre Beau sous humaine figure.
Au Verbe il nous fit voir sa sainte portraiture,
Orphelinant nôtre Oeil de sa Diuinité :
Donc lui seul s'oeilhadant en son Æternité,
Amoureus de son Beau il s'aime de Nature.
Ce besson Beau s'abrege en ton rare tableau
Où Venus sous tes trais voile son Beau plus beau :
Mais le souuerain Beau (qui côme à l'homme enuie
L'vsufruit du saint Beau, dôt le raïon nous fond)
T'oüit, seul du Diuin du Beau dans toi fecond,
Dont ton nom se baptize, au bon Dieu es amie.

MADRI-

MADRIGALE, SVR L'ANAGRAME DE CLAVDINE PREVOST.

TV ES PLACE D'VN ROI.

Yant bien epié d'vn oeil presumptueus
Les segrets recelés au clos du Ciel, ton pere,
Qui mōta ta beauté sur sa modelle chere
Pour enter en ton poin vn sceptre glorieus:
I'auoi mon cœur armé d'vn glaçon ennuieus
Contre l'astre Ascendant qui te fit ma geoliere,
T'aiāt pour place aus Dieus, ou pour Roiale chaire,
Si que de mon Destin i'étoi victorieus.
Ton oeil grauement dous & ton hūble arrogāce
Plus que mon Ascendant me guerroie à outrance
Me sommant d'encoller ton ioug, but de mon heur:
Ma Raison me trahit par Merope dorée,
Qui ne laissa de lustre es aus Cieus enastrée
Bien qu'acouplee au lit d'vn terrestre Seigneur:
Toi donc vaincant du Ciel l'influence & valeur,
Que seras-tu, sinon ma Deesse sacrée?

Gg

ΗΡΟΙΝΗΣ ΕΥΓΕΝΕΣΤΑΤΗΣ
τῆς Δελφίνης ἐπιτάφιον.
ΔΕΛΦΙΝΗ πρὸς ἐς ἠλύσιον πεδίον μὴ ἱκέθη,
Τῶπερ ῥή῾ιση τοῖς βροτέοις βιοτῇ,
Οὐ προεδαίσατο βῶν κλειτὰς ᾗ ὀνῶν ἑκατόμβας
Ἀλλ᾽ ἀρετῶν Δελφὶν ἔσχατον ἦγε πλόον.

XENIVM AD MÆVIOBAVIANVM IOANNIS VVILLEVINEI Medici cultissimi blateronem.

Me quia Discipulum, Christi schola pauit amicum,
Strenuus hanc strenam, Zoile, pendo tibi.
Abs Ioue quid voueam? crescentem in vulnera Lernam?
Absit vt hinc absit Christus, & alma Charis.
Ergo Iouem poscat tibi quid pia Musa dicatum?
Posco tibi mentem, Zoile, Vuilmineam.

SONNET DV DEBORDEMENT DES EAVS, APRES LE TREPAS DE M.ᵉ LE PREMIER PRESIDENT DV THOV. EXTRAIT DE SES EPITAPHES.

DEZ le funeste iour, que la sœur filãdiere
Nous aprint en du Thou, portrait des Demi-dieus,
Que nul n'a tant gaigné la faueur de ses Dieus,
Qu'il ne boiue à la fin la fatale riuiere :
De l'écumeus Autan la flôtante criniere
A fait de tout ce Tout vn maret pluuieus,
Non que la moite Hyade, ou l'Echanson des Cieus
Eussent versé leur cruche à si longue carriere.
Car l'étoilé parquet danse à pieds assurés
Dequoi du Thou preside aus planchers azurés.
Mais ces torrens sont fiz de la basse nature,
Voiãt qu'auec du Thou Themis quite nos lieus :
Ie faus! ses Mânes saints iustement glorieus
Souflent en tout endroit l'Ær de iudicature.

Gg ij

ANDRECRVCEASMVS QVO HABETVR

MORS OMNIBVS AEQVA.

Melpomne, tragicū geminare, ah parcito plāctus M
   Omnibus hinc Fato fata ferenda sus O:
Cuique Reo, cuique actori sua præmia Reddens,
   Nunc Sua ia Parcis reddere iura Sapit.
Ast, dices, Orci Furias spectamꝰ Ouantes,
   Orbe orbo Magni Spe, Fide, Mente viri:
Esto, Thuanꝰ abest (Nutu sed Numinis, orbi,
   Dum Stygias huc Dis Iecit acerbus aquas.
Nonne erat in fatis Bellis vt Bella ferantur,
   Dū mūdū Vltima fax ignibꝰ Vret edax?
Machina sed Subolet flammā ia tota Sonantem,
   Iāq̃ rubēs Æquis scintillitat ignibus Æquor:
Erga Quid in Christi ius iustus Scæuola? Quidni
   Vernet in Astræa (dum data meta) sin V?
Ad sua fata gemat Mundus: Mors oībus æquA
   Hinc Themis exul abest? orbis hic orbus obit.

Distichum numerale & retrogradum.

  1000   5 100 50   55   60
Musicolæn Via, Cor Legali Vimine Vinctum;
   65   70 75   80   81   82
Vnica, Vah! Virtus (Vrbs Iacet) Intereo.

D. D. DE SOCOVR ET DE MOVY

TVMVLVS.

Consilium effectu si quis metitur ini-
 quo,
 Fæx nimiùm cæcæ plebis, vt ima
  solet,
Forsitan abs isto Laurus Myrtúsque sepulchro
 Exulet, ad mentem tam mala fata bonam.
Consilium at si consilio metimur ab æquo,
 Vt solet Aonij conscia turba gregis,
Totus habet Cippũ hunc Phœbus Cythereaq́; tota:
 Tam bona, tam pia mens hinc sed & inde fuit.
MOIVS Elysiis patrem redimebat ab oris:
 Hôc facere an iustum funere Iusta, fuit?
Pirithoum hunc Hecate fati stringebat habenis,
 Quẽm foret hoc custos vix minor Elysius:
Theseus id metuens, cernénsve SOCORTIVS, alta
 Stirpe satus Martis fulmine tactus, adest.
Fata Socortiacis fuit haud fas frangere fatis,
 (Fata olim vt fato Theseus ille suo.)
Pirithoo Theseus vitam, dat vtrique Poëta:
 His geminis vitam Fata, Poëta negent?
Non ita namq́; meæ si qua est fiducia Musæ,
 Consilio astabit Laurus amica pio.

       Gg iij

SONNET, DV MEME.

SI le Ciel eut tramé du grand Socourt la vie
D'vn filet dissemblable au filet glorieus
Du valeureus Moüy, portrait des Demi-dieus,
Il ne verroit des mors la brigade blemie.
Mais Moüy, qui voioit sa moitié ia rauie
En son pere, aus feuilhars des Myrtes gracieus,
Recerchant sa parcelle es chams delicieus
Vit d'vne autre moitié sa moitié tot suiuie.
,, La part non iointe au Tout est imperfection:
Socourt donc chevalant toute perfection,
Pour vnir part à part d'vne amiable colle,
Voulut paier l'écot de son tier amoureus,
Et en vrai Mars Gaulois d'vn cœur trop genereus,
Elargit pour rançon sa vie & sa parolle.

EPITAPHE DV TRIS-MEGISTE. I. DESPAV-TERE, ENCYCLOPEDIE
DE L'AVTEVR.

Ici cheut Despautere(& vers lui git ma vie)
Non pour, Ombre, augmēter les Manes glorieus,
Ains pour regler à plomb l'enfer seditieus,
Comme en haut il regla la lourde Barbarie.
  Voi, comment ià Pluton là bas Despauterie!
Oy sonner, hic dat Or, lendit delicieus!
Voi Deocto, Donai ses Regens gratieus!
Voi comment l'eau Barbare est par regles tarie.
  Puis que(grand Iupiter)mon maitre Principal
Seiourne tant, Recteur, au College d'aual,
Ie quite ton Nectar pour suiure Despautere:
  Le Stix ne me fait pœur, là tout marche à niueau,
Le Chaos dereglé y donne aux Regles chaire,
L'enfer reglé s'y change en Paradis nouueau.

NICOLAI CHAVVER-NÆI BVRGVNDI, VISVLANI, ADOLESCENTIS LONGE CLARISSIMI, ET DEFLORATAE IAM, APPRIMEQVE SPECTATAE FRVGIS, TVMVLVS.

*Na poli hîc soboles, soboles hîc vna sororum,*
  Spes patris, & patriæ spes bonefida suæ.
Spirabant totum iuuenilia pectora Phœbum,
  Surgente hinc Æstas torrida Vere fuit.
His satis haud Helicon flammis: vnda (vnda Charontis)
  Sequanis est aura sic iter Elysiæ.

Auã

DE I. EDOVARD DV MONIN. 181

Ἀνάγραμμα.

ΚΛΑΥΔΙΟΣ Ο ΜΟΝΣΦΩΡΤΑΙΟΣ
χάριτος ἄδων φιλόμουσος.

Ἀτρεκέως Ἀσκραῖος ἔφη μὲν μάντις ἀμύμων,
    Ἀιεὶ καλίσῃ τὴν χάριν τίκτει χάρις :
Ἔξοχ᾽ ὡς χάρισιν, μώσαις ἀπεδώσαο τιμὰς :
    Δέδωκε τιμὴν μῦσα σοι, κὴ ἡ χάρις.
Ὡς βαθύκολπ᾽ ἄδων πνείει μαλακὺς γὰρ ἔρω-
    τας
Ὡς᾽ εὐμβλέσσα σοὶ χάρις παρίσατο.
Μῦ φιλόμυσος ἄδων χάριτος κεχρησετ᾽ ἀοιδῆ :
    Ῥέξας συ ὅσον μῶν᾽ εἰ ἄτας βαρύς.
Μοι χέρα εὐδαίμων ἄνθρωπε, δὸς, ἢ λαβὲ μολ-
    πὰν :
χαρίτεσιν ἀεὶ ἀμετέρησιν ἂν ἄμα.

                                    Hh

LES ETOILES DV CIEL
CLAVDIVS DE MONSFORT,

TV MONDO FIDVS CLARES.

PLurima mondano clarescunt sydera Cœlo,
　Lucida virtutis nempe caterua sacra:
His tria præclarent Sol, Cynthia, Iupiter astris,
　Humani Charitas, Spesq́, Fidesq́ chori.
Fida Fides Sol est, cuius vexilla sequuntur
　Cynthia, Spes isthinc: Iupiter indè, Charis.
Hoc tua cælantur cœlestia sydera Cœlo,
　Sydera sydereis æmula syderibus.
Sed nihil hîc fidæ Fidei nisi lucida lux est?
　Nempe satis, viso principe, castra patent:
Gordiacis ternæ Charites sibi nexibus hærent,
　Exerit at Fidum Spemq́, Charinq́ iubar.
Denique dum mondo fidus clarescis, ab vngue
　Tu Leo Burgundo sanguine cretus ouas:
Facta fides Fidei Burgundæ claret in orbe,
　Claret id Eois, claret id Hesperiis.
TV FIDVS MONDO CLARES, Titania Lampas,
　Quam vereor nebulis hîc nebulare meis:
Ast agè, luce tua Gyæam Sol diuide nubem,
　Phœbus eris Musæ, Cynthia, Musa tibi.

DE I. EDOVARD DV MONIN. 182

ANAGRAMME.

DV DOL N'EST MA FORCE.

CLAVDE DE MONSFORT.

DV fort Lion (Monfort) la genereuse au-
dace
Porte-enseigne du camp des braues ani-
maus,
Orgueilhit les lauriers des labeurs Martiaus
Dont s'affranchit de l'Orc toute ta noble race.
Le Lion Getulois va tapissant la place
Des feres qui font tete à ses fumans naseaus,
Mais, sans dol, de sa rage il depose les fleaus
Dessous l'humble pitié d'vne enfantine face.
Tel est ton fort (Monfort) qui les fors va for-
çant,
Et au fort d'vn Mont fort les moins fors renfor-
çant,
Los qui palme ta main, & graue dàns l'écorce
Du tronc Thessalien tes fais voisins des Cieus,
R'enforçant ton Mont fort contre l'ot Stigieus
Dont le Dol tu defis, car DV DOL N'EST
TA FORCE.

Hh ij

LES ETOILES DV CIEL
SVR LA THEOLOGIE
DE FR. BENEDICTI.

Des Momes enuieus la troupe incirconcise
A Theonine dent ronge l'etat cloitrier,
D'autant qu'vn vain repos y plante son metier,
Et sous vos mors Cyprés tient sa plus grande assise.
  Telle escadre mutine en ton liure est aprise
Que votre heureus loisir, oisiuement guerrier,
Peut bien embesongner le plus actif ouurier
Qui sur le ban Delphique ait quelque place prise.
  Tel etoit le repos du braue Scipion
Actif en heure oisiue, oisif en action.
C'est ainsi que chomant ton Sabat solitaire
  Tu trauailhe en ton cœur l'eternel Createur:
Donc l'Hebrieu, Grec, Latin, t'auoüant pour leur
  pere,
Te prechent de la Foi le souuerain tuteur.

DE I. EDOVARD DV MONIN.

Πρὸς αὐτόν.

Πᾶσιν ἐπιχθονίοις οὐ μὲν φαίνονται ἐναργεῖς
  Ἀθάνατοι πάσῃ μὴ χθονὶ φῶς λύεται.
Ἀλλὰ κỳ ὃς τέρπει τὰ θεορτὰ νοήματα Μύσης,
  Καὶ τῷ πανγκιςῷ θεῖα τὰ ἔργα λόγῳ
Ἔξοχα ἀνθρώπων ὅταν αἴγλα διόσδοτ@ ἔλθῃ
  Εὐπραγίας πολλαὶ σὺν Διὶ εἰσὶν ὁδοί.
Ἡ δ' ὁδός ἐςι μόνη εὑρεῖν φῶς Ἀθανάτοιο,
  Οὐκ ἡμοῖς ζητεῖν, ἀλλὰ θεῷ ςέφανον.
Ἐκ τύτων ἱερὸν ςόμα συ, Βενεδίκτιε λαμπρὲ,
  Ἀλλοδαποῖς ἀςὴρ ὡς ἀνέτειλε καλός.
Ὕψιςον ςέφανον σὺ μόνος μόναχός τε δέδιξαι
  Εἶναι ἐπιςάρθμον κỳ ἱερὸν μόναχον.

Hh iij

LES ETOILES DV CIEL
AD PIENTISSIMVM AC ERVDITISSIMVM THEOLOGIÆ BACCA-LAVREVM FR. ANT. MOREAV.

Rex hominum, diuumq́; pater, regnator Olympi,
  Se fidum fido spondet adesse Choro.
Tiziphone cæco quoties erupit ab Orco
  Humano intentans ferrea lora gregi:
Inserit humano Palmæ præcordia cordi
  Ne comes immensi non sit honoris onus:
Ille etiam dii sua fulgida lumina Solis
  In Stygia torquet nubila tetra manûs.
Iampridem hæretico est Ecclesia læsa chelydro
  Quem Dis Tartareo ructat ab ore minax:
Cinctus ades Cressa princeps Epidaurius herba,
  Pæonia tantum vulnus vt arte leues:
Præterea hoc Phœbi refouetur lampade gramen,
  En sacer est linguæ spiritus ille tuæ.
Ille fugans pestem Latio est circundatus auro,
  Hæreticæ es strator pestis, an aureus es?
Immò aurum es Fidei, Charitum, Pietatis, & auro
  Aureus æterno, quo mea carta micat.

DE I. EDOVARD DV MONIN. 154
PICTAVICI PVLICIS PRÆCONIVM, POE-
TIS PARISINIS PAN-
CTVM, PERQVE POET.
PHILOSOPH.

Paruule Pictauico prensus præ pectore Pullex,
 Prima, Pulex, patriæ præmia Pictonicæ:
Pieria, pullex, puncta pungere, puellas
 Pungito, Phœbicolas punge, patremq́, Pulex.
Phœbicolam properè pungens pingensq́ puellam,
 Prima petis picti pagmata, parue, Poli.
Punxisti, punctaq́, Pulex pestpuncte puella
 Prendere per piceas, paruule picte, plagas.
Præpuros potiúsne Polos pede, parue, petisti
 Pictauico? Parcam Parcaq́ parta premit.
Parca procax Parcæ pugnet! Plutonia Parca
 Pulsa perit, Parcâ Parcâ petente perit.
Parue Poëtarum pulsatus pollice Pullex,
 Parue, perennabis: præsne Poëta petor?
Præsne petor? præstò Pictæam præsto Puellam,
 Præsq́ Poëtarum pagina proma probat.
Parue Pulex paruum pungas (pungêre) Poëtam,
 Præq́ præi, paruo pectine, parue Pulex:
Sic misto accertant dum mista venena veneno,
 Ritè fit in terno corpore tuta salus.

        Hh iiij

LES ETOILES DV CIEL

Hoc est, quòd Pulex Rupeam Pictauicam pupugerit, vicissímque Pulice Brissonij & aliorum punctus sit, in tertio Poëtarum Pulice vita subsequuta est iuxta illud Ronf.

Helas! amour, i'ai de mourir enuie,
Mais deus venins n'etoufent point la vie,
Quand vn venin à l'autre se debat.

DE I. EDOVARD DV MONIN.

Ἰωάννου Κυρδερίν εὐγενεσάτυ, κ̀ πολλῶν ἄλλων
ἀνταξίν νέου ἀνάγραμμα.

ΙΩΑΝΝΗΣ Ο ΚΟΥΡΔΕΡΙΟΣ
Δῖ⊙ ἀνὴρ ούκ ἔρις νόῳ.

Ἐχθιϛός τε Διΐ τε Θεοῖς ἐσ' οὐκ ἐπεικτός
  Ὦ πόλεμοί τε φίλοι, ᾧ φίλη ἔϛιν ἔρις,
Ἀλλὰ πρὸς οὐ βροτολοιγὸν Ἄρεω σᾶς χεῖρας ἀνα-
    χεῖς:
  Σὺ πρὸς Ἀθιωαίης δώματα ξεῖν⊙ ἴες
Ὡς Κρονίωνι Διῒ σὺ καθέζεσο κύδεϊ γαίων
  Οὐ γὰρ ἔριν νῷ ἔχις, μήχανε δῖος ἀνήρ.

SONNET A LA MVSE PICARDE, SVR MON ABORD.

Iqué du piqueron de la Picarde Auette,
Qui m'a fait de son miel vn Tantale alteré,
Ie cerchois en ma Crete vn Dictam asseuré,
Pour, cheureil, epointer si poignante sagette.
  Mais m'empeinant en vain à si soigneuse quête,
Talonnant les saints pas de mon Phœbus sacré
De Des-caurres mon chef, d'vne tiré ai tiré
Aus recelés bornots de ta souche segrete.
  Ainsi print fin iadis le coup Telephien
Par le fer son auteur, au grand bras Pelien:
Mais mon heur vainc Teleph: Car regaignant ma vie,
  I'alente ici ma soif d'vn miel si sauoureus,
Qu'aus citadins astrés le Nectar ie n'enuie,
Tant du Picard essein le suc est doucereus.

IOANNES MALARTINEUS.
SOL NITENS, MEA VRANIA.

Sis licèt, en, teneris vix primùm egressus Ephœbis,
 Vere nouo, verna Ver sapis Vraniæ.
Vrania, Vraniæ est præses, tua, dulcis Apollo,
 Sol nitidus, nitidi gloria prima Poli.
Nempe satus Cœlo, Cœlo te reddis auito,
 Ni mihi fortè datam fallit Apollo fidem.
Fallit Apollo fidem raro mihi rarier:ergo
 Pars eris vna Poli, pars vt es vna mei.

L'auteur à son Laurier.

Mon Laurier trionfal, arbre victorieus,
Peus tu voir trembloter ta sainte cheuelure?
Des Borés rauassans crains tu la froide iniure,
Et des boucs barbacés le vieil oeil enuieus?

 Ils n'y ont plus que voir d'vn regard chacieus,
Ils n'ont veu ton pareil en leur ieune verdure.
Si tot qu'ils croupiront dessous leur lame dure,
L'age pendra leurs sacs à ton croc glorieus:

 Tu sçais, tendre Laurier, qu'en la Perse contrée,
De Titan frais-naissant l'enfance est adorée,
Et non son lit nuital. Puis, ie ne t'ai planté

 Dàns vn Parnasse nud, ains au clos d'Aristote:
Ie iure, mon Laurier, qu'vn tronc si bien enté
De leur feu censural ne sera qu'en vain l'hôte.

LES ETOILES DV CIEL

SONNET A MADAME
I. P. L.

Vr mon Auril plus tendre, au ieune bois d'Erreur
T'aiant en vain chaßée, ô Leurine sauuage,
De mes chiens & limiers i'aguisé l'âpre rage
Contre mon Cœur, leur maitre, exclaue de fureur.
Adieu belle geoliere, adieu ieune rigueur:
Voi ton May talonné de l'Hyuer de ton âge,
Qui au mirte amoureus t'ouure ia le paßage
Pour euenter vers moi de soupirs mon ardeur.
Mais iaçois qu'hote vain de la cendreuse lame
Ie souffle l'Ær brulant de ta cuisante flame,
Si mes leuriers recrus me font sur mon tombeau
Flairer la douce odeur de ta venaison frêche
Crois, qu'à mon marbre dur mes sanglos feront bi-
che
Pour recourir la poste en vn gibier si beau.

SUR LE MEME.

Astres qui nous versés au canal de lumiere
Nos destins arretés dedãs la cour des Cieus,
Qui outrés par les cous de vos traits radieus
Des vœus emmantelés la roche plus grossiere:
　Astres, oreilhés vous au son de ma priere,
Au liure de mon cœur faites lire vos yeus,
Soiés moi seurs temoins qu'vn Dæmon furieus
Fait de ma sœur Preuot mon ame prisonniere.
　Sonnés à haut clairon qu'vn forcené brandon
M'enrole à l'etandard de ce faus Cupidon
Non pour rompre le nœud d'vne nociere couche:
　Mais que pour m'afranchir de mortelle prison
Ie me prisonne au cep de sa diuine bouche,
Attendant du Preuot ma mort & ma rançon.

LES ETOILES DV CIEL
Depart à M. François Roche, Poëte
Amiennois. Madrigale

*Sommé par le Destin iuré contre mon ame
(Qui dedans tes deus yeus a planté son seiour)
De voir, veuué de toi, ce fatal dernier iour
Qui me doit faire l'hôte à la cendreuse lame:
Auant que delier ma langoureuse trame,
Reconnoissant ton fief pour ore & pour touiour,
Ie depose en ta main la clef de mon amour,
Pour Phœnix regaigner mõ berceau dàns ma flame.
Car ce flot Cristalin, ce flot Pegasien
Qui coule Nuit & Iour de ton roc ancien,
Baignant mes os poudreus, & ma funebre cendre
R'aniuera le fil de mon Destin fatal.
Ainsi, bien qu'orphelin de ton œil, mon fanal,
Ie vois ternir ma fleur en mon Auril plus tendre,
Nourri d'espoir meilheur d'vn renaitre vital,
Ie m'en vais compagnon de l'Oiseau de Meandre.*

A M. Ant. Roche Poë. Amien.

*Ton chef qui m'a semblé cette roche gemelle
Ce saint tertre besson où tes doucereus vers
Orgueilhissent ton front de lauriers touiour verts,
Lauriers loyers certains de la Nœuuaine belle.
Ton cœur franchement rond tracé sur ma modelle,
Ton esprit magaZin de cent beaus arts diuers*

Ont fait que pour le vœu de quelques nõbreus airs,
Mon cœur librement franc i'ai mis en ta tutelle.
 Toutefois, ô Destin: vn Aquilon venteus
Des-ancre de ton port mon nauire douteus,
Mon nauire forclos & de cœur & de Phare.
 Donc si de quelque amour l'on me dit seruiteur,
Tu peus iurer que non, puisque ainsi ie démare
A la merci des vens desherité de cœur.

Hos versus ad Robertum & Antonium Cheualiers Virgilianæ Tralationis auctores, rogati dederamus.

Æthereas pedibus numerosis scanderat oras
 Virgilius Latij maior honore soli:
Franca sed hunc superis inuidit gloria vatem,
 Francáque Francigenis tecta reuisit equis.
Nempe Polo lapsos Equites, Ledæia fratres
 Pignora Celtiacis ire videbat equis.
Viderat hos & equo pennis pernicibus aucto
 Sidere Tyndaridas sydera bina, duos.
Ergo vbi Pegasia cœlos viduarier vnda
 Vidit in hos Fratrum subsiliente caput:
Tum secum: en Equites cœlestis Pegasus istos
 Deuehit Æbalios, aut genus Æbalium.
Me duce Pegasio sua labra luêre fluento,
 Et mihi non memores Pegason eripiant?
Pulchrius hos Francis Equites comitabor in agris
 Sit meus aligero quàm sine gressus equo.

Haud mora, Celtiacis equites comitabor in agris
   Celtigenis hic eques, qui pedes Ausoniis:
Fallor ego haud equites Franca comitatur in arce
   Virgilius Franci maior honore soli:
Namque à Tyndaridis Equitésque Maróque vocati
   Et sua pennatus Pegasus astra petunt.
Sic Maro sic Equites supera sic Pegase ab aula
   Ad superos Francis nunc reuolatis Equis.
Vellem tamen eos in hac Virgiliana statio-
   ne sistere, non etiam ad Horatii
      senticeta diuertere.

Lectissimo Iuueni Alexandro Leuinsto-
nio, Scotorum ornamento singulari, pa-
triam oram relegenti hoc Anagram-
    ma autor valedicebat.
   1, Sol Ardens. Lux vna enitê.
Cedo tuis fatis, Fatis obsistere nulli
   Fas reor, hoc fatis conscius esse ratum.
Cedo igitur properósque sino laxare rudentes,
   Nempe suus vocitat turgida vela Notus.
Turgida vela Notus vocitat suus, at meus, eheu!
   Te Notus huc reuocat, sed data verba Notis.
Ecquis ego? quæris; Siculo vaga cymba profundo
   Quam Boreas illhinc, hinc rapit Auster atrox:
Arbitrio caret illa suo, nullamq́ salutem
   Sperare, vna illi creditur esse salus.
Vt mea Lethæo demergam gaudia fluctu,
                              Gaudia

Gaudia sub Lethen quæ ratis illa rapit:
Angit Amor, quæ solliciti res plena timoris,
Verbere quàm surdo tangit vtrumque latus.
Angit Amor, gelidi ne dum teris arua Bootæ,
Qui tuus hic caluit fortè rigescat honos.
Hæc (Bucananæis fas est si credere Musis)
Gens procul à Cyrrha sedibus alget iners:
Frigidus hinc illi coit in præcordia sanguis,
Nec sua quo radio frigora vincat, habet.
Cætera securus: curarum hæc summa mearum,
Ne rigeat tanto mens mea stricta gelu.
Heu mea mens amens, Stygiis laqueata tenebris,
Quæ metuit Soli frigora Deliaco!
Deliaco Selem radio te ardere negantes
Nominibus pœnas dent (mea vita) tuis.
Hoc satis ut geminam mea Musa quiescat in aurē,
Frigida te lento dum manet illa foco.
Nec mihi verba dedit Phœbi cortina, nec artes
Phasiacæ ludit nec sacra carta Poli:
Namq́ tuum hic legi lyncæis nomen ocellis,
Legimus apta tuis omina nominibus.
Dulcis Alexander quondam Orbi iura daturus
Ilux vna ardens Sol (mea gemma) nitē.
Parrhasiásque tuis lustra fulgoribus oras,
Fulget vt ista tuo Gallica Sole plaga,
Itò age, da Zephyris, mea lux, tua vela secundis
Dum tuus ab læua stat́ q tonat́ q pater.
Attamen insequere ipse tui vestigia fratris

Qui, solus quòd sit, nomina Solis habet:
Ille vbi frigentes dudum sua sparsit in Arctos
Lumina, ad Australes prouidus indè redit:
Tu postquam Arctoum, noue Sol, tepeseceris orbē,
Esto redux ripæ, Sol noue, Sequanicæ,
Anchora littoribus tua si paciscitur istis,
Cura tui leuior mox erit Euryali:
Iamq́ Leuinstoni leuior mea lumine cura
Vna aderit curæ cura beata meæ.

Sonnet de l'absence de mon Cadet, La semaine sainte.

Trois iours sont ecoulés, qu'orphelin de tes yeus
En ma veuue maison ie me genne & bourrelle,
Solitaire & pensif plus que la tourterelle
Qui soùs vn rameau sec se derobe des Cieus.
C'est mon Vendredi saint que ton clous ennuieus
Attache mon cœur tien à cette † cruelle,
Où le desir de toi me pince & me martelle
Me faisant epreuuer les manoirs Stigieus.
Mais au troizieme iour ta clarté radieuse
Me peut arracher vif de ma tumbe poudreuse,
Et me resuscitant à ce Paque sacré,
De ma Muse paier la ranson à la Parque:
Si tu le fais (Cadet) ton beau nom reueré,
Iamais du vieil Charon ne chargera la barque.

La Couronne celeste, à M. I. Barberot excellent Aduocat de Gray.

O de mes feus Astrés la lampe à mon heur née,
O diademe saint, coupelle de mes Cieus,
Guidant mes pas douteus au Dedal soucieus
Par le prudent filet de ton Ariadnée.

Derobe à ton Parquet cette etroite iournée,
Et vien sur moi couler ton miel delicieus,
Ton miel se file en raiz clairement glorieus
Dont brilhe de mon Ciel la tête couronnée.

Mon Amour dans ton poing a son sceptre planté,
Et sur ton front serain son diademe enté:
Bref, Roi de mes amis tu porte la couronne.

Si donc mon Ciel sans toi ne peut étre roial,
Si l'on tient pour batard mon fiz, mon sang loial,
Garde que, vœuf de chef, de pœur il ne frissonne.

Sur Ianus paint en mon etude, portant en
la droite vn baton; en la gauche des
clefs, & à l'anche vn panier plein
des 3. Karites.

Aus amis.

Ce Iane enuisagé, ce double-front portier,
Qui buque du pied droit à l'Annuelle porte,
Au cordial coté la clef mystique porte
Pour ouurir l'huis dormāt de mō cœur frāc entier.

Ce cofin en-anché est des Graces rentier,
Me dictant qu'en l'Oubli la Grace ne soit morte:
Mais ce baton enté dedans sa dextre forte
Me frape quand ie chome au donnaire metier.

Si Iane mon parrein ne pardonne à la gaule

LES ETOILES DV CIEL

Pour m'ecrire l'etreine au caier de l'epaule:
Craignés vous point (Amis) puisqu'il ne vo° est riẽ,
  Que si à m'etreiner votre main s'aparesse,
Il imprime en vos dos ce baton ancien,
Si bien que vos papiers soint froissés soũs sa presse.

Stellarum catastrophe ad melioris annuli
  amicum Philip. Mathon, Salininum.
Vnius ob puncti Synalepham (vulgus vt inquit)
  Desideratus est asellus Martino:
Ne numeres mecum summa hæc desideret vllos,
  Summãm numello tu rotundabis tuo.
Nẽpe mei es numerus numeri, & quadrator acer-
  Amórque Amoris: sic meum claudes Polum (ui,
Cipriaꝛus Perotæius, Iusta operari cupiés.
Biturices, cupiens operari iusta, capeßis,
  Hoc patris, hoc patriæ spes iubet alma tuæ.
Alma tuæ spes es patriæ, patris vnica spes es,
  Nominis hanc versi spem facit æqua fides.
A Ioach. Texier, Iue Cornu, & Hon. graué.
Vous cerchés au Palais votre maitresse Astrée,
Qui tient au Louure astré ses grans Iours Iusticiers?
Volés donc sur mon Ciel, ô mes trois tiers entiers,
Guindés sur l'aileron de ma Muse sacrée.
  En l'vn de ses baßins mon ame soit liurée,
Et l'autre à contrepois se charge de vos tiers:
Vous sentirés alors que nos quatre quartiers,
Ne sont que de nos quars l'ame en quatre serrée.

DE I. EDOVARD DV MONIN.

Le reste de mes Etoiles se donnera terme
iusques à la sortie au iour de mes Etre-
nes prochainement proches.
Adieu.

Ad ventripotentem Norm. cuius onoma-
strophe est Res bru. in clad. ruo.

Iussum inclinabat tibi iam fastigia Cœlum,
  Obstrueres stellis pix vt Auerna meis:
Lumina cernere erat rutilis florentia flammis,
  Toxica ab Illyriis lumina liminibus.
Non tulit ascriptum Cœlo scelus alta potestas
  Cœlituum, è rupta fulmina nube micant:
Horrisonæ incursant sinuosa volumina flammæ,
  Terrificæ crepitans grandinis imber agit.
Angelus hinc leuibus ventorum adremigat alis,
  Et tergo intentat lora minata meo:
Ecquis, ait, lurco, comedo, baratrûmque macelli,
  Pinguis aqualiculus sesquipes astra rapit?
Quos ait, hic curuis sibi falcibus asperat axes,
  Axis vt hôc Astro cœlicus auctus eat?
Tanta mole gemat subnixi cymba Charontis,
  Ne grauis, astriferos dissuat vsq́; polos.
Audis, ventripotens, æternæ vt spiritus iræ
  Infremat in pinguis pondus aqualiculi?
Nos in cœlum humiles imum, imus, at ibis in Ibin,
  Caucasea vt tepeat mens Phlegetonte tua.

Ii iij

Au méme, Sonnet.

Vn sorcelier Damon, concierge de tes yeus
Qui trois ans a charmé ma Raison peu rusée,
Cloüant ia dàns mon Ciel ton etoile empoissée,
De ton ancre ensombroit mes Astres radieus.

Mais vn Borée ailé d'vn cerceau furieus
Me fit des feus brilhans la fableuse risée,
Me demasquant ton cœur, & ta langue aiguisée
A blasphemante meule encontre tous les Dieus.

Lors ne voiant dàns toi que tripes endoüilhieres,
Va, dis ie, t'épurer aus Stigides riuieres:
Ta poix, ton ancre noire, & ton fiel siege au fer

Eût trop ennuagé ma brigade etoilée,
Et ton etable Augée eût changé, deuoilée,
Iupiter en Pluton, Paradis en Enfer.

A dieu Synon.

Prolegomena ad meum τὸ in Ibin.

Le trait dont me naura ton enfantine Amour,
Ce trait qui siffle encor dàns ma profonde plaïe,
Silha si bien mes yeus d'vne ombrageuse taïe
Qu'il me somma iurer par l'infernale Cour:

Ie iuré que tandis que l'Astre enfante-iour
Iroit merquant mes ans de sa vitale craïe,
Ton nom (contre lequel maint Archiloc abaïe)
Par moi ne seroit cuit dàns l'Iambicque four.

Il est vrai, Triplupart, mais il faloit entendre,
Tant qu'Edoüard pourroit pour Edoüard se prédre,
Mais puis que tes blasons m'empechēt d'étre à moi,

Si le brilhon failhant de Delphique alumelle
R'allume sur ton front vne antique chandelle,
Ne te pleins d'Edoüard, car il n'est plus à soi.

2. Sonnet.

C'est trop couuer au cœur vn flot, qui, ecumeus,
Boüilhonne entre les murs de mes fermes écluses,
C'est trop laisser iailhir tant de vagues recluses
Au sein de mon tonneau ampoulément rageus.

Plus ne puis remparer ces boüilhons orageus
Qui s'en vont debondant de la cuue des Muses,
Que tu voulois noïer en la mer de tes ruses,
Bref ie cours à grans pas d'vn detrier courageus.

Ie voi ia nos Amours (helas chance changée!)
Troubler vn echarfaut de rage Thyestée:
Ie voi que nos neueus d'vne Tragique vois

Maudissent l'amari autheur de ta naissance,
Maugréent le berceau de ma fatale enfance,
Voiát que de nos sangs s'empourprent môs & bois.

3 Sonnet.

Ha! vieil ami, ie voi que le Demon
Qui par la main me guida dans la France,
N'eut autre but, que par nôtre acointance
Banir mes vœus du saint tertre Besson.

Ce qu' Aristote en sa docte leçon
M'aprint noeuf ans, s'emploie en la vengeance
De ton sourcil, haut siege d'Arrogance,
Contant apres d'aller boire Acheron.

Lors certain suis que toute piteuse Ame

LES ETOILES DV CIEL

Traçant un pas sur ma poudreuse lame
Dira pleurant: Edouard, dors heureus!
  Maudite soit la funebre chandelle
  Qui s'est eteinte aus degrés de l'echelle
Qui t'eût monté aus lauriers bien-heureus.

Sonet enuoié de Roüen, à l'auteur, sur le méme par monsieur Hermier.

IE veus, dit Iupiter, qu'un eclat de tonnerre
  De ton Marane enflé brisé menu les os.
Pense tu, DV MONIN, qu'il terrace ton los?
Le vent hume sa vois, & sa force est de verre.
  Ie veus, disoit Neptun, que la bonde qui serre
Toutesfois qu'il me plait la rage de mes flots,
Se rompe en un clin d'œil sans prendre nul repos
Qu'ils n'aient englouti ce monstre de la Terre.
  La Terre, qui pour sien connoitre ne le veut,
Au Ciel, & à la Mer amerement se deut,
Et le renuoie à l'Air, qui encor ne l'auoüe.
  Si le Ciel, si la Mer, si la Terre si l'Air
Ne le connoissent point, Edouard, laisse aller
Celui, auec lequel Proserpine se ioüe.

Fidelle paraphrase du psalme 17. traduit de Grec par l'auteur, aduerti qu'un Normant empistolé le guetoit à Paris 1583.

Seigneur, mon nourricier, ta Magesté diuine
Aura, seule, un autel au fond de ma poitrine,
                        Pere

Pere saint, ô ma force, ô ma solide tour,
Mon rempar, mon espoir en l'épineus detour.
Tu es mon seul bouclier, & ma fleche acerée,
Mõ seul Nord, & mõ Haure, & mõ Ancre asurée:
Car si tot que ma bouche est ouuerte à ton los,
Ploiant mon humble graiue & queimandãt repos,
La lame tremble au poing de l'escadre ennemie,
Et la Pais sur mon col volle d'vne aile amie.

Ia l'horrible Atropos m'adiournoit au cartel,
M'enuelopant aus rets de son piege mortel:
Ia l'Orc enfelonné aus torrens de son onde
M'entomboit sous la vague à flote vagabonde:
Ia mon pied empetré dans l'infernal lien
Me garrotoit au cep du geolier Stigien:
Lors acablé du pois de si rude misere,
I'enuoie à DIEV mon cœur empané de priere.

Le Seigneur enthroné au Louure radieus
Huma d'vn dous ouïr mes cris religieus
Si tot qu'au temple astré ma deuote priere
Se guinda, de mes vœus fidele messagere.

Vn tret lancé de l'œil du tout-puissant Seigneur
Ce globe terrien enfrissonna d'horreur,
Et des mons sourcilheus decôlant les murailhes,
Empara le Chaos de leurs creuses entrailhes:
Vn nuage enfumé prochain pere aus flambeaus
Se fit large, ondoiant par ses ardans naseaus:
Vn petilhant eclair s'elancea de sa bouche   (che.
Tournãt en haut brãdon les corps voisins qu'il tou-

Kk

LES ETOILES DV CIEL

Lors l'eteillé contour s'abessant au ioug dous
De son maitre eternel pere commun de tous,
Enclina dessous lui sa cime radieuse,
Pour charger de ses pas la Terre fructueuse:
Et le camp ombrageus de la poissiere Nuit
Sous ses isnelles pieds iusqu'aus enfers s'enfuit.
 Sur vn char emplumé d'vn voletant Zephire
Q'vn Cocher Cherubin or' ça, ore là, vire,
Les Airs venteus il fend, & s'emmãtele, afreus,
Du sombre vêtement d'vn broilhar au sein creus,
Engrossant les nuaus d'vne pluie ombrageuse,
Menassant pour touiour d'vne Nuit orageuse.
 Les dars roide-lancés de ses yeus flamboians
Donnent la chasse aus tas sombrement ondoians:
Puis les boulets grailés, rompant des airs la barre,
Fracassent tout l'entour d'vn bruiant tintamarre:
Maints ensoufrés replis de feus de foudre ailés
Bondissent, vagabons, par les arcs etoillés.
 Mais de sa sainte Vois la compaigne Puissance
D'vn son magestatif bornant son lon silence,
Le haut mur brilhonnant du Ciel giroüetant
Brondonne, ecartelé d'vn tonnerre eclatant:
La Terrestre cloison se decoud, ecroulée
Du rauissant efort de la bale grailée:
 Maints trets de flâme armés d'vn balai flãboiãt
Vont du vuide serain l'espace baloiant:
Les foudres crache-feu redoublent là leur rage,
La terre culbutee ouure vn large passage

Aus bouilhonnãs surgeõs, aus murmurãs ruisseaus,
Elle fait voir à Iour ces secrets soliueaus,
Montrant à decouuert sa matrice profonde
Tant tonne horriblement du monarque du Monde
La Vois irreuocable, & tant est dur le fleau
Dont le diuin courrous plaie l'humaine peau.
 Ce seigneur oreilhé à ma requête ardante
M'a tendu des son Ciel sa dextre bien-heurante,
Du Charibde ecumeus ma nef afranchissant,
Contre l'ôt ennemi mon estoc aiguisant:
Et quand l'infernal dol plantoit sur moi le siege
Iurant de m'anclouer dedans son noüeus piege,
Il fit gemir ce camp soùs son propre etançon,
Paiant au Roi de mort ma requise rançon.
 Aussi DIEV print egard à ma main & mõ ame
Qui n'ont iamais laché aus flos malins ma rame:
Car ni l'Iniquité, ni la credule Erreur
N'ôt fait gauchir mes pas du droit trac du seigneur
Sur la diuine Loi collant touiour ma vüe,
Faisant de ses saints vœus eternelle reuüe,
Simple, ie caressois, la simple Verité,
Et l'aiant pour temoin de mon humble Bonté,
I'auoi banni bien loin de mon natal repaire
La sacrilege langue & la fraude faussaire.
Donc ce Rey liberal pour mon entier froument
M'a fait cuilhir ce fruit moissonné purement.
 O Seigneur nompareil, qui forme toute Forme!
Châcun sur le niueau de son veuil te conforme:

Kk ij

Le pur te trouue pur, l'ami te sent ami
Le bon t'eprouue bon, un faus clous ennemi
Est chassé par ton clous: ô regle Lesbienne
Qui t'asseruis au ioug de la main qui te meine.
 Quand la Bise aduersaire euente les petis,
Tu rembarre en ton frein ces rageus apetis:
Mais des fronts boursouflés tu retranche l'audace:
Me rachetant des coins de la lourde peuplace,
Tu entoure mes flans d'un flambeau radieus,
Et redore mes nuis d'un raion glorieus.
 Marchant sous le drapeau de ta sainte banniere
De tous fers herissés ie franchi la barriere:
Plantant au fort du cœur tes diuins etandars
Ie fausse les harnois, ie force les rempars,
I'ard, ie brise, ie romp braue torrent de guerre
Tout ce qui fait afront à mon vaillant tonnerre.
 Et de vrai, comme Dieu est tout purement saint,
A cil, qui dàns son cœur son caractere empraint,
Il trace le sentier de sainte vie heureuse.
La vois qui va coulant de sa bouche mielleuse
N'a pour nul parangon la pureté de l'or
Repurgé dàns le feu quatre & trois fois encor,
Par les forets de dars au fidelle il fait largue,
Sous son ferme bouclier son estomac il targue.
 O d'eternelle nuit yeus au monde silhés!
Qui de robe de Dieu un tronc paint habilhés,
Qui courbés vos genous au ciZelé Porphire.
Quel autre grand Milor en ce Mondain nauire

Lâche & serre la bride aus gosiers orageus
Quel autre est ensceptré des terres, mers, airs, feus?
Quel autre encheine tout aus fers de sa puissance?
 C'est mon Vinique Dieu, de mes ners la constãce,
Qui fraia sous mes pas vn chemin non boüeus
Qui sommit à mon cours le cours du cerf rameus,
Qui d'vn antre vetu d'vne horreur frissonnante
Me fit sauter d'excourse en l'emperiere tente,
Qui par les cãps afreus d'humain sang empourprés
Au metier Martial fit mes bras adextrés,
Qui contre l'arc d'airain enuigourant ma dextre
Le tronçonna, retors par ma puissance adextre.
 Du trêfort bouleuar de son large pauois
Il double tout mon corp, le cleron de sa vois
Affile mon trenchant, son pouce pousse en rage,
Quand ie saigne du nez, cassé de bon courage.
Es d'étrois renforcis de cent dars acerés
Il ouure vn chemin large à mes pieds assurés.
 T'aiant pour chef, ô, Dieu, t'aiant pour Capitaine
I'enroute l'ennemi, & enrouté l'enchaine,
Ne lui donnant respi, auant que remachant
La menace grondante à mon braue trenchant
Il languisse atterré, & acollant ma graiue
Il achete à fort pris de sa mort pais ou treue.
 Tu affermis mes os d'vne mâle vigueur,
Tu étens mes fors ners d'vne viue roideur,
Tu menseigne la luite, & quiconque m'essaie,
Mon coutelas par toi s'enyure de sa plaie.

La glacereuse pœur plante au dos ennemi
Un plumage fuiard, qui veuf de tout ami,
Tâche en vain de brécher de Dieu l'oreilhe close,
Mais de pitié la porte à son cris n'est declose.

Comme l'horrible haleine au bruiant Aquilon
Promeine à son bon gré ore en large, ore en lon
Un nuage poudreus, qui perdant sa franchise
Court, où ce soufle Arctois postilhonne à sa guise:
Ainsi les coniurés sur le fort de mon heur
Ie fai piroüeter d'un fieureus vent de pœur:
Et, scabeaus de mes pieds, tout ainsi ie les foule
Côme au quarfour boüeus un bourbier on saboule.

M'aiant, net, epuré du limon peuplacier
Où croupissoit sans nom mon nom au lent foüier,
Tu me fais donner lois aus superbes prouinces,
A mõ char glorieus atteler maints haus Princes.
Tu fais que le seul vent de mon poing triomfant
Empoupe cent esquifs du Ponant au Leuant
Pour venir attacher à ma salade forte
Mille lauriers vassaus de ma prouesse acorte:
Cent peuples echaufés d'un Soleil etranger
Me rendent, prosternés, un seruice hommager,
Distillans un faint miel de leur lãgue flateuse, (se.
N'osãs croire à leurs murs leur pauure ame peureu-
LOVANGE, empire, honneur au Seigneurial chef,
Qui, tuteur, garantit son pupil de mechef.
Qui appelle pour moi, de la definitiue,
Que la mort prononceoit sur ma vie chetiue,

LES ETOILES DV CIEL

Qui mets le fleau vangeur dàns mõ poing redouté,
Dont du pariure ingrat saigne le dos foité:
Qui somme le franc veuil du peuple plus rebelle
A encoller mon ioug: qui es ma Citadelle
Quand l'escadron mutin à solde du Courrous
Enrolle contre moi vn camp de mille cous.
Et qui des conspirés masqués d'vn beau visage
Denoüe artistement le tortueus cordage,
Leurs faisant aualler le Toxique gobeau (au.
Qu'ilz braioint sur les fleurs de mõ Auril plus be-
  Donc, ô Dieu mon tresseur, qui de bufes renuerses
Ces Aspics apuiés sur leurs langues peruerses,
Puisque ie fai ploier par ton diuin moien
Soùs mes pieds assurés le contour Terrien;
Puisque pleuuant sur moi ta corne d'abondance
Mon modeste plaisir mes plus grans vœus deuance:
Puisque ta main m'écrit vn acte non menteur
Que de mon aimé sang seras soigneus tuteur,
Tarisse en mon palais ta lqiueur nectarée,
Soit au lieu de mon cœur vne roche marbrée,
Si ton los enleué sur l'aile de mes vers
Ie ne ne fais ecouter à tout nôtre Vniuers,
Si de mes saints motets tu n'és note premiere,
Le soupir, le fredon, & la pause derniere.

Kk iiij

LES ETOILES DV CIEL

Ad D. Charon. Fredomonta. Bernarditarum Subpriorem.

Dum refero summi sacraria dia Tonantis,
  Lethæa ecce subis non tumulandus aqua:
Hoc etenim in templo, Charitis, Pietatis & aram
  Constituis, Sophiæ lux rediuiua sacræ.
Sūmus apex rerū est Diuûm Pater atq́; hominum
  Sic eris hîc nostri summus amoris apex.   (Rex,

Ad Io. Carbonarium. Burg. Chadiloneum.

Trita Libro frons est, rara visendus at exstat
  Auspiciis cauda, vir bene fide tuis:
Nam tua mens atri Carbonis nomine tecta,
  Sythonia fulgens stat niue candidior.
Zoilus hunc tali maculat carbone libellum?
  Rarior hic piceo candet Olôre liber.

FIN.

REMONTRANCE, AV TRES-CHRETIEN HENRI.

III ROI DE FRANCE ET DE POLONGNE:

Auquel l'Auteur prouue, que les Poëtes sont priuilegés touchant l'email & habits de soie communement defendus.

IRE, *pardonnés moi, Trê-Chretien,*
  Trê-fidelle,
 Si de votre statut, non vergongneus,
  i'appelle.
Mais à qui, dirés vous, à quel autre ressort,
Sinon au Parlement de ta prochaine mort?
 Ie n'appelle à vous, Sire, ainsi que fit Machête
Condamné par Philippe aus depens de sa tête:
Ie n'en appelle à vous, bien que branche des Dieus,
Vous bannissiés de vous le Lethe obliuieus.
 Vous n'étes au procés que ma simple Partie,
Il faut que la querelle ailheurs soit departie,
Au Parquet souuerain du Iuge sans appel,
Où pour epice on paie vn Nectar immortel.

REMONTRANCE

Ie suis frais arriué du Palais d'Adrastrée
Où la sentence en est contre vous decretée:
Prenés pour Rapporteur vn fidelle Lopin,
Et pour votre Aduocat le Sceuole Chopin:
Fournissés à vos sacs, plaidés par ecriture,
Braqués dis mille engins de forte procedure
Contre mon camp Poëtic fermement emmuré
Du rempar de son Droit à plain iour aueré:
Ie demeurrai planté comme vne Pyrimaque
Qui se rit de Vulcan & de sa chaude ataque:
Le Ciel plaide pour moi, Nature tient ma part,
Et si Dieu ne conclud contre vous, Dieu me gard.

Vous voulés apointer? vraiment ie n'en ai garde,
Puisque l'alme Themis d'vn dous œil me regarde:
Consignés consignés, & sans nul contredit
Ploiés dessous le ioug de votre frais Edit:
Ie crain que mes dépens n'epuisent vos domaines,
Mais epreuuons aus dez nos chances incertaines.

Si DIEV ne vous plantoit le Diademe au front
Et le sceptre en la main, pour le premier afront
Ie vous oposeroi, ma roialle auangarde,
Le Roi dot l'oeil de Lynx tout ce grād Tout regarde.
Car son scribe d'Oreb couche sur son Caier
Que DIEV, Poëte eternel, ne veut son nom raier
Du Poëtique Bureau: car du'vne Vois feconde
Ce féure poëtiza notre machine ronde:
Ce Poëte qui fea par la main de sa Vois
Ce grand Tout en mesure, & en nōbre, & en pois,

Que faisoit il, sinon, immortel guide-dance
Volter ce vers Mondain au son de sa cadance?
 C'est donc mon partizan, il s'arrange auec nous,
Il ne s'emmatricule ou enrolle auec vous,
Il court auec le Poëte vne même fortune,
Il epouse nos sors chez Cerés & Neptune:
Si donc ce Pape saint n'encolle ce ioug dur,
La crainte doit glacer le sang sur votre cœur.
 Mais pour trop ne presser votre grandeur roiale,
Ie vous laisse poster à bride liberale:
Ie titrai d'autre fil mon processif drapeau,
Craignant de trop pourprer de votre front la peau.
 Nul Roi ne peut pretẽdre aucun droit sur Nature,
,, Qui gauchit à tout ioug de toute Creature,
,, Elle marche à pied libre, rue se fait sa Loi,
,, Elle est Iuge & partie emperiere de soi,
Or de grace, voions (cet Argument vous pique)
Sur quel Naturel coin fut batu l'or Poëtique (main
Ne dit on pas touiour qu'vn Paintre est le ger-
Du Poete, des haus Dieus truchement souuerain?
L'ingenieus pinceau d'vn excellent Apelle
Sent il à ses rouleurs vn mandement rebelle?
Peut il pas emplomber l'aile d'vn Cupidon,
Et le masque preter de Thersite à Adon?
Donc le paintre parlant dez Calpes en Imaue
Fait voler ses couleurs d'vne aile non exclaue.
,, C'est pourquoi d'Apollon le blondoiant cheueil
Defend à tout rasoir d'aprocher de son seuil

REMONTRANCE

,, *Tachant de s'asseruir sa perruque dorée*
,, *Qui iamais en nul cep ne se peut voir serrée.*
,,   *C'est pourquoi le mulet de la docte Pallas*
Defiant l'ecuyer, son licol, & ses las,
Sautoit, vagabondant, franc de brides & rennes;
Par les quarfours ouuers de la celebre Athenes.
,,   *C'est pourquoi vos neuf Sœurs, filhes de Iupiter*
Au piege Citadin ne voulant s'enreter,
Foulent à menus bonds le gazon du riuage
Ou trepeignent au fond de quelque bois sauuage
Haineuses des prisons des haus murs entourés,
De nos pas libertins les gages asseurés.
,, *C'est pourquoi nul garrot du grãd Solon ne bride*
A tutelaire frain le troupeau Castalide:
Et quel Iustinien, d'vn chantre gratieus
Fit iamais des pupils vn tuteur curieus?
,, *C'est pourquoi sur le dos de la troupe Nœuuaine,*
Et au pied Mercural vne plume hautaine
Fut entee iadis, pour tot se derober
Du nœud qui les sommoit du lien ne hober.
,, *C'est pourquoi le surgeon de l'onde Aganipide*
Est sis du fort coursier dont l'aile fend le vuide.
C'est pourquoi de Phebus la lampe guide-iour
Cheuauche son Phlegon ennemi du seiour,
Ecriuant sur le front de toute Creature.
Le craion de son veuil, le taint, & la figure.
  Et le viel Meonide à qui vous étes deu
Voilé sous le bandeau de son Achille eleu

Et de son braue Hector, regermante semence
De votre tronc Roial, bonheur de votre France)
Baptize sur ses fons les mots nombreus coulans
Au nom bien merité de cerceaus loin-volans.

Sur quel vol ie vous pri' votre Palme pompeuse
S'est elle fait chemin depuis l'Inde perleuse
Iusqu'au lit froidureus du venteus Aquilon,
Sinon sur l'ær ailé de mon maitre Apollon?

Et vous encheinerés aus fers d'une puissance
Les pieds bien empanés de la libre semence
De Phebus votre frere? à qui vos Lauriers verts
Se rendent hommagers es terres & aus mers.

Mais quoi? c'est la façon, tel doit qui me demãde:
Car on ne vous doit rien chez l'Aonide bande,
Sinon, comme iadis, qu'au temple Delien
Vous tenés la main forte, Heros Herculien:

Mais pour tenir des Sœurs cette noble tutelle,
Vous en aués garant en la tour eternelle
De votre aieul Iupin ne iettés donc impos
Sur ce troupeau sacré concierge du Repos,
Hôte de Passe-tems, Nourricier de son Aise,
Gardien de Loisir, maitre de libre Chaise.

Quoi? ne saués vous pas que la bande des Sœurs
S'en va bondissant nue, es printanieres fleurs?
Car tondant les cheueus de la riante prée
Elle se doit tailher sa cotte diaprée
D'etofes de son gré, & de tels passemens
Que son esprit lui dicte en diuers paremens.

REMONTRANCE

Qui bourdonne au Senat? Quel tonnerre de langue
Parseme ici d'eclairs ma legale harangue?
C'est ce grand Du-Harlai, ceint de cent Conseilhers,
Des Muses autrefois artistes Ecoliers,
Qui conclud contre vous, & par definitiue
Ordonne que pour moi le plaid surgisse à riue.
   Mais ie ne veus, pourtant, sans vous faire seigner
Cette cause Poëtique à si bon pris gaigner,
Ains de votre couteau forgé sur votre forge
Ie vous veus voir couper votre Roiale gorge.
   Ne commandés vous pas par vn Edit Roial
Que le pere & le fiz sur vn même cheual
Fassent courir leur train, ou l'etat de leur robe?
Que du drap paternel le fiz ne se derobe?
   Ne confessés vous pas que le Poëte a pour fiz,
Pour son sang bien-aimé le train de ses ecris?
Or çà, sans ecrouler le Diademe en tête
Ne vous redez chez Honte, ains confessés la dette.
   CHARLES, Dieu des espris, magazin de tout art
(Qui dorlotoit au sein son Orphée Ronsard,
Qui le portoit en l'oeil, germain du Dieu de Thrace,
Autant que caressé des Vierges de Parnasse)
Lui souffroit il sauuer du bucher d'Ilion
Le harnois tiqueté de l'aieul Francion,
Pour le faire surgir sur le Gaulois riuage,
En faquin malotru, en laqueton, en page,
En cueilheur Pomacier? Vraiment, vraiment ie crois
Qu'il l'eut des-auoüé pour le pepin François.

AV ROI.

Mais voiant que Ronsard tarissoit tout Pegase
Pour tremper le Pastel de sa Roiale gaze,
Qu'il epuroit l'or fin des riches vetemens
Orgueilhissans ses doigts de brilhans diamens
Qui changeoint à Francus en la voie epineuse,
En vn Iour æteal la Nuit plus ombrageuse,
Et que son bel email changeoit les pleurs en ris
Du peuple musilhant de son beant Paris,
Ce Charles, oeil du Ciel, à palmes etofées
Bienueignant de Francus les superbes trophées,
L'assit au trone haut de son Louure pompeus,
Et le fourrier Ronsard s'entrona quant & eus.
   Or Charles chasse en bas en la plaine Elysée,
Animé d'vn cornet du trompeteur Alcée,
Son hennissant coursier il volte à toutes mains
A courbettes & bonds, tant que de sueur plains
Ton frere & son detrier sommēt l'alme Memoire
De les sonner pour nais à la seule Victoire.
   Mais, Sire, cependant que ce ieune Nestor
Des-Portes, l'heur des Cieus, r'enlustre par son or
Vos triōphās Lauriers, pourriés vous vos oreilhes
Asseruir sous les lois de ses douces merueilhes,
Si de ses ærs nombreus il n'emailhoit l'or pur,
Montant son Lut d'vn nerf qui sonnât ainsi dur,
(Henri le Roi de France est vn bel homme sage
Qui tient bien vne epée, & n'a pœur au courage)
Sire vous en ririés, votre oeil ne lui riroit,
Et son Roial quartier trop tôt s'acheueroit.

REMONTRANCE

Donc la comparaiſon de votre acort Des-Portes
A l'arret emailhier ferme ſur nous les portes:
Car il eſt mal ſeant qu'un fiz ſoit emailhé,
Ecarbouclé, mignard, Zeuxinement tailhé,
Son pere etant naquet de quelque friperie
Pour Democritizer une Heracliterie.

Mon vers eſt mon enfant, mõ gage, mõ cher ſang,
Mon vers non piafard n'entoure votre flanc,
N'epouſe point vos pas, ne flate vos oreilhes
S'il ne ſoufle l'eſſein des plus douces abeilhes:
Dond par droit ie conclu que tant l'or que l'email
Me doiuent cotoier en gros & en detail.

Et pourquoi Coquilhard, Marot, & ſa ſequelle
Qui ne grimpoit encor ſur la croupe gemelle:
Ne ſont ils prés de vous autant autoriſés,
Que du Dieu Delphien les Euêques mitrés
Ronſard le tout Phœnix, le tresfecond Des-Portes,
L'induſtrieus Bellai, de Belleau les vois fortes,
Si ce n'eſt que ceus-là ne vêtoint leurs enfans
Que d'un lourd caneuat, non de ſatins boufans?
Et ceus ci n'ont douté fendre à rame diuine
De Phaſe aus flôs dorés la flo-flotante echine.

Donc, ô ſang de Pallas, donc, ô frere de Mars,
Ne decochés ſur moi vos coleriques dars,
Si ie conteſte au droit, duquel iouït ma race,
Mon vers, mon nourriſſon, alaité ſur Parnaſſe,
Au droit, dont eſt nié au pere l'uſufruit,
M'enfantant d'un beau Iour une funebre Nuit.

Nous allongeons la breue en la Pentemimere,
Et l'or indiferent fait longue & breue taire?
Adieu, Musis, adieu, laissés tarir vos eaus,
Qui gargoüilhent, crians par leurs herbeus tuïaus
Pour de replis ondés passementer les plaines
Chamarrées d'email des argenteuses veines:
Plus votre annelé nœud diapré tortement
Ne serre l'or crépé de luisant diament:
Laissés eparsement vos tressettes mi-blondes
Nager sur votre col, & au sein vagabondes,
Puis que le flot tortis de votre crin epars
Ne s'emperle en rubis, le feu de vos regars.

 N'appellés plus (mes sœurs) l'Aurore safranée,
La tete d'Apollon est d'or orphelinée:
Plus son fiz barbassé ne craigne qu'un Denis
Vilaine ses cheueus distinctement unis.

 Sire, ne tournés plus votre bouche en oreilhe
Pour humer à lons trais l'enchantante merueilhe
Du Chantre Delphien. Iamais son mignard doigt
Sur un Lut non doré assoupli ne se void,
L'archet non emailhé en nul tems ne caresse
Au poing Latonien la Harpe chanteresse.

 Vous, Roïaus Officiers auec le Roi bandés,
Vos gages & loiers plus en vain n'atendés,
Votre auide hameçon par la segrette voie
En l'ær s'en va pêcher la passagere proie:
L'or prend congé de France, & son voisin l'email,
Breshaigne en est le mont creusé de maint trauail:

REMONTRANCE

La Matrice du roc sterile & infeconde
Ne tresoriſe plus de mainte perle ronde.
 Car le Nœuuain troupeau, iadis hote du roc,
Plus ne raïe, chagrin, ces seilhons de son soc,
Qui de riches lingôs doroit la roche creuse
Pour annoblir les siens d'vne robe perleuse.
 Et si l'email & l'or nous viennent dire adieu,
Qui presentera plus vn beau Calix à DIEV?
Qui (Sire) rettira la couronne dorée?
Sous qui la Mageſté reluit presque adorée.
 Mais pour n'allonger trop le fil de l'action,
Ie crain qu'on vous accuse en la Religion:
Lisés le texte saint, là ne sonne autre cloche
Que le son du bel or, qu'à bel email on broche:
Il n'allume autre Cierge au Tabernacle saint
Que les viues clartés de Rubis maint & maint,
De Perles, d'Hyacint, d'Ametiste, d'Opale,
Dont sa Harpe Dauid fit encor plus Roiale.
Autre encent n'i parfume vn venerable autel
Que le leſ dous-flairant au grand pere Immortel:
Bref la Bible n'eſt rien que precieuse Indie,
Qu'vn Libique tresor, vne douce Arabie.
 Que si vous étes fiſ de vos peres les Cieus,
Collés vn peu votre oeil sur les Aſtres, leurs yeus:
Que pensés vous que soint ces flambantes etoiles?
Sont Saphirs diuisans leurs brilhantes roïeles:
Ces Ecuſſons planchans le vite firmament
Sont Rubis atachés à clous de Diament.

Voiez aus reins du Ciel cette Echarpe orangee,
Où luit de Feus confus vne bande arrangée:
Et ce laiteus sentier, vrai Phare des heureus
N'est que d'vn blanc email le Printems doucereus.
Iamais mon port gaigné ne repliroit ma voile,
Mon fil ne frangeroit iamais ma longue toile,
Si, soigneus, ie voulei du tout examiner
Les temoins de mon droit en Ciel, en Terre, en Mer.
 Mais ici n'inferés pour m'imposer silence,
Qu'auec moi, du commun i'embrasse la defence:
Car les Poëtes sont seuls, qui, oracles des Dieus,
Peuuent s'aproprier tel vsufruit des Cieus.
 Oiés le President, & voiés la Cour toute,
Qui à mon pretendu s'encourt à vau-deroute?
Oiés les Conseilhers du Senat etoilé
Qui l'arret mal iugé iugent bien appelé.
 Sire, n'en courés point la poste de courrous,
Auallés cet arret plus dous que le miel rous,
Vous aués bon moien de fournir aus depenses,
Vous étes condamné des Legales sentences.
 Mais ie vous arraisonne, ô Tré-Chretiē trois fois:
Or çà posés le cas que vous aiés les vois,
Et qu'en dernier ressort on condamne le Poëte
A besser sous la Loi sa libertine tete:
Pourriés vous d'vn oeil sec voir l'Interprete aus
Etre des crocs grifars des Sergens Stigieus (Dieus
Tirassé par la Graiue en malheureus Phinée
Pour Purgatoire aiant l'Harpie forcenée?

REMONTRANCE

Car ainsi que iadis le Syracusien
Exstasé ne preuid le fer Marcellien:
Ainsi le Poëte ancré sur plus haute science
Pourroit pretendre au fait sa cause d'ignorance:
Il n'en a rien oüi, il n'assiste à vos cris,
Car Parnasse est trop loin des fauxbours de Paris:
Pendant que vous voiés son oeil viser à terre
Son genereus Esprit, que nul garrot n'enserre,
Trafique au port Celeste, & ne se soigne pas
De mettre ses tresors aus banques d'ici bas.
 Ce pendãt vn Sergẽt, serre-argent-gent-mõnoie,
Argumẽte à poings durs contre mon Poëte en voie,
En-maine son collet, & le meine à Saint Prins,
Bourgeois de la Bastilhe, où les preneurs sont prins.
Or voila le galant dessous l'antre Cyrrée
Mariant maints soupirs à Lyre dedorée:
DIEV sait si Simonide y iou' de ses outis,
Qui voiant son bahu boufi de gram mercis,
De son Lut eclaté faisoit anatomie,
Detestant les autels de sa Muse ennemie,
Ainsi que le voiant rire de raiz dorés,
Il doroit de fredons ses motets ensucrés.
 Mais que dirai-ie plus pour eclipser ce theme,
Et pour vous condamner de votre bouche meme?
Themistocle perdoit & repos & repas
Pour, ialous, imprimer ses redoutables pas
Aus pas de Milciade: & le grand Alexandre
Crepant son frais menton d'un petit coton tendre,

Couuoit au fond du cœur vn Mongibel feruant
Mirant du braue Achil le laurier triomfant:
Et Iules en fa palme eut pour pierre aguifoire
Alexandre graué fur l'airain de Memoire.

 Et feriés vous tel tort à ce diuin talent
Dont Dieu, fans parangon, vous herite excellent,
Que de laiffer marcher en lice liberale
Vn pas aprés ceus là votre grandeur Roiale?
Votre los glorieus s'eft fait largue en tels lieus,
Où ia les nombreus pieds de leurs Poëtes plus vieus
N'oferent elancer leur vagante licence,
Qui ne quarre le rond de votre Ile de France.

 Or voiés des grands Rois, des Princes, & Seigñrs
Enuers les Chantres faints les Roiales faueurs:
Alors interinant en la Cour ma requete,
Vous preuilegerés Phebus auec fon Poëte.

 Pluton, bien qu'ignorant de pardon & faueur,
Bien qu'vn roc aceré il porte au lieu d'vn cœur,
Ne print pour la rançon d'Euridice la belle
Que du Lut Tracien l'harmonie nouuelle.
Et les cailhous, caſsés de vital mouuement,
S'animent de l'efprit du Thebain inftrument,
Si que fans rien deuoir aus regles maſsonnieres
Ils fe chāgēt en murs de leurs mains manouurieres.

 Ne fut il pas ecrit au Pindarique feuil
Qu'au Poëtique butin nul ne dreſsât fon oeil?
Le Smyrnois ia fraiant la riue Cocytide
Ne refufcite il pas au lit Alexandride?

     Ll iij

REMONTRANCE

Le reſte tient tel trac, & le grand Scipion
Portoit Enne à ſes Dieux pour ſainte oblation.
Qui ne ſait que iadis le Mantoüan Homere
Se vanta ſang Roial, prenant Auguſte en pere?
   Deiotare epuiſa ſes treſors precieus
A l'achat des dous airs de Diophan, ſon micus.
Antoine l'Empereur, Mars des dignes arts digne
Paia ſon Opian d'vn écu d'or, par ligne.
Plus Lyſandre farcit de pur or le chapeau
D'Antiloch fauorit du Clarien troupeau.
L'accort Domitian que mainte Harpe entonne,
Magnifique, enluſtra de l'or d'vne Couronne
Papinien Gaulois, tirant par dous accords
L'Eſprit Emperial par l'oreilhe au dehors.
   Voiez ces tiers de Roi, Rois non de foret large,
Ains de tailhis razés, Rois à petite marge,
Qui des Poëtiques chefs ont fait l'age doré
Comme leurs chans nombreus leur fer auoint doré:
Et vous voulés tourner leur vieil Or en vn coutre:
Vous qui de mille pas aués fait le ſaut outre,
Outre ces Roitelets, Princes à menu grain,
Qui ne pourroint ſeruir, qu'à vos cheuaus de frain.
   Mais (ſans ſuer d'ahan) m'émiant en Atomes
Pour d'exemples richir mille plantureus tomes,
A votre oreilhe encor vn Echo retentit
Du pris, le compagnon du trauail franc du lit,
Dont de vos lis Roiaus vn fleuron debonnaire,
Vne Reine Roiale, & iamais ſolitaire

Loin du cœur Phebean, rehauſſa le bas front
D'vn chetif ecolier, qui d'vn plumage prent
Volant, Tan Muſical, dàns ſa Roiale oreilhe
Par ce merueilheus vers la fit toute merueilhe,
(In thalamis, Regina, tuis hac nocte iacerem,
Si foret hoc verum, pauper vbique iacet)
 Le François Chroniqueur d'autre dance ne bale
Que des priuilegés de la Poïtique ſale.
 Dix heures ont ſonné, l'Horloge du Palais
Demonte des mulets les gourmadans laquais,
La Cour ſe va leuer: impoſés donc ſilence,
(Huißiers embaguetés) pour ouïr la ſentence.
 Ha, Sire, oreilhés vous à l'Arrét prononcé
Du premier Preſident au droit bien balancé:
Enregitrés (Graifiers) la ſentence au Bureau,
St. païs là, païs là bas, ſt ſilence, tout beau.

Arret.

Aiant bien pointilhé chaque piece des Muſes
Sur qui ſe debondoint les bruïantes ecluſes
Des torrens elancés ſur leur antique droi:
La Cour ſans aguigner les œilhades du Roi,
Franche de Paßions, des deus mains orpheline,
Ordonne que les Sœurs, & leur troupe diuine
Par notre ſauf-conduit, à frain de leur vouloir
Pourront prendre carriere au Maleen manoir,
Du Tage iuſqu'au Gange, & deZ le froid Caucaſe
Iuſqu'au chaud Ceinturon qu'Hiperion embraſe:

REMONTRANCE

Remettant en leur main la soie & le cizeau
Pour patronner à gré tout vetement nouueau:
Condamnons aus depens la Roiale valize
Qui sur son trone haut doit voir la Muse assise:
Defendans aus Sergens, & aus petis Recors
Que leur Harpien croc en haim crochu retors
N'agraphe le godron de l'Adonis Poetique,
Pour lui faire leuer au Chatelet boutique,
Où pour enseigne pend la pouchette au cordeau,
Qui, pleine, depleinit la pouche à Ian Roseau:
Et l'Appellant, pleuura pour epice Poetique
Dans l'Astrean gobeau l'Hipocras Pindarique.

 Le procés est vuidé, Sire, vous le perdés,
I'en vai leuer l'arret: or sus donc acordés
Des frais & missions i'en ferai trê-bon conte.
Mandés qu'vn Tresorier (mais que rien il ne conte)
Me mette en main vn sac tout bossu d'vn or fin,
Emailhé soit ou non, vn Poëte n'est si fin
Qu'il vise de si prés, c'est seulement pour montre
Que votre Edit de l'or le Poëte ne rencontre,
Et qu'il lui est permis s'en faire crocheteur,
Ne tenant d'autre fief que de DIEV crediteur:

 Le Sergent s'y oppose & le caut Commissaire?
I'ai mon charme Poetic qui le garde de braire:
Et si telle sang-sue à ma malette acourt,
Pluton sommé par nous, transportera sa Court
Au Siege Sergental, où se campant Megere
Serre ces Serre-gens au cep de Nuit sa mere.

          Iamais

Iamais Flamand Regent ne fut à Montaigu
Si vif au beurre noir poché d'vn poing aigu,
Que le fouet d'Alecton de sa houßine austere
Grauera sur leur dos le gratant Caractere.
 Quoi? ie ne puis toucher de vos deniers contant?
Si votre financier au poiment n'est bastant,
Auancés en vn quart, i'alongerai la date:
Mais craignant que du chat ne se calle la Rate,
Donnés moi Caution (vraiment pas ie n'en ri)
Signés de vôtre main ma sedule, HENRI.

1583.

Ad Lectorem.

De Vnico Musæ nostræ Mystagogo Iano Edoardo

Ambigis hîc forsan tanti cur Musa Poëta
 Gestiat astratis, aurea, laureolis?
Aureus est, auro Cœlum radiantibus astris
 Cingit, vt hic auro gaudeat ergo decet.

Ciprianus Perrot Patric. Par.

Au bien-veuilhant Lecteur

SALVT.

Omme ainsi soit (Lecteur) que l'Eternel dispensateur des destinées, & seul immuable Prouiseur du College des siens, ait daigné épurer mon ame du limon fangeus (auquel iusques à mes vingt quatre ans mon fleuronnant Printems m'a veautré & abatardi) pour se seruir de mõ Vranie cõme de truchement de sa Celeste Oeconomie, qui, selon le Psalmiste, est le Roial pont de la diuine) i'auroi bonne occasion de me donner vn peu plus longue carriere en cette Metamorphose de mon etat. Et de vrai, si mon denaturé naturel estoit frapé au coin des Sophistiques Ostrogôs de la rue S. Iaques, qui en leur cãp de Chaos de Prolegomena se fraternisent à Antimaque, lequel (témoin Plutarque) en la description des guerres Thebaines, auoit ia emploié enuiron 27. liures, auant la borne de sa preface: ou au Lycophron, duquel le Coq à l'Ane de la Lire, est païtes couleurs d'Aristote, tissant ici fil à fil, ie te tramerois vne Penelopiq̃ toile, qui iamais ne trouueroit ses franges. Car ie me promeneroi pas à pas par le large parterre des louanges de la Mathematique (à laquelle est Vassale cette mienne emprinse) de son origine, de ses causes, de son suiet, de sa diuision, de son ordre, & bref, ie en-hydreroi si bien l'auangarde de mon Ciel, que ie feroi sortir la maison par les fenetres, & me feroi la Cigongne à ton Renard qui fraieroit le bord de mon verre, sans toucher au ciué. Mais aiant iuré autant inuiolable serment, sur l'autel de l'vnique Iesus, contre leur fast, que contre leur nom fastueus (duquel a prophetisé Petrarque,

Fontana di dolore, albergo d'ira,
Schola d'errori, non tempio di sophia)
O fucina d'inganni, ò pregion d'ira.

Et ne me defiant tant de moi, que ie m'afie sur ta candeur & capacité ie prendrai autre route. Ce me sera donc assés, si recónoissant de ma main la sedule qui m'auoi

Mm ij

fait ton detteur d'autre espece que n'est ce Ciel, ie me purge, dequoi faisant voile à autre vent, i'alonge le terme de mes Kalendes, semblant, côme l'homme d'Aristophane, prier les Dieus de retenir prisonniere la Lune, mere de la date des obligations. Non certes que ne te veuilhe faire cessiô, côme n'aiant dequoi paier: car tu as pour garant mon Libraire ou Patant, qui ia dressoit de son papier vn echarfaut à ma Melpomene, n'eut esté son voiage en Flandres, duquel la trop longue demeure m'a fait iouër au change. Mais (afin que tu ne m'arranges aus Audabates qui batent à yeus clos) ie t'instruirai aus motifs de cette nouuelle trafique. Sont enuiron sis mois passés, que franc du tortueus cep de mes tâches iournelles, ie m'étoi retiré sur Parnasse, escorté de mon traceur Génie, qui flairoit or' çà or' là, s'il pourroit découurir quelque segrette source n'on encor souilhée d'ergôs d'aucun troupeau Poëtique. Ma premiere trouue fut le berceau de ma Muse de dis-huit ou dis-neuf ans, où ie rencontrai entre quinze milles vers,

Erotica Sphærica.
La seconde fut mon Perse:
An sequeris passim coruos testaq́; lutoq́;?

AV LECTEVR

Autant à l'improuiste en ouuerture du liure m'afronta le diuin P. de la Mirande sur la Genese, me faisant ainsi Rabinizer auec lui: *La Terre ne fut fructueuse auant la fuite des torrens* (c'est à dire des voluptés) *Les eaus n'ont placé les poissons, auant qu'elles fussent r'amassées au giron de l'Ocean* (c'est à dire que nous deuons decocher toutes nos fleches à vne vnique visee) *le bié-aise des eaus resulta de leurs assemblees au pere Ocean*: Ainsi notre diuine parcelle vnie à l'Ocean des lumieres, nous loge entre l'vn & l'autre gond de la felicité.

En apres m'entousiazoit l'Oracle de notre maitre M. Dorat, qu'il donnoit pour pierre aguisoire à la printaniere diuinité de Ronsard:

Materia premit Ingenium, Cœlestia tenta:
Cœlum est cœlestis dicere Vatis opus.

Immediatement apres, refueilhetāt vn Bucanan à ma necessité, ie decouuris, comme par songe au 19. Ps.

Insanientis gens sapientiæ
Addicta mentem erroribus impiis,
Tot luce flammarum coruscum
Cerne oculis animoq́, Cœlum &c.

Ie ne pus tāt me brider au frein de silence, mon ordinaire compagnon, que ie n'en souflasse quelque haleine en l'oreilhe de

Mm iij

EPITRE

M. de la Charbôniere, qui tot apres s'en fit r'aporteur à M. le raporteur des matras; des prieres desq̃ls me voiant sômé, sans tirer ici en ieu mille transports de mes songes Arcesilaïques, i'auisoi si mon Atlas auoit les reins assés forts pour se soubaster au feis du Ciel. Et à la verité me voiant forclos de Phare & de guide Françoise (car i'aurai touiour le seul Ronsard pour seul imitable & seul inimitable) & beaucoup eloigné de plusieurs, qui s'ex clauans à ie ne sai quelle partialité de leur religion, ont efrontement osé palmer de laurier ie ne sai quelles mains autant doctes, que peu Poëtiques, à segrette emblee ie me deroboi de cet epineus halier non batu d'aucunes passées ou rares de vrais Poëtes,

Improuisum aspris veluti qui sentibus anguem
Pressit humi nitens penitusq́ repente refugit
Attollentem iras & cærula colla mouentem.

Or en ce sable mouuant prenant pour fidelle ancre la prouüe du vrai Esprit, que Saint Paul nous met en main, qui est la poursuite en salutaires aduertissemens : i'ai prins pour derniere & conclusiue vois du conseil, M. Leuinston Ecossois, ieune homme autant acort & cheri des Muses, que depuis Bucanan, l'Ecosse nous en ait fait presant à notre France. Icelui comme fait heritier par la bouche du souuerain testateur de quelques 2500. vers Latins quités sur le metier par feu M. Bucanan en la Sphere; apres auoir pieusement soigné la tutelle de cet enfant posthume, m'auoit tant deferé, que de me iuger seul digne pere adoptif de cette race minee orpheline par le decés & de M. le Comte Brissac, & de son pere naturel. Voiant ainsi camper tant de sympatiques rencontres au fort de mon vieil dessein, ie inclinois aisement à rendre la ville de mes persuasions, & me Celestizer sur tant de Patrons apparens. Mais en ces deus mille ou tant de vers, ie n'y voiois pas grande approche de la somme qui m'étoit necessaire au paiement de mon edifice. Car bien que, sur ma même modelle, assauoir sur Sacro Bosco, il auoit desseigné les diagrames de 5. liures, toutefois le premier etoit estropié, le second saignoit au milieu de son trac, le quatrieme etoit du tout en blanc, & le cinquieme n'auoit que la teste, sans conter que le troisieme me sembloit etre trop à lieuu, non pas en la poesie(laquelle ie ne me facherai iamais cōceder aus seuls Bucanā, & Dorat, & non à autre) mais aus nerfs de la Science: si que il me faloit presque toutalement viure sur le mien, comme la conference t'en fera foi. Toutefois ne niant qu'il ne m'ait esté pour echelle à monter à mon Ciel; i'aprens ici la leçon à quelques Herostrates qui aians 3. ans grapilhé sur ma Beresithiade (de laquelle leur Philotimie ne me derobera iamais le trophee, nō plus que mille Dauidilegues à Bucanā) n'ōt heu en horreur de s'appeller traducteurs de du Bartas, & tous nos doctes les appellēt Singes de du Monin. Mais, dient ils, la bouche de l'Auteur nous en a regenté. Et, chetifs Plagiaires, n'auriés vōs aussi tot dit, que du Bartas(comme plusieurs tiennent) auoit fait marcher à pieds Latins sa Semaine, & qu'il vous l'a laissé regrater? Ou que Th. de Beze vous auroit transporté le droit des 3. ou 4. premiers liures, lesquels doctement ebauchés il arreta en voie par l'occurrence de ma version, comme aiant d'autres titres en sa maison. Ie vous croirois aussi tot, que de penser que iamais vne fee Iesuite ait peu faire vn bon Poëte. Mais passons outre, attendant mon autre version, votre naufrage. I'ai donc à ma liberté couru à vau de routes par les Cirques du Ciel: attédant que par plus meur aduis des lettrés, i'enrichisse ces echantilhons de Bucanan de mes 6. ou 7. milles vers Latins, que ie vetirai de sa parure Latine, plus proprement croi-ie, que ne feroit autre que moi en mō ieune age. Ce que deia i'eusse fourni, si la copie des lambeaux de ce diuin Poëte, eussent demeurez chez moi. Au reste, aiant heu l'heur de M. Ronsard, qui en ses premiers cous d'essai fut appellé le tenebreus Lycophron, ie me doute que ton opinion faussement preiugee die, que mon ombrage Poëtique te cele mon Ciel: mais apres t'auoir aduerti que tu en dois plutot accuser l'aloi du suiet que du fondeur (qui ne peut degrader l'honneur de son Philosophique Apollon, en Phaleucizant vn tetō, vn bouquet, ou 4. ou 5. liures d'Epigrames pedantesques, cure-plats des valets poetiques) ie chanterai vn Io triomphal, nourri d'vn certain espoir, que de mes flammes enfumées doit pareilhement saihir ce furieus eclair de Ronsard, qui aiant embrasé to⁹ les hous sur les chefs de ces tripelupars Sonneteurs, s'ira camper autour d'vne pucelle Daphné, pour en defendre l'aproche

EPITRE

à tous autres hormis à M. m. Ronſ. Des-
Por. Bel. Bel. &c: & en cela ie m'affie qu'on
me reconnoitra comme vn Tamburlan,
enuoié auec mon fleau ſur le dos des nouices (cõme ſont deus atomes d'Auocas Bou.
& Iac. que'mõ Coq fait touiour Lions fuitifs) aſſin que 9. ans ils atachent leurs poumons contre la nate, cõme moi, en la recerche des bonnes Sciences, & non à enfiler
des perles Greques, Latines, Ital. Heſp. Frã-
çoiſes, qui à mon regret, entre ci & 17 ans
ſortiront de quartier. Ie dilaie de t'aduertir du reſte au prochain loiſir de mes etrai-
nes; car à preſent mon loiſir preſſé n'eſcorte ma gaie humeur familiere. Quant à mon
vers, ie te deféd de le balãcer au pois de ie
ne ſai q̃l mirloridõdõ (auquel il ſeroit beaucoup plus ſeant faire fredõner vn air qu'vn
vers.) lequel n'a gueres arretoit en ſon parlement muet ſans loi, que iamais 4. ſylla-
bes de méme terminaiſon n'ont lieu en vn
vers; ſon argumẽt eſt, que Virgile n'i a cho-
pé & auſſi tot qu'il me fut r'aporté, ie le
biffé in *categoria quãtitatis* en ce Vers du 6.
Parté opere in tanto, ſineret dolor, Icare haberes:
Sa cenſure eſtoit ſur ce vers
Reformés ce craion, & ce groſſier pinceau,

Il blasphemoit de méme contre la regle (c'est à dire Ronsard) que vne diction voielee au commencement ne doit talonner vn autre mot masculinement voielé, comme celui ci de M. Des-Portes.

   Mais las! elle est sans yeus, car s'elle eut veû les
      pleurs
   Que sur luy ont versé les beaus yeus de ses
      sœurs,
   Elle eut eté contrainte à lui rendre la vie.

Et mille semblables en Ron. Ie prepare de belles broches à tels genets du cornefront Pan, en mon Epinomide Poetique. Qui est vn r'emplissage du Critic de Iul. Scaliger. Et en icelui ie m'enttrone en la chaize césurale entouré de raisons inuincibles, & non armé d'vn camp d'afections, comme ce Poëte, qui seulement pour agrapher l'ocasion de degrader le docte Bartas & moi comme son traducteur, a depuis quelques ans entreprins vne censure vniuerselle. De laquelle, peut etre, du Bartas & moi n'appellerions, n'estoit que la soris y perit par son cris: en ce que il assaisône tous ses mets césuraus des ieunes sauces de la Iudit, & de mes Melanges de 15000 vers, de mon age de 18. ans

EPITRE AV LECTEVR

dont la meilheure part a été tissue sur mes
12. & 13 ans, où ores ie reconnois quelques
torrens dont les boüilhons entrainét assés
de boüe: *sed nõ sum adeo informis*: mais ils ont
bel à transcrire en François, Scaliger sur
Lucain, & Marul: car telle censure est du
domaine de du Bartas ou de moi, qui auõs
plus d'art qu'ils n'ót iamais heu de nature:
sans parler *de moribus*, qui me seruirót de Pa-
linodie. *Quand aus fautes ie* n'ai deliberé d'en
faire grand regitre: car, ou tu es accort, ou
nõ: si nõ, il n'y a point de faute pour toi, ou
tout n'est qu'vne faute: si si, outre le genie
de l'Imprimerie, mes 45000 vers ausquels
i'ai fait voir le iour, te feront foi que ie sai
aussi asseurement que vaut vn vers, que nul
des notres apres Bucaná, Dorat, & Rõsard,
lesquels aisement ie laisse aller dauát moi:
seulement te prirai-ie d'excuser le defaut
des caracteres, qui a plaié mon diagrame
de diametre de la terre, & les annotations
tát des æquinocces, que du decés du mõde, où tu liras (moisson & non maison) f. 121

Extrait du Priuilege.

SViuant l'extrait du priuilege donné par le Conseil à Ian Edoüard du Monin PP. il est defendu à tous Libraires, marchans, ou Imprimeurs quelconques de vendre, distribuer, ou imprimer l'*Vranologie ou le Ciel* dudit Ian Edoüard, hormis à Guilhaume Iulien marchant Libraire en l'Vniuersité de Paris. Auquel l'auteur a donné permissiō de faire imprimer ledit œuure iusques au tems & terme de six ans. Signé

NEVFVILLE.

Operarum typic. oscitantia epigrāma folio 190 subduxit,

Ad D. Chausse. ic: Lucam Iobert: Lad Bergeret, & Mat. Gillabo.

Sphære mihi cùm carmen eat teres atque rot
   Sphæræ exsors abeat stella quaterna me.
Immò stellæ exsors abeat mea Sphæra quater
   Non ità, vel Sphæræ nomine cassa ruat.
Nomine cassa ruat Sphæra mea Sphæra, quate
   Ni Genij nitidis fulgeat Igniculis.
Nempe rotundandæ quatuor sunt sydera sph
   Vestra satis, sphæram quòque gerente sua
Non igitur Diuûm sine numine summa tenet.
   Limina, queis nostri clauditur aula Poli:
Singula postremum nam celat vt omnia Cœlu
   Celabo hæc vestris sydera sydcribus.

           Aliis aliud aliàs.

           Vni Laus tibi domine Iesu.

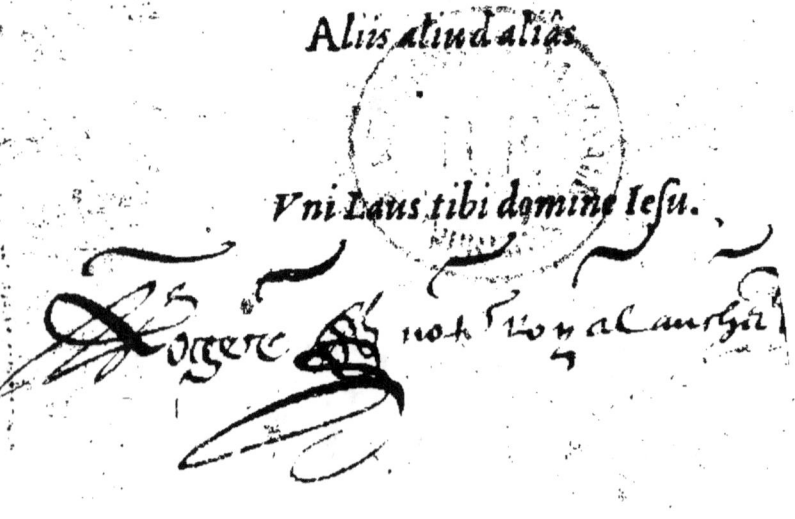

www.ingramcontent.com/pod-product-compliance
Lightning Source LLC
Chambersburg PA
CBHW051821230426
43671CB00008B/789